Uwe Schulz
Nur noch *eine* Tür

www.fontis-verlag.com

Für meine Eltern

Den Sterblichen zugedacht,
die sich den Sterbenden zuwenden.
Mit Dank an alle,
die mir ihre Lebenszeit geschenkt haben,
vor allem Nico.

Ralph Lütjen und Michael Thamm zum Gedächtnis.

Dann wird er, der Christus Jesus
von den Toten auferweckt hat,
auch eure sterblichen Leiber lebendig machen
durch seinen Geist, der in euch wohnt.

Römer 8,11 (Lutherbibel)

Uwe Schulz

Nur noch *eine* Tür

*Letzte Gespräche
an der Schwelle des Todes*

Bibliografische Information der Deutschen Nationalbibliothek
Die Deutsche Nationalbibliothek verzeichnet diese Publikation in der Deutschen
Nationalbibliografie; detaillierte bibliografische Daten sind im Internet über
www.dnb.de abrufbar.

Die Bibelstellen wurden, soweit nicht anders
angegeben, folgender Übersetzung entnommen:

«Hoffnung für alle»®
© 1983, 1996, 2002 Biblica, Inc.®
Hrsg. von `fontis – Brunnen Basel

© 2014 `fontis – Brunnen Basel
Umschlag: spoon design, Olaf Johannson
Bild Umschlag: Tusumaru/Shutterstock.com
Bild Umschlag (Rückseite): Lopatinsky Vladislav/Shutterstock.com
Druck: Finidr
Gedruckt in Tschechien

ISBN 978-3-03848-009-9

Inhalt

EINLEITUNG:
Erste letzte Worte 9

KAPITEL 1
Nico Spahl:
Eine harte Lektion 19

KAPITEL 2
Sister Alice Gerdeman:
Im Todestrakt sitzen Menschen wie du und ich 28

KAPITEL 3
Ingrid Etienne:
Jeder geht seinen eigenen Weg 50

KAPITEL 4
Katharina Höpgens:
Das Land hinter dem Regenbogen 62

KAPITEL 5
Heinz-Josef Küppers:
Bis bald 68

KAPITEL 6
Manfred Sarrazin:
«Man lebt und weiß nicht, dass man glücklich ist» .. 74

KAPITEL 7
Martina Mann:
Nur noch *eine* Tür 91

KAPITEL 8
Schwester Agnella:
Raus aus dem Versteck 97

KAPITEL 9
Schwester Benedikta:
Der Ernstfall unseres Lebens 111

KAPITEL 10
Erhard B.:
Irgendwie wird es weitergehen 120

KAPITEL 11
Lothar Dzialdowski:
Ein Schreckensthema 133

KAPITEL 12
Dr. Nannette Bernales-Banez & Geri Antrobus:
Hör mir zu 139

KAPITEL 13
Anne Eulenhöfer:
Ein aufgeräumtes Haus................ 159

KAPITEL 14
Wolfgang Bosbach:
Manchmal bin ich stinkesauer.......... 170

KAPITEL 15
Pater Heinrich Bernhard Ketteler:
Ein ganz wunderbarer Augenblick.............. 188

KAPITEL 16
Franziska Zirpoli-Rehbein:
Sophia lehrt die Liebe........................ 198

KAPITEL 17
Maria Langstroff:
«Ich wollte die Welt ein bisschen verändern»....... 212

STATT EINES NACHWORTS:
Uwe Schulz:
Muttern...................................... 232

ANHANG
Anmerkungen................................. 253

Der Tod geht stolz spazieren.
Doch Sterben ist nur Zeitverlust. –
Dir hängt ein Herz in deiner Brust,
das darfst du nie verlieren.

Aus: Joachim Ringelnatz:
«So ist es uns ergangen»

Einleitung
Erste letzte Worte

Achtung, dieses Buch steckt voller wahrer Geschichten, wie sie jedem von uns widerfahren könnten; Geschichten, die kein Happy End im klassischen Sinn haben. Sie enden alle tödlich.

Alle Achtung, Sie haben dieses Buch trotzdem aufgeschlagen.

In derselben Zeitspanne, die Sie für die Lektüre dieses Satzes hier brauchen, sterben rund um die Welt rein statistisch zwölf Menschen. Global betrachtet, enden laut Faktenkatalog der CIA pro Jahr mehr als 56 Millionen Menschenleben. Realität, und doch unfassbar.

Der Schriftsteller Max Frisch hat in der Totenrede für seinen Freund Peter Noll diese Realität betrachtet, zunächst Ernst Bloch zitiert, der mit 90 Jahren sagte, er sei nur noch neugierig auf das Sterben als eine Erfahrung, die er noch nicht gemacht habe, und abschließend so formuliert: «Kein Antlitz in einem Sarg hat mir je gezeigt, dass der Eben-Verstorbene uns vermisst. Das Gegenteil davon ist überdeutlich. Der Verstorbene hat eine Erfahrung, die mir erst noch bevorsteht und die sich nicht vermitteln lässt – es geschehe denn durch eine Offenbarung des Glaubens.»[1]

Dieses Buch nähert sich der Erfahrung, die uns noch bevorsteht, so weit wie möglich an, betrachtet sie von der einzig uns zugänglichen Seite aus, verspricht aber keine allumfassende Offenbarung. Auf sie können wir nur hoffen als Geschenk, das wir am Ende unserer Tage empfangen.

Die hier protokollierten Gespräche offenbaren Wahrheiten so sanft und zerbrechlich, dass wir Lebenden sie ergreifen und behutsam in uns bergen oder auch geschäftig über sie hinweggehen können, als hätten uns die kleinen Offenbarungen nichts zu bedeuten. Keiner der hier Befragten drängt sich mit Ermahnungen, moralischen Appellen oder Lehrsätzen auf. Jeder der hier Befragten stellt sich aber individuell und ehrlich den Fragen, die unsere Endlichkeit ans Leben stellt.

Als ich das erste Mal vor einem Sterbezimmer stand, überfielen mich binnen weniger Atemzüge Tausende widerstreitender Empfindungen, wie sie jetzt vielleicht auch in Ihnen emporsteigen. Greifen konnte ich auf die Schnelle nur eine bebende Furcht, die Fassung zu verlieren, eine vibrierende Verunsicherung, vielleicht das Falsche zu sagen, leise surrende Wissbegier, die Wirklichkeit hinter der Zimmertür zu erkunden, bohrende Trauer um den Menschen, der wie niemand sonst auf der Welt mich liebte, eine sprudelnde Sehnsucht, die mich wie eine Unterströmung vom festen Grund hinauszog ins Weite. Und in allem spürte ich den mächtigen Drang, sofort weit fortzulaufen, bis das alles nicht mehr wahr wäre, was sich da als Realität aufdrängte. Dann klopfte ich an und trat ein.

Der Tod kommt oft wie ein Dolchstoß, der ins Innerste dringt. Das Telefonat mit der halb unter Tränen erstickten Nachricht, dass Ralph nicht mehr aus dem Koma erwacht ist nach seinem Autounfall: «Er hat es nicht gepackt.» Die Kurznachricht von Kaya im Display: «Ruf mich bitte an!» Der Satz der Gynäkologin beim Blick aufs Sonogramm: «Keine Herzaktivität mehr.»

An einem Augustmontag im Jahr 2010 schleicht der Tod dagegen vergleichsweise sanft heran, direkt in meine Mailbox: *Eine Neuigkeit,* lese ich als Betreff über den Zeilen, welche Michael um 4 Uhr 29 morgens losgeschickt hat an seine Vertrauten:

Einleitung · Erste letzte Worte

Liebe Freunde,

ich wähle den ungewöhnlichen Weg der Sammel-Mail, um Euch von einer neuen Entwicklung bei mir zu erzählen. In den nächsten Wochen und Monaten werde ich vermutlich immer wieder mal schlecht zu erreichen sein, immer wieder mal «abtauchen». Gut möglich, dass ich Euch persönlich daher erst sehr spät von meiner Erkrankung berichten könnte. Das allerdings will ich vermeiden. Mit diesen Zeilen seid Ihr auf dem Stand der Dinge, denn mir ist wichtig, dass Ihr wisst: Ich bin seit ein paar Wochen Krebspatient. Die Nachricht hat mich Mitte Juli erreicht, dann – vier Tage nach der Diagnose – bin ich in Heidelberg operiert worden. Es geht um einen Darm-Tumor. Einer wurde rausgeschnitten, allerdings ist ein weiterer Tumor nicht operabel gewesen und thront auf der Bauchspeicheldrüse.

Seit heute bin ich wieder in meiner Wohnung und suche Anschluss an die Normalität. Es gibt viele Baustellen – Ernährung (15 Kilo weniger), Kraftaufnahme, Bewegung, Wundheilung, Schlaf (seit Wochen habe ich nachts nur zwei/drei Stunden maximal). Ich werde dem Alltag also neue Regeln geben und mich mit ganzer Kraft auf die Krankheit und eine positive Wende konzentrieren. Die Chemo beginnt Anfang September. Ziel ist die Verkleinerung von Tumor 2, damit auch der herausgeholt werden kann. Viele Projekte im Herbst sind nur noch Schall und Rauch, heute wäre ja eigentlich Abflug zu einer Reportagereise nach Mexiko gewesen. Egal, das ist jetzt nicht wirklich wichtig.

Ihr müsst mit dieser Info nichts anfangen, ich erwarte nichts. Weil wir Freunde sind, war es mir ein Anliegen, Euch ins Vertrauen zu ziehen. Denn das ist mir schon wichtig – ich will hier nicht mit einem Stempel «Krebspa-

tient» unterwegs sein. Bei Euch ist die Nachricht in guten Händen.

Ich bedanke mich und wünsche Euch eine total schöne Zeit, vielleicht sind ja noch ein paar Urlaubstage vor der Tür. Dann genießt sie nach Kräften.

Sehr herzlich,
Michael

47 Tage nach dieser Mail ist er im Franziskushospital gestorben, bis zur völligen Erschöpfung besucht und ermuntert von unzähligen Freunden, Bekannten, Weggefährten, Kollegen, so dass seine Lebensgefährtin irgendwann freundlich um Schonung gebeten hat. Ein Tod, der nicht wie ein Stoß ins Leben dringt, sondern wie eine Woge über es hinweggeht und es mit sich trägt.

Es sind diese und andere Erfahrungen, die mein Interesse an der letzten großen Reise, die uns allen bevorsteht, geweckt und wachgehalten haben. Das Interesse an der Frage, was am Ende wirklich zählt.

Bei einem meiner ersten Recherchegespräche mit Palliativmedizinerinnen des Evangelischen Krankenhauses in Düsseldorf entstand der Gedanke, auch das Sterben derer zu betrachten, denen das Leben nach allgemeiner Auffassung entglitten oder misslungen ist, die also scheinbar nichts mit sich führen, das in unseren Augen zählt.

So fand ich mich einige Monate darauf im Gespräch mit Alice Gerdeman, die in den USA Todeskandidaten betreut, und saß weitere Wochen später in der Einzelzelle des betagten Erhard B., der mehr als drei Jahrzehnte seines Lebens im Strafvollzug verbracht hat. Ihre Erkenntnisse klingen wie ein Widerhall der letzten schriftlichen Worte Martin Luthers: «Wir sind Bettler, das ist wahr.»

Gerne hätte ich auch mit einem der Männer gesprochen, die im Berliner Obdachlosen-Wohnprojekt Nostitzstraße ihr letztes Asyl finden, begleitet von den Fachkräften der Heilig-Kreuz-Passion. Aber ihre Betreuer mochten sie nicht meinen Fragen aussetzen.

«Dieses Thema zieht mich runter. Mein Leben ist schon anstrengend genug. Das ist ja Horror», lautete einer der Kommentare im virtuellen Gästebuch der ARD, als sie im Herbst 2012 eine Themenwoche lang Tod und Sterben in ihren Hörfunk- und Fernsehprogrammen beleuchtete. «Ligui» nannte sich der Zuschauer, der dann einfach abschaltete. «Ist man gesund und munter und jung genug, will man von diesem Thema nichts wissen, es ist zu weit weg», schrieb zwei Tage später eine «Andrea» im selben Forum. «Ist man selbst Mittelpunkt des Themas, gibt es kein Später und kein Irgendwann.» Wie Andrea dachte ich auch, als ich mich aufmachte, Interviews zu Sterben und Tod zu führen. Doch dann erhielt ich, auch aus bewusst konfessionell geführten Palliativ-Einrichtungen, Absagen wie diese:

Sehr geehrter Herr Schulz,

Ihre Anfrage wegen der Interviews für ein Buch ist in unserem Seelsorgeteam angekommen. Wir haben darüber gesprochen, sehen aber keine Möglichkeit, Interviewpartner zu vermitteln. Die offene Auseinandersetzung mit dem eigenen Sterben ist bei Palliativpatienten im Krankenhaus oft schwierig und mit Abwehr besetzt. Der Gesundheitszustand und die Verweildauer sind häufig auch nicht so, dass man in Ruhe solch ein Interview anbahnen könnte.

Ich hoffe, Sie finden andere Wege, das Buch zu realisieren.

Mit freundlichen Grüßen,
GM
– Seelsorger –

Ich musste mich von einem Klischee verabschieden, das ich längst bewältigt zu haben meinte: Dass nämlich unweigerlich der Punkt in der Schlussphase eines Lebens kommt, an dem wir alle bereit sind, dem Tod offen zu begegnen, an dem wir die Konfrontation nicht auf später oder irgendwann verschieben. Nein, «die offene Auseinandersetzung mit dem eigenen Sterben ist mit Abwehr besetzt», für manchen Sterbenden bis zum letzten Herzschlag.

Mir ist schon vor der Recherche klar, dass nur wenige geistig willens und körperlich in der Lage sein werden, einem Wildfremden den sanften Schlussakkord vorzutragen, den sie in sich tragen. Und mir wird während der Recherche von Kontakt zu Kontakt klarer, wie hart das Thema auch jene angeht, die es schon durchdrungen haben. Zum Beispiel den drahtigen Mittvierziger, der nach einem Herzstillstand wiederbelebt wurde, nun mit einer lebensbedrohlichen kardiovaskulären Erkrankung in seinem alten Leben Fuß zu fassen versucht und mir nach langer Bedenkzeit schreibt:

> *Lieber Uwe,*
> *wie Du vielleicht mitbekommen hast, war ich wieder mal in der Klinik, wieder ein Eingriff, kleiner Zwischenfall währenddessen (Herzbeutel perforiert) und letztendlich wieder kein Erfolg. Sprich: Mir geht es nicht besonders, mein Energiepegel ist im Keller. Der Umgang mit dem Tod ist für mich gerade sehr konkret, und ich könnte schon heulen, wenn ich dran denke, geschweige denn drüber rede. Sorry, aber ich bin gerade «ziemlich auf».*
> *Liebe Grüße sendet Dir*
> *N.*

Manche, die dann doch zusagten, mussten sich überwinden. In einigen Gesprächen flossen Tränen. Ihre und meine. Sie alle haben meinen Blick geweitet. Manche Interviews hinterließen mich traurig, manche ratlos und aufgewühlt, manche machen mir Mut. Sterben ist eine gefühlvolle Angelegenheit. Vielleicht tun sich viele auch deshalb so schwer damit, weil starke Emotionen in unserem Kulturkreis schnell mit Hysterie gleichgesetzt werden, mit Kontrollverlust. Womit wir bei der Angst vor dem Sterben sind: Es bedeutet den ultimativen Kontrollverlust.

Der Theologe und Autor Johann Christoph Hampe meinte aus Beobachtungen am Sterbebett herauslesen zu können, dass ganz am Ende eine «hellere Stimmung» vorherrsche, die er «die Wirklichkeit des Sterbens» nannte, und schloss daraus: «Einer, der nicht, wie wir immer meinten, der unaufhaltsamen Dunkelheit, sondern dem Licht entgegengeht, wird nicht mehr Gegenstand unseres Mitleids sein, sondern vielleicht sogar von uns beneidet werden können.»[2]

Eine Mutmaßung unter vielen ist dieses Licht, dem viele, die dem Tod nahe waren und wiederbelebt wurden, entgegenzugehen meinten. Längst haben Neurobiologen ihre Theorien dazu entwickelt, die von Sauerstoffmangel im Hinterhauptslappen bis zur Freisetzung bislang unbekannter Botenstoffe im Gehirn reichen. Tatsächlich wissen wir so wenig wie alle unsere Vorfahren in den vergangenen Jahrtausenden, welche Erfahrung Sterben und Tod für uns individuell bereithalten werden.

An genau dieser Stelle wagen die folgenden Interviews und Gespräche sich weiter vor und nähern sich den großen Glaubensfragen: Was kommt nach dem Tod? Worauf dürfen Sterbende hoffen, was glauben? Die Menschen, die hier zu Wort kommen, setzen sich existenziell mit diesen Fragen auseinander, entweder weil sie selbst dem Tod ins Gesicht sehen, oder weil sie als Wegbegleiter Sterbenden ins Gesicht sehen. Glaubende, Agnostiker und Zweifler kommen zu Wort, offenbaren, was sie bewegt, und richten damit gleichzeitig Fragen an unser aller Leben: Welchen Sinn hat es? Auf welches Ziel richten wir es aus? Was ist wichtig?

Der Tod ist eines der meistthematisierten Tabus der Gegenwart: Einerseits scheint er sich vereinzelt und unsichtbar in einer stummen Parallelwelt zu ereignen, in Krankenbetten, auf Palliativstationen und in Hospizen. Andererseits ist er spektakulärer Teil der Alltagskultur, dramatisiert in Krimis, boulevardisiert in den Nachrichten, popularisiert in Ego-Shootern, bagatellisiert in modischen Totenkopfsymbolen. Die Verdrängung ist mit den Worten des Soziologen Armin Nassehi einer «Geschwätzigkeit des Todes» gewichen, die uns alle doch nur weiterhin alleinlässt mit der Frage, wie wir dem eigenen Ende entgegensehen und entgegengehen wollen.

Dieses Buch fragt nach dem Sinn des Todes; es zeigt, dass Sterben ein wichtiger Teil unseres gemeinsamen Lebens ist, und es spürt dem christlichen Glauben an die Auferstehung nach, etwa in den Worten der Hospizschwester Ingrid Etienne: «Es sieht so aus, als hätten es diejenigen, die glauben, einfacher. Sie gehen etwas entspannter ans Sterben heran.»

Manfred Josuttis, evangelischer Pfarrer und Theologe, predigte einmal so über unser aller Ausgang: «Wer angesichts der Allmacht des Todes von Gott zu reden wagt, der kann wohl nicht anders, als zu behaupten: Gott ist die Liebe. Die Liebe Gottes, die sich dem Tod unterworfen hat, wird uns tragen, auch in der letzten Zeit unseres Lebens und weit darüber hinaus.»[3]

Wenn Christen von der Liebe Gottes reden, «die sich dem Tod unterworfen hat», meinen sie Jesus von Nazareth, den sie seit mehr als 2000 Jahren verehren und verkünden als den, der den Tod erlitten und bezwungen hat. In vielen der folgenden Interviews kommt die Sprache auf den Schmerzensmann, der unter einer der grausamsten Folterungen der Weltgeschichte vor den Toren des antiken Jerusalems erstickt ist. Auf ihn verlassen sich viele Sterbende, weil sie vertrauen, dass er auch in *ihrer* finalen Not bei ihnen ist und sie vor der völligen Auflösung, vor der totalen Isolation bewahrt.

«Die Hoffnung des christlichen Glaubens», schreibt Reinhard Schmidt-Rost, auf dessen Gedanken sich die Evangelische Kirche in Deutschland bei ihren «Überlegungen zur Deutung des Todes» bezieht, «richtet sich nicht auf die Fortsetzung des irdischen Einzelschicksals, auf eine Verewigung, sondern auf eine letzte Gemeinschaft der Menschen mit Gott auch jenseits der absoluten Grenze des Todes, die alle Individualität durchkreuzt.»[4]

In den folgenden Porträts wird die Rede von der ewigen Hoffnung der Christusgläubigen weniger akademisch ausfallen. Die Interviews zeigen, dass unseren Abschied nicht entscheidend beeinflusst, was wir über den Tod wissen, sondern wie wir ihn annehmen. Wer an das Leben *nach* dem Tod glaubt, wird das Leben *vor* dem Tod achten und verantwortungsvoll gestalten als einmalige Gabe dessen, der über Leben und Tod steht.

Und wer sich solchen spirituellen Wagnissen nicht anvertrauen mag, kann vielleicht dem Schweizer Palliativmediziner Gian Domenico Borasio folgen, der in einem Interview auf die Frage, wie er einmal sterben möchte, einen fernöstlichen Meister zitierte:

> «Meine Religion besteht darin,
> mich auf meinem Totenbett
> nicht schämen zu müssen.»[5]

Kapitel 1
Nico Spahl:
Eine harte Lektion

Nicos Gesicht sehe ich zum ersten Mal in einem YouTube-Video, hochgeladen am 20. Juni 2013. Darin erklärt er eloquent wie ein erfahrener Fernsehmoderator, worauf sich ein jugendlicher Minnesota-Reisender vorbereiten sollte: auf die Temperaturextreme im zweitkältesten Staat der USA etwa und auf absurde Fragen im Visumformular der amerikanischen Einwanderungsbehörde.

Nico erzählt knapp neun starke Minuten lang anschaulich von seiner Gastfamilie, die ihn wenige Monate später im Städtchen Savage erwartet, von der Burnsville Highschool und ihrem breiten Sportangebot, aus dem ihm offenkundig die Footballabteilung mit den Blazes besonders gut gefällt. Mehr als 1300 Klicks hat das Video mit den pfiffigen Special Effects, das einen breitschultrigen Schüler und seinen amerikanischen Traum zeigt.

Nicht einmal eine Woche nach diesem Posting wird Nico Spahl aus dem Städtchen Stuhr im Norden Niedersachsens auf dem OP-Tisch der Neurochirurgie liegen. Weitere drei Wochen später wird er erfahren, dass in seinem Kopf ein bösartiger Tumor gewachsen ist, für den die Medizin kein endgültiges Heilverfahren kennt. Nur wenige überleben ein Glioblastom der Klassifizierungsstufe IV mehrere Jahre.

«Der Tumor ist mit dem Stammhirn so verwachsen», sagt Nico in unserem ersten Gespräch, «dass die Ärzte ihn nicht herausoperieren konnten.» Binnen 14 Monaten wird aus dem Jiu-Jitsu-gestählten Einser-Gymnasiasten, der so gerne das lange

Rollbrett, das Longboard, fuhr, ein Krebspatient, der nicht mehr die Kraft hat, mit der linken Hand die Klaviertasten zu drücken.

Zu seinem Lebensrhythmus gehört von nun an alle 45 Tage eine fünftägige Chemotherapie. «Ein Freund hat die Chemo mit einer Säge verglichen, die auf und ab geht und den Tumor zerlegt. Das ist doch eine schöne Vorstellung. Viel mehr kann im Moment nicht gemacht werden», sagt Nico, außer alle drei Monate die neuen Schnittaufnahmen zu prüfen, die der MRT (Magnetresonanztomograf) von seinem Gehirn liefert. «Diese Untersuchung ist gerade überfällig. Und im Moment sieht es so aus, als wäre der Tumor stehengeblieben», erfahre ich am Telefon. Ein anderer Kanal bleibt uns nicht fürs Interview angesichts der Terminfülle und der großen räumlichen Entfernung. Er ist in Norddeutschland im Reihenhaus seiner Eltern, ich sitze Hunderte Kilometer entfernt und bin ihm dann doch an diesem Montagabend im August unvermittelt sehr nah.

Als wir uns später über Facebook verbinden, sehe ich Nicos Gesicht zum zweiten Mal, jetzt auf seiner Internetseite: ein altersloses Antlitz, wie in einem Picasso-Porträt Profil und Frontansicht zugleich, von einer unsichtbaren Kraft verbogen. Nur die glatten Wangen und das coole Basecap mit fetter «New York»-Stickerei lassen ahnen, dass ein 17-Jähriger auf diesem Foto vor der Skyline Manhattans steht. Ernst und abgründig blicken dieselben Augen in die Kamera, die noch 14 Monate zuvor bei jedem neuen Gedanken an Minnesota aufzublitzen schienen. Das Cortison habe ihn «aufgeplustert», sagt Nico, der einzig erfolgversprechende Wirkstoff im Kampf gegen die Zysten im Kopf, die zuletzt den Hirndruck noch erhöht haben.

«Als ich Ihre Anfrage bekam, war ich zuerst nicht begeistert», hat Nico mir Tage zuvor gemailt in der ersten Antwort auf meine Anfrage, die ihn über das Jugendhospiz Syke erreicht hatte. «Ich fühle mich noch nicht am Ende meines Lebens. Die Hoffnung stirbt zuletzt, und meine erst mal gar nicht.»

Mir fällt erst später auf, welch starkes Glaubensbekenntnis in diesem einfachen Satz steckt.

Auch am Telefon brauche ich etwas Zeit, um Nicos Worte zu verstehen. Das liegt aber nicht an mir ...

Nico, wie kommt es, dass du so undeutlich sprichst?

Nico Spahl: Ich denke, das liegt am Tumor. Durch die Fazialisparese [Gesichtslähmung] ist meine rechte Gesichtshälfte stark beeinträchtigt, die Augenreflexe zum Beispiel sind da kaum noch vorhanden. Auf dieser Seite ist auch mein Mund fast gelähmt. Damit kann ich nicht mal lächeln. Und ich muss mich sehr anstrengen, deutlich zu sprechen.

Wie geht es dir mit deinem Befund und allen Folgeerscheinungen?

Nicht so gut. Das bin ja nicht ich, was da zu hören und zu sehen ist. Wenn man sich etwas aufbaut, und dann wird durch eine Krankheit alles zerstört, das ist nicht so schön. Am Anfang der Krankheit habe ich immer nur daran gedacht, wie ich wieder gesund werde, habe mit meinen Eltern viel darüber geredet. In dieser Zeit habe ich Lieder umgedichtet und gesungen. Die Texte handelten alle davon, dass ich den Tumor wieder loswerde. Ich habe mich im Internet über gesunde Ernährung informiert. Da sagt aber jeder was anderes; deshalb versuche ich's jetzt mit Vollwertprodukten und solchen Sachen. Ich meide zum Beispiel Schweinefleisch.

Wie geht es mir jetzt? – Wenn ich Schmerzen habe und mein Gleichgewicht schlechter wird, dann denke ich: «Jetzt ist es vielleicht bald vorbei?» Dann habe ich wenig Hoffnung. Sobald es auch nur ein bisschen besser geht, bin ich wieder total euphorisch, dass doch alles klappt, und ich setze mir neue Ziele.

Im Moment zum Beispiel das Ziel, ein Fahrrad zu beschaffen, ein Dreirad, das du auch mit deinem schwachen linken Bein fahren kannst.

Ja, meine Mutter hat gesagt, wenn ich das Fahrrad habe, machen wir eine große Tour. Ich habe viel Muskulatur abgebaut und ziemlich dünne Beine. Das linke Pedal würde meinen Fuß halten und der Motor mich unterstützen, oder er entlastet meine Beine sogar komplett.

Was kostet so ein Spezialrad?

6500 Euro. So was kann ich nicht alleine tragen.

Vor nicht einmal zwei Jahren warst du sportlich noch sehr aktiv. Was geht heute?

Ich bin viel auf dem Ergometer. Zehn, zwanzig Minuten täglich, bis zu einer Stunde. Dann zweimal pro Woche Physiotherapie, dazu vielleicht bald einmal in der Woche Ergotherapie – vor allem für meinen linken Arm, der fast gelähmt ist. Ich mache zur Stärkung auch täglich Übungen, die ich aus der Physiotherapie kenne.

Dein größter Wunsch ist im Moment sicher, dass der Tumor dich nicht weiter schwächt.

Dass der Gehirndruck zurückgeht, damit ich wieder Kraft in den Beinen habe.

Und welche Wünsche erfüllen sich jetzt?

Gerade bin ich von einer Kreuzfahrt zurückgekommen. Ich war alleine mit meiner Mutter in New York. Da bin ich mit dem Rollstuhl durch, und wir haben einen Helikopterflug gemacht.

Eine großartige Stadt.

Imposant.

Erlebst du noch mehr Schönes?

Was mir immer guttut, ist ein gutes Essen. Ich esse nicht viel, aber ziemlich gerne. Ich mag es, wenn wir zusammensitzen und einfach so über den Tag reden.

Du sagst, manchmal denkst du: «Es ist vorbei», aber sobald du einen Anlass zur Hoffnung siehst, wirfst du dich voll rein?

Ja, würde ich schon sagen.

Nehmen wir an, wir würden in 20 Jahren wieder telefonieren. Was wärst du dann von Beruf?

Bis vor einem Jahr wollte ich Pilot werden; das geht jetzt nicht mehr. Kochen wäre auch toll im eigenen Restaurant, aber mir gefallen die Arbeitszeiten nicht so gut. Ingenieur würde mich im Moment interessieren. Also, wenn ich jetzt drüber nachdenke: Ich hätte einen Job, den ich aus dem Büro heraus tätigen kann.

Und wo würdest du dann wohnen?

In einer guten Wohngegend. Unsere Gegend hier ist super.

Wie viele Kinder hättest du?

Zwei.

Bestimmt einen Jungen und ein Mädchen.

Ja.

Und wie weit gehen deine Gedanken und Gefühle in den finsteren Phasen?

Ich habe keine Angst vor dem Sterben; ich fühle nur, wie schade es ist, wenn ich tot bin. Ich möchte noch so viele Sachen erleben, die ganz normalen Dinge, die ein Teenager erlebt: Abitur machen, den Job starten, eine eigene Familie gründen. Im Moment ist das total weit weg, aber das möchte ich halt alles auch erleben. Ich möchte auch noch viele Sportarten ausprobieren: Tauchen, Longboard fahren, Surfen. Und gerade habe ich daran gedacht, dass ich ja nächstes Jahr 18 werde und ich dann mit Freunden Urlaub machen könnte.

Das wäre alles nicht möglich, wenn ich sterben würde, und das macht mich halt traurig.

Wie denkst du über den Tod? Was fühlst du?

Ich glaube, der Tod ist nicht so schlimm, aber das Sterben, die Schmerzen, die ich jetzt gerade habe. Ich hätte Angst, dass ich peu à peu immer ein bisschen schlechter dran wäre, dass ich immer ein bisschen mehr gelähmt wäre und es nicht bergauf geht, sondern immer weiter bergab. Davor habe ich Angst.

Hast du eine Ahnung, was danach kommt?

Ich kann mir vorstellen, dass man wiedergeboren wird. Ich gehe davon aus, dass man sich in der nächsten Welt wieder trifft.

Das hieße, dann gäbe es einen neuen Nico, auf jeden Fall einen ohne Hirntumor?

Ja. Das ist meine Vorstellung.

Hast du manchmal gefragt, warum ausgerechnet du so krank bist, oder ist das eine dumme Frage?

Das ist keine dumme Frage. Das habe ich wirklich ziemlich oft gefragt. Ich wollte gerade mein Auslandsjahr anfangen in Savage, Minnesota, als es mit der Krankheit losging; zur Gastfamilie habe ich immer noch Kontakt. Vielleicht gibt es verschiedene Erklärungen dafür. Vielleicht habe ich zu stressig gelebt, und jemand will mich wachrütteln, damit ich langsamer mache. Damit ich nicht immer nur nach vorne schaue, sondern im Hier und Jetzt lebe. Bei mir ist alles im Leben glatt gelaufen bis dahin, und vielleicht wollte jemand einen Stopper setzen, einen Poller. Vielleicht ist es aber auch so, dass Gott einem eine Aufgabe stellt. Oder Gott stellt meinen Eltern und meiner Schwester die Aufgabe, mit mir klarzukommen als Krankem. Das ist vielleicht schwer nachvollziehbar, aber vielleicht ist es deren Aufgabe, das mit mir gemeinsam durchzustehen.

Gott will, dass deine Schwester und deine Eltern dir ihre Liebe deutlich zeigen können?

Vielleicht, und dass sie mich unterstützen bei meiner Gesundung. Dass die Familie näher zusammenrückt. Ohne die Krankheit hätte ich wohl die Kreuzfahrt mit meiner Mutter nicht gemacht. Dann hätte ich viele Sachen mit meinen Eltern nicht gemacht. Ich war letztes Jahr dabei, ins Ausland zu gehen, und habe mich über Monate hinweg langsam innerlich entfernt von der Familie.

Meinst du wirklich, Gott hat dir einen «Stopper» in den Weg gesetzt?

Ja. Ich hatte halt sehr viel Stress, kam damit aber noch ganz gut zurecht. Wahrscheinlich war es zu viel. Ich hatte für mich selbst nicht viel Zeit. Jetzt bin ich gezwungen, langsamer zu machen. Mehr Spaß macht mir das andere, aber ich bin gezwungenermaßen langsamer geworden.

Falls Gott dir das sagen wollte: Wäre die Lektion nicht etwas hart?

Es ist eine der härtesten.

Kannst du damit etwas anfangen?

Nein, ich finde das nicht toll.

Wofür bist du dankbar?

Wenn jemand was mit mir gemeinsam unternimmt. Einmal in der Woche kommt eine Begleiterin aus dem Jugendhospiz und macht was mit mir zusammen. Heute haben wir fotografiert. So eine Art Wasserfontänen erzeugt und die Spritz-Effekte aufgenommen. Dann bin ich mit meiner Mutter noch einkaufen gefahren, und gleich danach sind Freunde hergekommen. Das ist zwar auch ziemlich stressig, aber so langweile ich mich wenigstens nicht.

Im Moment führe ich sehr viel Tagebuch. Eine Seite voll mit dem, was jeden Tag so geschehen ist, Datum, Uhrzeit und Gefühlslage. Ich schreibe auch auf, warum ich mich so fühle und warum ich so denke. Es hilft, mir das einfach von der Seele zu schreiben. Das bringt mir sehr viel, denn ich bin einer, der denkt, er hätte nichts geschafft. Das habe ich auch früher schon gesagt. Und wenn ich befürchten muss, dass ich bald sterbe, mache ich mir auch Sorgen, dass ich vielleicht nicht genug geschafft habe.

Wenn ich dann den Tag nochmal Revue passieren lasse und das im Tagebuch lese, geht's mir besser.

Ich wüsste gerne ...

Eins will ich noch sagen: Man möchte nicht vergessen werden, man möchte in Erinnerung bleiben.

Ich wüsste gerne: Betest du zu Gott?

Das Vaterunser bete ich jeden Tag, und dass der Tumor weggehen soll. Und dass alles gut wird, dass ich gesund bin.

Und hört Gott dein Gebet?

Ja.

Warum ist dann der Tumor noch nicht weg?

Das wissen wir ja nicht, ich habe ja noch keine MRT [Magnetresonanztomografie] gemacht.

Stimmt.

Das ist genauso schwierig zu erklären wie, warum ich den Tumor habe und nicht jemand anders.

Du nimmst das als Teil deines Lebens an?

Nein, den Tumor nehme ich nicht an. Ich musste ihn als Krankheit annehmen, und jetzt gebe ich ihn wieder ab. Ich träume manchmal davon, dass ich gesund bin. Dann sehe ich im Traum nur mein Gesicht ohne Schwellung und ohne Lähmung. Und dann lächle ich.

Kapitel 2
Sister Alice Gerdeman:
Im Todestrakt sitzen Menschen wie du und ich

Schon als es mir auffällt an jenem diesigen Mittwoch im Oktober, denke ich: «Das kannst du auf keinen Fall schreiben, das ist zu kitschig!» Nun schreibe ich es doch, denn es stimmt einfach: Ein Gespräch mit Alice Gerdeman fühlt sich an, als hätte jemand die Pforte zum Paradies einen Spalt weit geöffnet. Als hätte sich der Schöpfer besonders viel Mühe gegeben beim Versuch, seiner Barmherzigkeit im Gesicht eines Menschen Ausdruck zu verleihen. In den Zügen dieser knapp 68-Jährigen mit silbergrauem Pagenkopf liegt so viel Sanftmut, dass ich sie am liebsten fragen würde: «Darf ich Sie anrufen, falls ich einmal in Not sein sollte?» Dabei begegnen wir uns an diesem Tag zum ersten Mal.

Sie redet gerade laut genug, um das Gewusel in ihrem Großraumbüro zu übertönen, und als in der Etage unter uns, wo es aussieht wie in einer durchschnittlichen westeuropäischen Kindertagesstätte, der Schlagbohrer losgeht, scheint sie die Stimme nicht zu erheben, und ich verstehe sie doch mühelos. Sie kann Säle füllen mit ihren pointierten Reden, aber wie vor großem Publikum meidet sie auch in unserem Gespräch das Pathos, das manche christliche Ansprache in den USA prägt. Da ist innere Beteiligung, besonnene Leidenschaft, Seele, als spräche sie zum ersten Mal über das, was sie seit drei Jahrzehnten antreibt: die Frage von Leben und Tod.

«Sister Alice», wie sie alle in Ohio nennen, Jahrgang 1946, ist eine Nonne mit einer Lebensaufgabe: Sie will, dass die Vereinigten Staaten von Amerika endlich aufhören, im Namen des Volkes Kapitalverbrecher zu töten. Das «Cincinnati Magazine» nannte sie einmal «Ohios Top-Expertin in allen Fragen der Todesstrafe».[6]

Sie empfängt mich in Cincinnatis *Zentrum für Gerechtigkeit und Frieden*, dem *Intercommunity Justice and Peace Center*, in einer Gegend also, vor der mich der Hotelportier am Vortag gewarnt hat: «Sobald es dämmert, sollten Sie sich da besser nicht zu Fuß bewegen.»

Over-the-Rhine ist der Name des historischen Bezirks, der an die deutschen Einwanderer des 19. Jahrhunderts erinnert. Das Büro in der weniger schönen 14. Straße hat den Charme einer Studenten-Wohngemeinschaft, durchweht vom Duft der quirligen Kindertagesstätte im Erdgeschoss und der Geschäftigkeit einer Telefonzentrale.

Von diesem Zentrum aus betreuen Alice und ihre überwiegend jugendlich aussehenden Mitstreiter die Mütter, Väter, Kinder und Verwandten von Todeskandidaten und Mordverdächtigen aus vielen der 88 Countys im Bundesstaat Ohio, im sogenannten Mittleren Westen der USA gelegen.

Von hier aus brechen die Aktivisten regelmäßig gemeinsam auf, um vor den Gefängnistoren von Lucasville betend und singend die Exekutionen zu begleiten, die drinnen mit kalter Routine um Punkt 10 Uhr vormittags den immer gleichen Lauf nehmen. An die 50 Mal hat Sister Alice schon vor Block J, dem Todeshaus der *Southern Ohio Correctional Facility*, gestanden und derer gedacht, die drinnen angeschnallt auf der Pritsche darauf warteten, dass die automatischen Injektionen ihnen zuerst das Bewusstsein, dann den Atem und schließlich den Herzschlag nehmen würden ...

Ohio tötete jahrelang mit dem Schlafmittel Thiopental, dem

Muskelrelaxans Pancuroniumbromid und Kaliumchlorid, das auch Veterinäre benutzen, um Tiere einzuschläfern. Seit das *Ohio Department of Rehabilitation and Correction* nach einem Lieferembargo der europäischen Pharmahersteller den tödlichen Cocktail geändert hat, kam es dabei zu grausamen Pannen: Im Januar 2014 dauerte der Todeskampf von Dennis McGuire nach Injektion des Beruhigungsmittels Midazolam und des Schmerzmittels Hydromorphon mindestens mehr als zehn Minuten, in denen die Zeugen Würgegeräusche hörten und ihn die Hände zur Faust ballen sahen.[7]

Offenkundig versteht es trotz dieser «energiezehrenden» Mahnwachen niemand in ganz Ohio, vielleicht nicht einmal in ganz Amerika, so engagiert wie Sister Alice verwirrte Geister durchs Gestrüpp des Strafrechts und verletzte Seelen durch die Not, die ein Mord über die Familie des Täters bringt, zu navigieren. Auch die Strafverteidiger in mehreren Bundesstaaten halten große Stücke auf die zähe Frau, die sich mit Vertretern der katholischen, protestantischen und jüdischen Gemeinden Ohios einig weiß im Kampf gegen die Todesstrafe, die seit den Tagen der ersten Siedler am Ohio River schon an mehr als 490 Menschen vollstreckt wurde.

Wenn Alice selbst von den Anfängen erzählt, klingt es, als hätte nicht sie sich diese Aufgabe gesucht, sondern umgekehrt. Alles beginnt damit, dass im Jahr 1983 Kim Hamern bei der Nonne ohne Ordenstracht auftaucht und um Hilfe bittet: Ihr Bruder Johnny Byrd Jr. hat einen Kioskverkäufer erstochen. Kim und Byrds Mutter Mary brauchen Unterstützung im Umgang mit Staatsanwalt und Verteidiger, der Öffentlichkeit und den staatlichen Behörden. Und Sister Alice liefert sie ihnen, Schritt für Schritt, Jahr für Jahr.

Als im Frühjahr 2002 alle Gnadengesuche ergebnislos geblieben sind und der Hinrichtungstermin näher rückt, helfen Alice und ihr kleines Team auch, die Beerdigung vorzubereiten. Johnnys letzter großer Wunsch ist es, getauft zu werden. Im Gefängnis gibt es für diesen Zweck nur eine Metallwanne. Der Verurteilte geht als wiedergeborener Christ in die Todeskammer. «Dass Johnny diese Entscheidung getroffen hat, muss mit Sister Alice zu tun haben», sagt seine Schwester Kim später.

Die Geschichte dieser bedingungslosen Hilfe spricht sich im Hamilton County mit seinen gut 800.000 Einwohnern schon in den 1980ern herum. Immer mehr Hilfesuchende in ähnlicher Lage wenden sich an Sister Alice, «also setzten wir uns hin und sagten: ‹Offensichtlich sind wir zu diesen Menschen gerufen›», erinnert sie sich. Das Netzwerk *Families That Matter* ist geboren.[8] In der Rückschau nennt sie das: «Gottes Vorsehung».

Als katholische Ordensfrau der *Schwestern von der Göttlichen Vorsehung (Congregation of Divine Providence)* hatte sich die studierte Theologin und Erziehungsexpertin ihr halbes Leben lang der Arbeit mit Familien und sozial Benachteiligten gewidmet. Fortan galt ihre Sorge vorrangig den Angehörigen der Todeskandidaten.

> Seit Valentine Wagner im Juli 1885 wegen Mordes gehängt wurde, sind im verfassten Staat Ohio fast 400 Delinquenten am Galgen oder auf dem elektrischen Stuhl geendet oder an der Injektion eines Medikamentenmixes gestorben, wie er seit 2002 ausschließlich zum Einsatz kommt. Zwischen 1963 und 1999 erzwangen höchstrichterliche Urteile eine Unterbrechung der Hinrichtungspraxis, bis im Februar 1999 die Justiz wieder ein Urteil vollstreckte. Ohio war im Jahr 2014 einer von 32 amerikanischen Bundesstaaten, in denen noch der Tod als Höchststrafe vorgesehen war. 18 Bundesstaaten hatten die Todesstrafe abgeschafft. In den Todestrakten Ohios warteten zu dieser Zeit mehr als 140 Männer und Frauen auf ihren letzten Gang ins

Todeshaus. Die Termine reichen bereits bis ins übernächste Jahr. Landesweit waren mehr als 3000 in der Death Row, darunter mehr als 60 Frauen. Jüngste Umfragen zeigen, dass die Mehrheit (61 Prozent) der US-Bürger eine andere als die Todesstrafe für Mord befürwortet.[9]

«Für die Angehörigen ist es eine Demütigung, gestehen zu müssen: ‹Unser Sohn sitzt im Todestrakt›», sagt Sister Alice, «und wenn sie in ihrer Gemeinde die Bitte äußern, für den Verurteilten um eine Begnadigung zu beten, wenden sich sogar manche Pfarrer ab.» Es geht Alice nicht um die Schuldfrage, denn sie kennt als Prozessbeteiligte viele grausige Details der Gewalttaten: Dass Billy Slagle seine Nachbarin in Cleveland erstach, um an Geld für Alkohol zu kommen. Dass Brett Hartman 138 Mal auf seine Freundin einstach. Dass Kenneth Smith einen Mann totprügelte. Das alles weiß sie und beschönigt nichts. Es geht ihr einzig um das Recht auf Leben auch für brutale Straftäter. «Wir glauben nicht, dass ein Mörder wieder in die Gesellschaft entlassen werden sollte. Wir glauben aber auch nicht, dass er exekutiert werden sollte», erzählt mir die kleine Frau im dezenten Rollkragenpullover mit den gütigsten Augen der Welt.

Sister Alice, ich habe mir einmal Ihren genauen Ablauf zur Mahnwache an den Hinrichtungstagen in Lucasville angesehen:

4.30 Uhr Aufstehen

6.30 Uhr Abfahrt der Protestgruppe mit etwa 10 bis 15 Teilnehmern in Cincinnati.

8.30 Uhr Ankunft am Gefängnis in Lucasville.

8.40 Uhr Gebete, Gespräche mit Presse und Zeugen.

10.00 Uhr Sister Alice schlägt eine Glocke. Die Gruppe wendet sich dem Hinrichtungstrakt zu, in dem

> der Todeskandidat nach der Überstellung aus Youngstown oder Mansfield seine letzten Lebensstunden verbracht hat. Drinnen beginnt die Exekution.
>
> *10.20 Uhr* Per Mobiltelefon erhält Sister Alice die Bestätigung, dass die Exekution abgeschlossen ist. Wenig später verlassen die Angehörigen das Death House. Das ist das Zeichen für die Gruppe um Sister Alice, sich auf dem Parkplatz zu versammeln und «Amazing Grace» zu singen.
>
> Anschließend Fahrt zurück nach Cincinnati.[10]

Das sind die äußeren Abläufe. Was erleben Sie dabei im Inneren?

Alice Gerdeman: Wir haben bis heute rund 50 Mal vor dem Todeshaus demonstriert. Es war jedes Mal eine schwere Zeit; dieses Unrecht scheint förmlich etwas aus mir herauszusaugen. Als der Staat 1999 wieder begann, Hinrichtungen zu vollstrecken, hatten wir die Hoffnung, wir könnten das bald stoppen. Der Erste war Wilford Berry, ein Mann mit schweren Hirnschäden, geistig stark eingeschränkt, der nicht imstande war, selbständige Entscheidungen zu treffen. Da war dieses unglaubliche Gefühl von Sinnlosigkeit; wir erlebten die Machtlosigkeit, die Vorgänge in diesem Gefängnis zu stoppen. Es war völlig gleichgültig, wie viele Petitionen du unterschrieben hattest, wie viele Gebete du gesprochen hattest, was auch immer du versucht hattest. Es würde unausweichlich geschehen. Wir konnten nur stumme Zeugen sein und demonstrieren: «Das tut ihr nicht in unserem Namen.»

Es raubt mir Energie, aber es gibt mir auch neue Energie. Denn ich glaube ganz fest, es ist Gottes Wille, dass es aufhört, und es wird eines Tages in ganz Amerika aufhören, in wenigen Jahren schon. Das Gute, das Göttliche, wird am Ende über das Böse siegen. Es wird eine Weile dauern, aber am Ende ist das Gute stärker als das Böse.

Aber genau das behauptet doch Ihre Staatsregierung auch: dass sie das Böse bekämpfe, indem sie extrem böse Taten mit dem Tode bestraft.

Für mich ergibt diese Argumentation keinen Sinn. Ich bin davon überzeugt: Wir sollen nicht töten. Die Todesstrafe widerspricht dem Besten der menschlichen Natur. Mir erscheint die Argumentation der Befürworter völlig irrational. Etwa der Abschreckungsgedanke: Nicht *eine* seriöse Studie stützt die These, dass die Todesstrafe Morde verhindern könnte.

Eine andere Argumentation besagt: «Wir exekutieren, damit Menschen daraus ihre Lehren ziehen.» So wie manche einem Kind auf die Finger hauen, damit es einen Fehler nicht noch einmal macht. Abgesehen davon, dass schon diese Erziehungsmethode inakzeptabel ist, haben die Delinquenten gar keine Chance, aus ihrem Fehler zu lernen, denn sie sind nach der Belehrung tot.

Ich kann in der Argumentation *pro* Todesstrafe keine Logik entdecken. Am Ende geht es um blanke Vergeltung. Aber Rachegefühle schaden dem, der sie hegt. Die Todesstrafe schadet auch denen, die damit Vergeltung üben dürfen, sie verbessert nichts in unserer Gesellschaft.

Wie verändert die Zeit im Todestrakt einen Menschen?

Ich habe hier Aktenordner voller Korrespondenz, die wir mit den Familien von Todeskandidaten und Hingerichteten führen. Bewegende Dokumente, die zeigen, wie viele Verurteilte nach Jahren des Wartens bereit sind, zu sterben, weil das Leben im Gefängnis unerträglich geworden ist. Viele haben mehr als 20

Jahre an der Schwelle des Todes und unzählige Verfahren hinter sich. Sie sind restlos erschöpft und wünschen sich, dass es endlich vorbei ist.

Ich habe heute erst den Brief einer Frau erhalten, deren Cousin seinen Hinrichtungstermin bekommen hat. Sie schreibt sinngemäß: «Ich weiß gar nicht, ob er will, dass wir weitere Gnadengesuche schreiben. Er ist des Kämpfens müde und möchte einfach gehen.» Menschen im Todestrakt stehen ununterbrochen unter Druck.

Wie erleben Sie Todeskandidaten, die ihr Hinrichtungsdatum kennen?

Hier im Staat Ohio gibt es die besondere Gepflogenheit, Freunden und Familienangehörigen den Besuch des Todeskandidaten einige Wochen vor der Exekution zu gestatten. Auch entfernte Freunde und Bekannte dürfen auf die knappe Besucherliste, und so war ich schon einige Male selbst Besucherin. Die Menschen, die da ihrem Ende entgegengehen, möchten «Auf Wiedersehen» sagen. Sie sind nicht in Panik. Sie sagen uns: «Gut, dass es bald vorüber ist. Ich will einfach nicht mehr hierbleiben und ununterbrochen diesen Schmerz aushalten.»

Können die Angehörigen das nachempfinden?

Einige schon. Sie sagen dann: «Sein Leben ist wirklich unerträglich.» Besonders Mütter tun sich allerdings äußerst schwer damit. Wir haben einmal eine Mutter betreut, die über mehr als zehn Jahre hinweg wirklich alles für ihren Sohn getan hatte, um seine Hinrichtung zu verhindern. Wenige Tage vor dem Hinrichtungstermin ist ihr das tatsächlich gelungen, eine Strafumwandlung. – Wir haben übrigens große Zweifel an seiner Schuld und arbeiten an einem Wiederaufnahmeverfahren. – Der Sohn schrieb wenige Tage vor der geplanten Hinrichtung einen sehr liebevollen Brief mit dem Satz: «Bitte kümmert euch um meine Mom. Ich glaube, sie wird es sonst nicht verkraften.»

Mögen Sie mir mehr zitieren aus Briefen von Todeskandidaten?

Zunächst will ich Ihnen eine Zeichnung von Michael zeigen, der am 13. Mai 2010 hingerichtet wurde.

> Alice gibt mir ein DIN-A4-Blatt in die Hand, darauf eine Zeichnung mit dünnem schwarzen Strich: Es zeigt einen Mann im Overall auf dem elektrischen Stuhl, aus dessen Leib gerade die Seele gen Himmel fährt, dabei die Ketten zerreißend, die seine Hände gefesselt hielten. Und darunter in akribischen Großbuchstaben der Satz: «Freedom at last, thank God Almighty», übersetzt: «Endlich frei, dank Gott dem Allmächtigen», offenkundig angelehnt an das alte Spiritual mit demselben Titel.

Alice Gerdeman: Michael hat diese Zeichnung wenige Tage vor seiner Hinrichtung gefertigt. Sie sehen: Für diesen Mann war der Tod eine Befreiung.

Ich durfte ihn gemeinsam mit seinen Freunden besuchen. Eine halbe Stunde vor Ende der Besuchszeit bat er uns, einen Stuhlkreis zu bilden und unsere Lieblingsgleichnisse aus der Bibel zu erzählen. Er wollte wissen, was diese Worte uns im Leben bedeuten. Dann sagte er uns, was *ihm* jedes dieser Gleichnisse bedeutete, in die er sich offensichtlich lange vertieft hatte. Er war ein sehr spiritueller Mann.

Wissen Sie noch, welche Bibelstelle er für sich selbst ausgelegt hat?

Kein Gleichnis, sondern die Geschichte vom guten Schächer am Kreuz. Dem Verbrecher, der neben Jesus im Sterben zum anderen sagt: «Ich habe diese Strafe verdient.»

> Mit Jesus wurden zwei Verbrecher vor die Stadt geführt zu der Stelle, die man «Schädelstätte» nennt. Dort wurde Jesus ans Kreuz genagelt und mit ihm die beiden Verbrecher, der eine rechts, der andere links von ihm. ... Auch einer der Verbrecher, die mit ihm gekreuzigt worden waren, lästerte: «Bist du nun der Christus? Dann hilf dir selbst und uns!» Aber der am anderen Kreuz wies ihn zurecht: «... Wir werden hier zu Recht bestraft. Wir haben den Tod verdient. Der hier aber ist unschuldig; er hat nichts Böses getan.» Zu Jesus sagte er: «Denk an mich, wenn du in dein Königreich kommst!» Da antwortete ihm Jesus: «Ich versichere dir: Noch heute wirst du mit mir im Paradies sein.»
>
> *Lukas 23,32–43*

Michael sagte uns: «Dieser Verbrecher bin ich.» Und er betete mit uns. So etwas habe ich nie zuvor und nie danach erlebt, dass wir mit einem Todeskandidaten gemeinsam Bibeltexte betrachten. Ich lebe in einem Konvent, und wir meditieren viel über Gottes Wort, aber das war ein besonders intensives und bewegendes Erlebnis. Seine Spiritualität und seine innere Kraft im Angesicht des Endes haben mich beeindruckt. So ist er in den Tod gegangen.

An Gottes Wort festzuhalten, hat ihm geholfen, Hoffnung und Glauben zu bewahren?

Ich glaube, ja. Er stammte aus einer katholisch geprägten Familie, war dann aber vom Weg abgekommen und hatte schließlich sogar jemanden umgebracht. Aber er hatte dann auch den Weg zurück gefunden und wandelte sich zu einer sehr gläubigen Person. Im Gefängnis hat er sich für andere engagiert, um ihnen zu helfen. Ich kann nicht sagen, ob das Leben im Todestrakt ihn so hat reifen lassen. Er war drogenabhängig und psychisch krank, und wer weiß, was er mit der richtigen therapeutischen Hilfe aus seinem Leben gemacht hätte. Er freute sich darauf, endlich von allem befreit zu sein, und war nach 23 Jahren im Gefängnis dankbar für sein Leben. Dankbar, wie er sagte, dass seine Mutter ungefähr anderthalb Jahre vor seinem Hinrichtungstermin gestorben war. Denn er wollte ihr diesen Schmerz ersparen.

Welche Zeugnisse haben Sie noch in Ihren Ordnern?

Hier zum Beispiel den Brief eines Wachmanns, der im Youngstown-Gefängnis einen Gefangenen betreute: «Sieben Wochen vor der Hinrichtung», so schreibt er, habe Hakan ihm erzählt, es sei für ihn «eine große Last, die von ihm abfalle. Seine nächsten Gedanken galten seiner Mutter Judy, die zwei Töchter verloren hatte, die eine bereits im Säuglingsalter nach einer schweren Krankheit, die andere wurde erschossen. Hakan hielt inne, schluchzte und sagte: ‹Ich bin froh, dass meine Mutter nicht miterleben muss, wie sie noch ein weiteres Kind verliert. Ich habe meinen Frieden, aber ich weiß, es hätte ihr Herz zerrissen.›»

Viele Todeskandidaten scheinen im Angesicht des Endes vor allem an ihre Liebsten zu denken.

Das ist tatsächlich so. Viele sind allerdings psychisch schwer krank und vermutlich nicht in der Lage, an andere zu denken. Die übrigen neigen dazu, sich Gedanken über ihre Mitmenschen zu machen. Vor einiger Zeit bekamen wir den Brief eines Todeskandidaten, der schrieb: «Hier ist die Adresse meiner Mutter. Ich möchte, dass jemand zu ihr hält, wenn ich es hinter mir habe.» Dieser Gefangene hat kein von Natur aus besonders sympathisches Wesen, aber er hat sich dem christlichen Glauben zugewandt, und nun macht er sich Gedanken über das Schicksal seiner Angehörigen, obwohl seine Familiengeschichte ein einziger Horror gewesen sein muss.

Glimmt also auch in den Härtesten womöglich ein Funken Liebe?

Ich glaube, diese Briefe sind ein Ausdruck von Liebe. Ich hoffe, jeder von uns erlebt zumindest ein paar Augenblicke im Leben, in denen ihm andere Menschen wichtiger sind als er selbst. Bevor Sie kamen, habe ich mir noch einmal die Korrespondenz derer angesehen, die überhaupt in der Lage waren, zu schreiben. Fast jeder beschließt seinen letzten Brief mit dem Satz: «Macht euch keine Sorgen um mich.» Manche bitten, für ihre Opfer zu beten oder für die Angehörigen ihrer Opfer. Und fast jeder bittet uns, den geliebten Familienangehörigen beizustehen.

Sind Glaubensbekenntnisse von Todeskandidaten wirklich Ausdruck eines Wandels, oder sind das fromme Floskeln?

Das kann ich nicht beurteilen. Aber ich glaube, solche Worte sind ernst gemeint. Das kennen wir doch von uns selbst auch: Wenn wir tiefe Einschnitte oder Krisen im Leben erleiden, wenden sich viele plötzlich der Religion zu. Oder wir beten in der Not mehr als je zuvor im Leben. Wer aus dem Todestrakt heraus schreibt: «Ich habe Frieden gefunden», der meint es mit großer Wahrscheinlichkeit ernst. Ohne eine gewisse innere Stärke würden sie es wahrscheinlich seelisch gar nicht überstehen.

Meinen Sie, Todeskandidaten müssen die innere Bereitschaft entwickeln, zu sterben?

Ja, es braucht eine innere Bereitschaft, um diesen Weg zu gehen. Zwei Jahrzehnte und mehr im Todestrakt sind eine lange Zeit. Manche unserer Klienten sagen: «Ich hatte genug Zeit zum Nachdenken.» Damit meinen sie meines Erachtens nicht nur den einen oder anderen Gedanken, den sie wälzen. Sie meinen wirklich tiefschürfende Reflexion. Sie haben viel Zeit in einer schrecklichen Umgebung verbracht; im Todestrakt lebst du ja nicht unbedingt in der Gesellschaft besonders netter Menschen. Schon die schlichte Erkenntnis: «Ich werde nie wieder auf einem gepolsterten Stuhl sitzen, ich werde für immer umgeben sein von Beton und Stahl», ist eine, die manche an den Rand der Verzweiflung treibt.

Es ist sehr hart, zu erkennen: «Das hier ist das Ende aller Optionen, ich werde nie wieder selbst entscheiden, was ich anziehe. Ich werde nie wieder ein Auto fahren. Ich werde nie wieder normale Dinge im Leben tun.» Und das in der Gesellschaft von Menschen, die ebenfalls ständig unter Stress stehen, die nicht ausgeglichen sind, die es nicht verstehen, ein normales Leben zu führen. Sie erleben emotionale Ausbrüche, menschliche Kälte, ein ständiges Gefühl der Zurückweisung. Viele wurden von ihrer Familie verstoßen. Es ist ein Leben ohne Wahlfreiheit, ohne Verletzlichkeit, ohne jede persönliche Bindung. Dazu kommt ein Schuldgefühl angesichts einer schrecklichen Tat, die sie dorthin gebracht hat.

Haben Sie etwas von den Todeskandidaten gelernt?

Ich glaube, wir können von jedem Menschen etwas lernen, auch von denen im Todestrakt. Ich halte gelegentlich Referate in Kirchengemeinden und sage dann jedes Mal: «Es ist ein Privileg, mit jemandem in Kontakt zu sein, der einen Menschen getötet hat.» Ich habe wahre Reue kennen gelernt. Den Mut, sein Inneres ehrlich zu betrachten und die eigenen Abgründe nicht zu leugnen. Seine eigenen schlimmsten Seiten zu betrachten, sich ihnen zu stellen und manchmal sogar mit anderen darüber zu sprechen. Es gibt verblüffend viele, die im Mordprozess ein Geständnis ablegen und sagen: «Ja, ich habe es getan.»

Sich selbst konsequent mit dem eigenen wahren Ich zu konfrontieren, zeugt für mich von einem hohen Grad an menschlicher Reife, den wir alle erreichen sollten. Menschen im Todestrakt dabei zu erleben, ist eine außergewöhnliche Erfahrung. Viele möchten bald etwas Gutes tun. Gerade die Kreativen, die zum Beispiel beginnen, Bilder zu malen, um sie dann an gemeinnützige Organisationen oder an Schulen zu verschenken. Wir hatten einen Mann, der sich wünschte, seine Bilder möchten auch nach seiner Hinrichtung für einen gemeinnützigen Zweck verkauft werden. Ich erlebe viele beeindruckende Fälle solcher Großzügigkeit.

Wir sprechen gerade über diejenigen, die psychisch gesund genug sind, um sich mit sich selbst und mit ihren Mitmenschen zu befassen. Was ist mit den psychisch Kranken, die dazu nicht in der Lage sind? Finden sie am Ende keinen Frieden?

Oh, ich glaube, auch sie finden Ruhe und Frieden, nur leider nicht *vor* ihrem Tod. Hier in Ohio sind viele mit einem Fluch auf den Lippen gestorben oder mit einem provokativen

Spruch. Einige sterben voller Zorn; aber auch das ist Teil des Lebens. Ich glaube, es ist Ausdruck eines tiefen Schmerzes. Ich habe in einigen Begnadigungsverfahren mitgearbeitet und dabei so viele Lebensläufe gesehen, die wahrscheinlich nichts anderes zulassen als Zorn und Wut. Weil diese Männer niemanden hatten, der ihnen mit aufrichtigem Gefühl begegnet wäre. Einige schaffen es, das zu überwinden, vielleicht durch Gottes Gnade. Aber ich weiß nicht genau, warum es manchen gelingt, sich daraus zu befreien, und anderen nicht. Ich vertraue fest darauf, dass sie heil werden, wenn sie auf der anderen Seite ankommen, denn Gott weiß alles über das Leben, über die Umstände eines Lebens, und sein Herz ist voller Vergebung. Selbst wenn sie sich und andere ihnen nicht vergeben können – Gott kann es.

Ist es vielleicht sogar der Vorteil eines Todeskandidaten, ab einem gewissen Punkt genau zu wissen, wann sein Leben enden wird?

Tatsächlich wissen die Todeskandidaten auf die Minute genau, wann sie sterben werden. Aber welche Prozesse das in ihrem Inneren in Gang setzt, kann ich nicht sagen.

Die meisten Christen glauben, ein Sterbender sollte rechtzeitig seine Beziehung zu Gott in Ordnung bringen, seine Schuld bekennen, ins Reine kommen, Vergebung empfangen. Was sagen Sie?

Ich wünsche jedem, dass er oder sie Vergebung erfährt. Auf welche Weise, das ist jedem selbst überlassen, vielleicht auch abhängig von der religiösen Tradition. Aber es ist ein wundervolles Geschenk, Vergebung zu erfahren; und es ist ein Geschenk, jemandem zu vergeben.

Wie denken Sie dann über diejenigen, die Gnade und Vergebung nicht annehmen, sondern voller Zorn und auf *sich* gestellt sterben? Erfahren sie dann Gnade nach dem Tod?

Das ist mein fester Glaube. Ich denke, Gottes Gnade ist überwältigend. Wir alle werden wahrscheinlich auf der anderen Seite, wo immer das ist, überrascht sein, welche Menschen ihren eigenen Weg zu Gott gefunden haben. Ich verzweifle an keinem der Hingerichteten.

Das erinnert mich an den Schweizer Theologen Karl Barth, der meinte, die Hölle habe einen Augenblick lang über Christus triumphiert, aber nur, «damit sie nie mehr, über keinen mehr triumphieren dürfe und könne».[11] Anders ausgedrückt: Die Hölle existiert, aber sie ist um Jesu Christi willen leer.

(Lacht.) Ich verwende nicht viel Zeit darauf, über die Hölle nachzudenken, denn sie spielt keine große Rolle für meinen Glauben. Vielleicht verzerrt es unseren Glauben sogar, wenn wir uns zu sehr auf den Begriff der Hölle konzentrieren, wie er im Neuen Testament steht. Der Gott, an den ich glaube, sagt zu niemandem, der eine schreckliche Kindheit hatte, der in Umständen aufgewachsen ist, die ich mir nicht einmal vorstellen kann, der in einem Ausmaß in eine Sucht geraten ist, dass er nicht einmal mehr seinen Körper kontrollieren kann: «Es tut mir leid, aber du wirst bestraft für all deine Taten.» Niemand, der in liebevoller Umgebung aufgewachsen ist, der einigermaßen ausgeglichen ist, geht einfach hin und tötet jemanden. So sind die Menschen nicht, und ich bin sicher, Gott weiß das.

Dann frage ich nach dem Jüngsten Gericht: Der deutsche Theologe Fulbert Steffensky hat darüber einmal gesagt: «Ich hoffe auf das letzte Gericht. Wir haben ein Recht darauf, ein-

mal unverhüllt vor dem Antlitz Gottes zu stehen. Vielleicht ist es das Schönste, was man sich denken kann. Wer hungert nicht danach, endlich erkannt zu werden! Das Gericht Gottes als ein Akt der Liebe!«[12]

Das ist ein wundervoller Gedanke. Danach sehnen wir uns alle: Erkannt und verstanden zu werden. Und von einem Gott zu wissen, der das tut, ist ein sehr schöner Gedanke. Kein Mensch kann einen anderen so tief erkennen, wie nah sie einander auch immer sein mögen. Ganz gleich, wie das Jüngste Gericht einmal aussieht – von einem liebenden Gott durch und durch erkannt zu werden, ist ein wundervoller Gedanke.

Ist das vielleicht die Sehnsucht, die viele Todeskandidaten in sich tragen: an einen Ort zu kommen, an dem sie als diejenigen erkannt werden, die sie wirklich sind?

Dafür kann ich Ihnen zwei Beispiele nennen: Einer der jungen Männer, deren Strafprozesse ich begleitete, war Moslem. Er hatte vor Prozessbeginn die Anfangsverse des Korans auswendig gelernt.

Nach unserem Gespräch schlage ich nach und finde eine Verdeutschung dieser Koran-Verse, die mit den Worten beginnen:

1. Im Namen Allahs, des Gnädigen, des Barmherzigen. 2. Aller Preis gehört Allah, dem Herrn der Welten, 3. Dem Gnädigen, dem Barmherzigen, 4. Dem Meister des Gerichtstages. 5. Dir allein dienen wir, und zu Dir allein flehen wir um Hilfe. 6. Führe uns auf den geraden Weg, 7. Den Weg derer, denen Du Gnade erwiesen hast, die nicht Missfallen erregt haben und die nicht irregegangen sind.

Während der gesamten Verhandlung murmelte er ununterbrochen diese Koranverse leise vor sich hin. Auf den Fernsehbildern sah das abschreckend aus: Ein Mann mit starrem Blick, der ununterbrochen etwas vor sich hin murmelt. Ich dachte, die Geschworenen werden ihn deshalb für gemeingefährlich halten. Also fragte ich ihn: «Warum hörst du nicht damit auf? Warum suchst du nicht den Blickkontakt zum Richter und den Geschworenen? Warum verhältst du dich nicht zugänglicher? Vielleicht haben sie dann mehr Verständnis für dich.»

Und er sagte: «Kannst du dir vorstellen, wie das ist, Tag für Tag in einem Gerichtssaal zu sitzen, in dem fremde Menschen stundenlang nichts anderes besprechen als deine furchtbarste Tat? Jede Einzelheit, immer und immer wieder? Kannst du dir vorstellen, wie das ist, wenn niemand auch nur das leiseste gute Worte über dich verliert?» Und ich musste zugeben: «Nein, das kenne ich nicht.» Worauf er sagte: «Das ist meine Situation. Ich muss mich fassen, sonst schreie ich, oder ich weine oder irgendetwas völlig Unangemessenes bricht aus mir heraus. Bestenfalls komme ich für den Rest meines Lebens ins Gefängnis. Dann sperren Sie mich mit brutalen Leuten zusammen. Darauf muss ich mich vorbereiten. Ich darf nicht schwach sein. Deshalb spreche ich diese Verse vor mich hin.»

Ich glaube, er hätte gerne anders agiert, aber er musste sich selbst so beherrschen. Die Presse wusste natürlich nichts von seinen Motiven und hat ihn als gefährlichen Verrückten dargestellt. So wirkte er ja auch auf Unbeteiligte. Aber tief in seinem Herzen wollte er ein anderer sein.

Das andere Beispiel: Ein Todeskandidat, mit dessen Mutter ich bis zur Exekution in Kontakt stand. Sie sagte mir über den Strafprozess: «Niemand in diesem Gerichtssaal sagte irgendetwas Gutes über meinen Jungen. Wochen der Verhandlung – und nicht ein einziges gutes Wort. Ich hätte mir so gewünscht, dass jemand auch seine positiven Seiten erwähnt.»

Beide Beispiele zeugen für mich von dieser Sehnsucht, das ganze Leben möge Beachtung finden und nicht nur diese eine brutale Tat. Die meisten von uns befassen sich mit den negativen Seiten anderer, und gerade in den Strafprozessen hält ja niemand inne und sagt zum Angeklagten: «Übrigens sind Sie ansonsten ein anständiger Kerl.»

Und diese Sehnsucht, als ganzer Mensch erkannt zu werden, hält an bis zum letzten Atemzug?

Ich glaube, ja. Die meisten Briefe, die wir aus dem Todestrakt bekommen, stammen von Männern, die wie jeder andere normale, nette Mensch behandelt werden wollen. Das Stereotyp vom Verbrecher ist das eines hässlichen, furchteinflößenden Individuums, das jede Menschlichkeit verloren hat. Mein Eindruck nach der Arbeit mit vielen dieser Männer, nach Einzelgesprächen und Briefwechseln, ist: Dieses Stereotyp ist falsch. Richtig ist, dass viele von ihnen etwas Schreckliches getan haben, aber auch sie sind nicht durch und durch schlecht. Sie sind begabte menschliche Wesen. Manche von ihnen haben Kinder oder Enkel, und sie wollen von diesen Kindern erzählen, wie klug oder hübsch sie sind.

Ein junger Mann, den ich im Mordprozess begleitete, zeigte mir einmal das Foto seiner sechsjährigen Tochter und fragte mich: «Glauben Sie nicht auch, dass sie mal ein ganz kluges Mädchen wird?» Dieser Mann hatte einen anderen kaltblütig getötet, aber auch er trug unversehrte Anteile in sich. Im Todestrakt sitzen viele Menschen wie du und ich. Wir würden mit einigen davon völlig unbefangen im selben Raum sitzen, wenn wir nicht wüssten, dass sie getötet haben. In jedem Menschen gibt es einen unversehrten Zug von Menschlichkeit, und ich wünschte so sehr, die Insassen der Todestrakte hätten die Chance, diesen Anteil ihrer Persönlichkeit zu entwickeln.

Der Staat scheint das anders zu sehen. Und er scheint alles zu tun, um das Andenken dieser Männer auszulöschen. Was wünschen die *Death Row Inmates* sich, das von ihnen bleiben möge?

Ein Künstler, der, wie ich erwähnte, seine Werke an andere verschenkt, möchte sicher, dass etwas von ihm überdauert. Ich erinnere mich an einen Mann, dessen letzte Worte waren: «Waffen und Alkohol sind eine fatale Mischung. Denkt daran, wenn ihr von meinem Fall hört.» Er wollte, dass diese Botschaft weitergetragen wird.

Und ich erinnere mich an einen anderen Mann, der kurze Zeit vor seinem Tod noch sein sechs Monate altes Enkelkind im Arm halten durfte. Es hat ihm unermesslich viel bedeutet, zu sehen, dass seine Familiengeschichte weitergehen würde.

Und im Nachbarstaat Kentucky wollte ein Todeskandidat unbedingt sein Lebenszeugnis auf Video veröffentlicht sehen, damit Schüler und andere Jugendliche erkennen, wohin eine Drogenkarriere führen kann.

Haben Sie weitere Zitate aus Briefen von Todeskandidaten, die ihre «unversehrten Anteile» offenbaren?

Hier ist ein Brief von einem Mann, der die letzten Tage vor der Exekution in *Death Watch* verbrachte, also unter Dauerüberwachung im sogenannten Todeshaus. Er schreibt: «Mein Herz ist von Liebe überflutet, und meine Seele ruht in Gottes unfassbarer Gnade – «Amazing Grace», das ist eines meiner liebsten Kirchenlieder. Ich spiele Klavier und habe früher mit einem Freund gemeinsam im Sonntagsgottesdienst musiziert. Er spielte Gitarre. Jetzt kann ich nicht mehr spielen, denn ich bin im Todeshaus. Sie erlauben mir nicht, den Sonntagsgottesdienst oder eine Bibelstunde zu besuchen. Das nenne ich Ironie, da ich nur noch wenige Tage zu leben habe. Ich kann also nicht zur Kirche – auch gut. Jesus ist mit mir in meiner Zelle. Ich weiß, Gott liebt mich, und er hat mir alle meine Sünden vergeben. Wer an Christus glaubt, wird nicht verdammt werden.»

Und weiter schreibt er: «Gott ist mein Herr, Gott regiert, sein Wille geschehe. Ich werde jede Entscheidung des Begnadigungsausschusses akzeptieren. Es ist schon seltsam, dass ich mir früher selbst über die kleinsten Probleme größte Sorgen gemacht habe und mich jetzt nichts mehr sorgt. Im Evangelium heißt es: ‹Sorget nicht› [Matthäus 6,25ff.], sondern betet. Tragt all eure Nöte zu Gott und dankt ihm für alles, was er euch getan hat. Mir ist das eine Hilfe.»

(Alice blättert weiter.)

Dieser Brief stammt von einem Mann, dessen Todesstrafe in «Lebenslänglich» umgewandelt wurde. Er schrieb vorher: «Ganz gleich, was am 14. geschehen wird, ich lebe ganz in der Gegenwart. In Gedanken bin ich bei meiner Familie und meinen Freunden, denn sie nehmen sich das alles sehr zu Herzen. Mein Freund, ich lasse es geschehen. Friede sei mit dir. Jerome.»

Das sind Zeugnisse von Menschen, die sich im Angesicht des Todes den hoffnungsvollen, den helleren Seiten des Lebens zuwenden.

Das sind allerdings auch nur die Äußerungen derer, die sich an uns wenden. Es gibt sicher viele, die äußerst deprimiert sind. Diese Männer leisten auch keinen Widerstand mehr, wenn sie am Ende auf der Pritsche festgeschnallt werden.

In Ohio haben die Delinquenten die Gelegenheit, wenige Stunden vor der Hinrichtung Freunde und Familie zu empfangen. Und einen geistlichen Beistand. Das ist eine große psychische Entlastung. Sie hilft diesen Männern, gefasst zu bleiben.

Was erzählen Ihnen die Seelsorger über die letzten Gespräche?

Die meisten sagen kurz vor ihrem Tod: «Sagt denen draußen, es geht mir gut.» Das ist die häufigste Botschaft, die Seelsorger aus dem Todeshaus mitbringen.

Kapitel 3
Ingrid Etienne:
Jeder geht seinen eigenen Weg

Sie lacht gerne. Mit ihrer stets etwas heiser wirkenden Stimme. «Die meistbenutzte Maschine hier im Hospiz ist – die Kaffeemaschine!», sagt sie mir in der Küche im ehemaligen Schwesternwohnheim – und lacht. Pflegedienstleiterin könnte sie sich nennen, oder Fachkraft Palliative Care und Pain Nurse. Aber sie ist für alle hier einfach nur Ingrid, auch für die Bewohner. So nennt sie die Menschen, die fast alle kommen, um für den überschaubaren Rest ihres Lebens zu bleiben, in der Regel nicht länger als drei Wochen. Nie spricht sie von Patienten, auch wenn der Mann, der da gerade mit einem gigantischen Verband um den Hals neben mir in die Küche tritt, ganz gewiss wie ein Patient aussieht.

Privat erzählt Ingrid nur von ihren beruflichen Erlebnissen, wenn sie jemand danach fragt. Dann will es scheinen, als hätten ihre Brauenbögen erst unter dem Einfluss so vieler Leidensgeschichten jenen Schwung bekommen, der ihrem Blick stets etwas Melancholisches verleiht.

Lange vor unserem Interview erzählte sie mir die Geschichte vom Mann mit der Schluckstörung und der Magensonde, der sich zuletzt noch einmal den Geschmack von Vanillepudding wünschte und dem die Pflegerinnen deshalb einen Appetitklecks auf die Zunge gaben und eine kleine Portion über die Sonde direkt in den Magen. Ingrids Lachen danach klang wie ein Seufzer.

Ingrid ist eine, die gemeinsam mit ihrem Team versucht, Wünsche zu erfüllen, soweit sie irgend erfüllbar und medizinisch vertretbar sind. Wenn es hilft, lässt die Hospizleiterin Ulrike Clahsen auch mal Tiere in die Zimmer. Ein Hund namens Cooper muntert viele Bewohner auf, und sogar Hop Sing durfte schon ins Hospiz – ein schwarzes Pony.

Obwohl sie gerne lacht – auch mal über einen derben Scherz –, nimmt Ingrid den Tod heute so ernst wie in ihren früheren Zeiten als Kinderkrankenschwester. Als ihr Mann plötzlich einen Venenverschluss im Bein erlitt, war sie ganz besorgte Ehefrau und ganz Pflegeprofi, die ihren Helmut schnell zum Arzt brachte.

Nicht nur in Nordrhein-Westfalen mit seinen knapp 18 Millionen Einwohnern wächst der Bedarf an stationärer Palliativpflege. Lange nach unserem Gespräch in Erkelenz zieht deshalb das gesamte Hospiz in einen Neubau um, moderner, heller, größer, mit Platz für 13 Betten und Arbeit für 18 Festangestellte. Auch in den neuen Räumen werden sie wohl einen Nylon-Schmetterling hinters Namensschild vor der Tür klemmen, wenn ein Bewohner zu seiner letzten Reise aufgebrochen ist, sie werden im Erinnerungsbuch für alle, die kommen und gingen, blättern, während im Hintergrund vielleicht diskret zwei Bestatter einen Sarg über den Flur rollen und von irgendwoher das Geräusch des Kaffeevollautomaten tönt.

Ingrids Alltag wird auch weiterhin aus einer langen Reihe von Abschieden bestehen, wie sie sich fortsetzt seit ihren ersten Tagen im Hospiz zu Beginn des Jahrtausends. 1500 Abschiede dürften es inzwischen sein. Und trotzdem wird sie weiterhin gerne lachen. Und falls jemand fragt, Geschichten erzählen wie die von Heinz…

Warum geht Ihnen die Geschichte mit Heinz nicht aus dem Kopf?

Ingrid Etienne: Weil er so eine außergewöhnliche Persönlichkeit war. Heinz hatte, so würden wir es wohl sagen, aus seinem Leben nicht viel gemacht. Er hatte eine harte Drogenkarriere hinter sich, aber aus seiner letzten Zeit hier im Hospiz hat er wirklich noch herausgeholt, was sich herausholen ließ, obwohl ihm noch beide Unterschenkel amputiert werden mussten. Heinz hat nach der Operation Schüler empfangen und ihnen ins Gewissen geredet, die Finger von Drogen zu lassen. Sie sollten ihn anschauen. Man konnte alles mit Heinz machen, ihn nur nicht belügen. Er wollte konsequente Ehrlichkeit, auch im Streit.

Heinz hat Unmengen an Drogen konsumiert, das hätte jeden von uns auf der Stelle umgebracht. Hier hatten wir feste Zeiten, zu denen wir ihn versorgt haben, damit er keine Entzugserscheinungen bekommt, darüber hinaus gab es nichts, auch wenn er mit Charme und Witz und Tricks immer wieder versucht hat, an mehr heranzukommen.

Er hatte kaum noch Haare, einen Riesenbauch, aufgequollen von seiner kaputten Leber, einen ziemlich durchtrainierten Oberkörper, und er ist dann im Sommer mit Handtuch und Feinrippunterhemd zur Tankstelle und hat sich gewundert, dass die Leute vor ihm erschrecken. Er war einfach spektakulär.

Heinz ist zum Sterben nach Hause gegangen, wie es sein Wunsch war. Wir haben es möglich gemacht, und seine Lebensgefährtin hat ihn mitgenommen.

Wie denken Sie nach mehr als zehn Jahren im Hospiz übers Sterben?

Sterben gehört zum Leben wie alles andere auch. Es muss ein öffentliches Thema sein, mit dem wir furchtlos umgehen. Eins ist sicher: Sterben werden wir alle einmal, und wir sollten uns zu Lebzeiten damit beschäftigen. Es gab Zeiten, da mussten Mediziner ihre Kollegen ermahnen, auch mit Sterbenden zu reden und deren Würde zu achten. Inzwischen hat ein Umdenken stattgefunden, aber es ist noch jede Menge Aufklärungsarbeit zu leisten.

Viele Ärzte gehen mittlerweile großartig mit dem Sterben um. Ärzte, die den Sterbenden mit einbeziehen. Ärzte, die alles auf Augenhöhe geschehen lassen. Wichtig ist, dass geschieht, was der Sterbende möchte. Dazu muss man herausbekommen, was jemand will und was er *nicht* will am Ende seines Lebens. Das ist ganz individuell. Aber es gibt auch immer noch Mediziner, die vom Sterben nichts hören wollen, die sich nicht einmal ins Hospiz trauen.

Warum?

Ich vermute, sie haben Angst vor dem Thema. Sie wollen helfen, heilen, therapieren und können sich dann nicht eingestehen, dass es ab einem gewissen Punkt nicht mehr geht und man damit aufhören muss. Wenn der Patient sagt: «Ich will nicht mehr. Ich kann nicht mehr. Nicht noch eine Chemo, nicht noch eine Bestrahlung, nicht noch eine OP», dann sollte ein Arzt das akzeptieren.

Auch im Krankenhaus kann gut gestorben werden?

Ja, sicher. Aber wenn es möglich ist, sind wir hier im Hospiz die Ersten, die sagen: «Versuchen Sie es zu Hause.» Es gibt Situationen, die sich zu Hause nicht bewältigen lassen, dann ist ein Hospiz wohl der bessere Ort. Aber wenn eine Familie das prima selbst hinbekommt, beraten wir sie gerne.

Die Sterbeforscherin Elisabeth Kübler-Ross hat ein Modell der fünf Sterbephasen entwickelt. Was halten Sie davon?

> Das Phasen-Schema nach Kübler-Ross:
> 1. Verneinung: Der Kranke will die Möglichkeit seines Sterbens nicht wahrhaben; 2. Auflehnung gegen das Schicksal: Der Kranke wehrt sich, auch gegen Hilfsan-

gebote; 3. Verhandeln mit dem Schicksal: Der Kranke sucht nach «besseren» Ärzten oder legt ein Gelübde ab; 4. Depression; 5. Annahme des Todes.[13] Kritiker des Phasenmodells beachten stattdessen Faktoren, die das Verhalten Sterbender beeinflussen; etwa seine körperliche und seelische Verfassung und sein genereller Umgang mit Lebenskrisen.

Ingrid Etienne: Es gibt diese Phasen, aber die Menschen halten sich nicht immer an die Reihenfolge – oder sie lassen die eine oder andere Phase aus. Jeder geht seinen eigenen Weg. Das Leugnen erleben wir hier sehr häufig. Das halten viele bis zum Schluss durch, und wir akzeptieren es. Wenn jemand nicht darüber reden will, dann können wir nicht hingehen und sagen: «Jetzt musst du dich aber mal mit deinem Tod beschäftigen.»

Depressiv sind sehr viele. Und das zu Recht, wie ich finde. Im Moment haben wir hier einen Bewohner mit einem Mundbodenkarzinom. Er hat, hart ausgedrückt, Löcher im Hals. Ich kann nachempfinden, dass jemand depressiv wird, wenn er das eigene Spiegelbild kaum erträgt. Es wäre doch unnormal, wenn jemand mit dieser Krankheit pfeifend durch die Welt liefe. Aber auch Depression können wir behandeln.

Wie ist es mit der Auflehnung, mit Zorn?

Den erleben wir. Manche sind zornig. Auf alles, auch auf uns als Begleiter. Einer muss Schuld haben, dass sie so krank sind.

Und Annahme des Todes?

Es gibt Menschen, die sich konsequent mit ihrem Sterben auseinandersetzen. Das ist eine Minderheit, die dann Frieden findet. Aber die meisten haben Angst und wollen einfach nicht sterben. Das gehört zum Menschsein. Der Mensch hängt an seinem Leben, und mag es anderen noch so schlimm erscheinen.

Die meisten haben einen langen Leidensweg hinter sich, sind einfach nur fertig. Wenn man es dann schafft, dass jemand im Hospiz zur Ruhe kommt, dass wir seine Schmerzen, seine Übelkeit, sein Leid in den Griff bekommen und er dann in Ruhe einschlafen kann, dann ist das Sterben okay.

Meinen Sie, dass wir von Sterbenden lernen können?

Ja, wir können einiges daraus lernen, wie Menschen diesen Weg gehen. Es ist erstaunlich, was viele Menschen aushalten können. Manche Ärzte stellen Prognosen, wie lange jemand noch zu leben hätte. Diese Prognosen stimmen nie. Auch wir sind manchmal erstaunt, wie lange manche Bewohner noch leben – oder auch, wie kurz die Zeit ist. Wir werden von Angehörigen oft gefragt, wie lange es noch dauert, halten uns dann aber zurück, es sei denn, der Tod steht wirklich kurz bevor.

Wer mit Sterbenden umgeht, wird demütiger und auch geerdet. Im Hospiz überlegst du, was wirklich wichtig ist. Das sind eben nicht die großen Dinge. Wenn hier jemand aus meinem Jahrgang stirbt, wird mir bewusst: Es ist nicht selbstverständlich, dass ich noch herumlaufe, dass es mir noch gut geht. Ich habe aber auch gelernt vorzusorgen: Mein Mann und ich haben Vorsorgevollmachten geschrieben, denn was sich fürs eigene Sterben planen lässt, das sollte man auch planen.

> Eine Vorsorgevollmacht regelt, in welchen Angelegenheiten eine Vertrauensperson den «Vollmachtgeber» vertreten soll. Die Vollmacht kann sich darauf beschränken, einen Wohnungsmietvertrag oder einen Heimvertrag abzuschließen oder zu kündigen. Die

Urkunde kann aber auch festlegen, dass der Bevollmächtigte über alle Einzelheiten einer ambulanten oder stationären Pflege entscheidet, auch um eine Patientenverfügung durchzusetzen, die festlegt, welche medizinischen Maßnahmen im Ernstfall gewünscht sind. Das Bundesjustizministerium bietet Formulare und Textbausteine für die Vorsorgevollmacht und die Patientenverfügung auf seiner Internetseite zum Herunterladen an (www.bmjv.de). In der Schweiz gelten ähnliche Regeln. Informationen und Musterdokumente liefert zum Beispiel der Verband Heime und Institutionen Schweiz (www.curaviva.ch).

Können wir von Sterbenden das Sterben lernen?

Nein, so ist das meiner Meinung nach nicht. Als hätten wir ein paar Lektionen zu lernen und dann klappte das mit dem Sterben. Solange wir selbst im Leben stehen, können wir nur mutmaßen, wie unser eigenes Sterben aussieht. Ich halte mich sehr zurück vorherzusagen, wie ich einmal sterben werde und wie ich auf besondere Umstände reagieren werde. Es ist auch gut, dass ich nicht weiß, was kommt, denn detailliert kann ich mich ohnehin nicht vorbereiten. Wer sich ständig mit den Einzelheiten des eigenen Sterbens auseinandersetzt, kann sein Leben nicht wirklich genießen.

Sie haben also keine Gebrauchsanweisung zum Sterben?

Das wäre zu schön, um wahr zu sein. Wenn irgendjemand das Rezept hätte: «Mach es so und so, dann geht das glatt über die Bühne.» Das gibt es nicht. Niemand weiß, was passiert. Man muss einfach nehmen, was kommt, und versuchen, das Beste daraus zu machen.

Gibt es Dinge, die einen hindern zu sterben? Unerledigtes?

Das kann sein. Unsere Gäste kommen zu uns mit ihren ganzen Lebensgeschichten. In jeder Familie gibt es etwas, das nicht geregelt ist, worüber nicht gesprochen wurde. In dieser Phase kommt auch manches zu Tage, das sich nicht mehr regeln lässt. Da lebt irgendwo ein Kind, zu dem der Kontakt vor Jahren abgerissen ist, und der Sterbende wünscht sich, Sohn oder Tochter noch einmal zu sehen. Wir rufen dann das Kind an und teilen ihm diesen Wunsch mit. Wenn dieses Kind dann Nein sagt, «ich will damit nichts mehr zu tun haben», dann müssen wir alle das akzeptieren.

Brauchen wir Menschen, die uns im Sterben begleiten?

Selbstverständlich. Aber es gibt auch Menschen, die nur wenig Begleitung wollen. Das sind häufig Bewohner, die sich genau den Moment des Sterbens aussuchen, wenn kein Angehöriger im Zimmer ist, weil er gerade mal etwas trinken gegangen ist oder eine Zigarette rauchen. Manche wollen, das ist meine Überzeugung, alleine sein im letzten Moment. Nicht jeder will intensiv begleitet werden, nicht jeder will ständig gute Gespräche führen. Manche wollen zur Ruhe kommen, das muss man so annehmen. Wichtig ist, es so zu gestalten, wie es der Sterbende möchte, soweit das geht; auch ein Hospiz hat Grenzen.

Aber was tun, wenn ein Sterbender seine Wünsche nicht mehr klar artikulieren kann?

Es gibt Mimik und Gestik. Wir können erkennen, ob jemand entspannt ist oder Schmerzen hat. Aus all dem können wir schließen, wie es dem Menschen geht, der da im Bett liegt.

Und wenn jemand nach aktiver Sterbehilfe im engen Sinne verlangt?

Dann wollen und können und dürfen wir sie nicht leisten. Wir erleben hier immer wieder junge Menschen, die eine fürchterliche Leidensgeschichte hinter sich haben, weil etwa der Krebs in dieser Lebensphase aggressiver verläuft. Denen geht es so schlecht, dass der Tod ein Segen ist. In solchen Fällen kann ich es gut nachvollziehen, wenn jemand nicht mehr will und einfach erschöpft ist und lebensmüde. Das akzeptieren wir und erleichtern ihm das Leben, so gut es nur geht.

Entscheidend ist dabei das Schmerzmanagement.

Das steht ganz oben. Wenn jemand Schmerzen hat, beherrscht das jeden Augenblick seines Daseins, er hat nichts anderes im Sinn, kein Gespräch, keine Ablenkung, keinen klaren Gedanken. Wenn man diesen Schmerz in den Griff bekommt, nicht immer Schmerzfreiheit, aber in jedem Fall Schmerzarmut erreicht, kann sich jemand auch wieder anderen Menschen oder Dingen widmen. Beim Schmerzmanagement hat sich sehr viel getan. Es gibt eine große Auswahl an Mitteln, nicht nur Morphin, mit denen wir viel bewirken können. Im Kampf gegen den Schmerz stoßen wir kaum an eine unüberwindliche Grenze.

Deshalb gibt es den Beruf der Pain Nurse, die sich vor allem dem Kampf gegen den Schmerz widmet.

Manche Bewohner kommen zu uns und sind medikamentös nicht gut eingestellt. Die müssen unnötig leiden, so dass wir eine ganz neue Schmerzeinstellung machen. Wir schauen also, wie viel mehr jemand braucht. Oder die Dosierung war bis zur Aufnahme bei uns sehr großzügig, so dass jemand high hier ankommt und wir ihn erst einmal wieder «von der Lampe herunterholen» müssen, wie ich das salopp nenne.

Im Schmerzmanagement ist noch viel zu tun, weil viele, die mit diesen Mitteln umgehen, zu wenig darüber wissen. Es gibt klare Richtlinien, aber keine objektive Messmethode. Wir probieren nicht einfach drauflos, sondern hören genau hin oder schauen genau hin, um jemanden medikamentös optimal einzustellen. «Titration» ist ein Stichwort, also ein Verfahren, um die optimale Dosierung zu finden. Das Prinzip heißt: «Maximale Schmerzlinderung bei maximaler Erhaltung der funktionalen Fähigkeiten.»

Sterben ist ein Tätigkeitswort. Gestalten Sterbende also ihr Lebensende selbst?

Ja, natürlich. Manche haben noch Wünsche, einen Plan, eine To-do-Liste, die sie erledigen: Noch einmal in die Wohnung, noch einmal auf die Straße gehen, einmal noch eine Pizza essen oder einen Hamburger. Vermeintliche Kleinigkeiten. Wir hatten eine Bewohnerin, die unbedingt noch einmal durch das Tor einer ehemaligen Festungsanlage gehen wollte. Das hatte sie vor ihrem Gang ins Hospiz nicht mehr geschafft. Deshalb haben ihr Schüler hier aus der Stadt das Tor aus Stoff nachgebaut, und sie konnte unten im Garten doch noch durchs «Berliner Tor» laufen. Einige planen auch ihre Beerdigung, lassen den Bestatter kommen und regeln ihre Dinge. Viele sind allerdings nicht in der Lage dazu, weil sie zu schwach sind oder nicht mehr voll orientiert.

Erleben Sie hier einen Unterschied zwischen Sterbenden, die einen Glauben haben, und denen, die nicht glauben?

Es sieht so aus, als hätten es diejenigen, die wirklich glauben, ein bisschen einfacher, weil sie den festen Glauben haben, dass nach dem Tod noch etwas kommt. Die gehen einfach entspannter an die Sache heran. Manchmal liegt jemand, der am Ende einer wirklich heftigen Krankheitsgeschichte gestorben ist, danach so unheimlich entspannt, gelöst und lächelnd im Bett, dass wir denken: «Das kann jetzt nicht wahr sein.» Wir rufen dann die Angehörigen noch einmal ans Bett, um in dieses Gesicht zu schauen, aus dem alles Leiden gewichen ist. Da ist ein Ausdruck wie: «Jetzt bin ich erlöst. Jetzt habe ich meinen Frieden.» Für die Angehörigen ein großer Gewinn.

Damit sind wir bei der Frage: Was kommt danach?

Ich denke, für die Esoterik bin ich nicht die Richtige. Ich bin sehr bodenständig. Ich erwarte auf diese Frage in meinem Leben keine wirkliche Antwort. Wir können darüber nur Vermutungen anstellen. Auch die Schilderungen von Nahtod-Erfahrungen – Bilder von Tunneln und Lichtern – helfen mir nicht wirklich, um herauszufinden, was danach kommt. Ich lasse diese Schilderungen einfach so stehen, ohne etwas hineinzudeuten. Sicherlich gibt es Dinge, die nicht erklärbar sind. Bewohner erzählen uns häufig: «Meine verstorbene Mutter stand letzte Nacht an meinem Bett»; das ist für uns ein Zeichen, dass es nicht mehr so lange dauert, bis jemand stirbt. Das hat offensichtlich nichts Schreckliches, das hat etwas Tröstliches, weil sie abgeholt werden.

Wie möchten Sie einmal sterben?

Die meisten wollen einfach nur einschlafen, oder das Licht geht auf einen Schlag aus. Das wäre für mich auch besonders nett. Meine Oma ist zu Hause gestorben, gepflegt von meiner Mutter.

Was aber nicht immer machbar ist, solange die mobile Palliativversorgung nicht flächendeckend ausgebaut ist.

Richtig. Wenn Angehörige bis zur Selbstaufgabe versucht haben, jemanden im Sterben zu begleiten, 24 Stunden lang über Wochen hinweg, und es einfach nicht mehr leisten können, dann muss man sich helfen lassen.

Damit gehören Sie zur Mehrheit in Deutschland, die zu Hause sterben will.[14] **Warum ist das wohl das Ideal?**

Weil es netter ist als irgendwo anders, im Krankenhaus, im Hospiz, im Altenheim. Es gibt nichts Besseres, als in seiner gewohnten Umgebung zu versterben.

Kapitel 4
Katharina Höpgens:
Das Land hinter dem Regenbogen

«Wir haben hier eine Dame, mit der ein sehr interessantes Interview entstehen könnte», sagt mir Ingrid Etienne eines Tages am Telefon, denn sie hat mir zugesagt, meine Suche nach Gesprächspartnern für dieses Buch zu unterstützen. «Selten geht eine Bewohnerin so offen mit dem Thema Tod und Sterben um», erfahre ich.

Bald schon will Ingrid die Dame fragen, ob ich sie im Hospiz besuchen darf. Tage vergehen, und ich beginne zu ahnen, dass es vielleicht doch nicht mehr dazu kommen wird. Noch ist «die Bewohnerin» für mich eine namenlose Fremde; das Hospiz arbeitet sehr diskret. Erst Ende Juli erfahre ich, dass sie Katharina Höpgens hieß. Sie ist am 13. Juli 2014 gestorben, nach 112 Tagen im Hospiz, drei Wochen vor ihrem 79. Geburtstag. Aber am Ende redet sie doch noch mit mir, durch ein kleines Tagebuch, das sie «Schwester Marianne» anvertraut, damit ich daraus zitieren kann.

Zusammen mit dem Aufnahmebogen des Hospizes schaffen ihre knappen Notizen die Skizze eines reichen Lebens. Sie hat sich für die Jugendarbeit engagiert, über fünf Jahrzehnte hinweg in der CDU Verantwortung übernommen, sie hat Vorträge im Gefängnis gehalten, als Schöffin Gerichtsurteile mitverantwortet und ist in der Euregio, im Grenzraum von Belgien, Deutschland und den Niederlanden, offenkundig eine anerkannte Persönlichkeit als Trägerin einiger hoher Auszeichnungen wie dem Verdienstorden. Sie erwähnt ihre Hobbys: «Jugendarbeit, Politik,

Gefängnisbetreuung, Kriegsversöhnungsarbeit», ihre Blumen und Katzen und als besonders wichtige Erfahrungen den Krieg und die ersten Jahr nach 1945, als sie noch ein Schulmädchen war. Da sich ihre Tage neigen, stehen im Zentrum dieses Lebens aber allein die Menschen, die sie umgeben. Ihre Söhne Wilfried, bei dem sie lange Zeit gewohnt hat, und Christoph, Freundinnen, die Fachkräfte im Hospiz.

Das Personal fragt neue Bewohner beim Kennenlernen auch immer nach der größten Krise im Leben. Katharina Höpgens nennt an dieser Stelle nicht ihre Scheidung nach dreieinhalb Jahrzehnten Ehe oder den späteren Tod ihres neuen Lebenspartners, als sie gerade 65 ist. Sie nennt den Darmkrebs und seine Metastasen, die im Juni 2013 auftreten.

Hier sind ihre Notizen zu lesen. Worte, die Katharina Höpgens in ihren letzten bewussten Tagen im Hospiz niedergeschrieben hat.

1.
Der Tag X!

Es ist so weit. Mein Zuhause wird ab heute das Hospiz in Erkelenz sein. Ich habe es so beschlossen. Nicht noch mal nach Hause, zu der Katze und den Blumen. Dann fällt es mir noch schwerer, als es schon ist.

Nun bin ich angekommen. Schwester Ingrid nimmt mich auf.
Ich bekomme ein sehr schönes Zimmer.
Die ganze Mannschaft ist nett und freundlich.
Eine Frau Doktor gibt es auch.
Sie ist sehr nett zu mir, genauso wie das ganze Personal.
Die Küchenfee, Gerta, verwöhnt mich mit Obst und Gemüse.
Das tut Körper und Seele gut.

Ich habe zwei erwachsene Brüder geschenkt bekommen. Der eine heißt Herbert, und der andere heißt Mike! Herbert ist Pfleger, und Mike ist Ehrenamtlicher. Beide sind klasse.

Wir haben wieder drei Praktikanten. Die nimmt Schwester Marianne unter ihre Fittiche.

Seit drei Tagen plagen mich wieder der Magen und der Kreislauf und die Beine.

Oder ist es der Tumor? Im Moment kann ich auch wieder nicht damit umgehen, dass ich bald diese wunderschöne Erde verlassen muss. Meine Katze, meine Blumen und alle Menschen, die ich liebe.

Ich habe sogar die Station, auf der ich wohne, lieb gewonnen. Sie ist etwas ganz, ganz Besonderes!

Die Menschen, die hier arbeiten, ebenfalls.

3.

Es wäre schön, wenn ich mehrere Ansprechpartner hätte. Heute haben die beiden Elisabeths schon angerufen.

Sollte ich unerwartet sterben, gehört dieses Heft Schwester Marianne.

Heute werde ich Mike fragen, ob er auch hier reinschreibt. Herbert werde ich auch fragen.

Herbert hat Ja gesagt!

Nun habe ich am Steißknochen auch noch Probleme. Ist aufgescheuert.

Ich habe doch schon genug zu tragen. Es wird hoffentlich bald durch Utes Öle heilen.

Manches Mal vergesse ich, weshalb ich hier bin.

Leckeres Essen, gute Gespräche.

4.

Ich kann mir leckere Dinge zum Essen erfragen, und ich bekomme sie.

Jeden Tag, an dem es mir gut geht, genieße ich doppelt, dank der guten Pflege.

Wenn es mir nicht gut geht, wird mir bewusst, dass ich sterben muss. Mein guter Freund, Erzengel Raphael, wird dann bei mir sein. Er wird mich halten und in das Land hinter dem Regenbogen begleiten.

Ich hoffe, dass ich noch einige Zeit auf dieser wunderschönen Erde bin.

Wilfried war hier und hat uns ein superleckeres Eis geholt. Er kommt morgen wieder. Ich habe Jungens wie Gold.

Christoph war am Sonntag hier. Er ist auch schon mit mir mit dem Rollstuhl gefahren.

Die Türe geht auf, und es treten zwei Engel herein. Sie heißen Bianca und Benno. Uns verbindet eine gute Freundschaft, von der ich mich getragen fühle. Gott schickt mir am Ende meines Lebensweges gute und liebenswerte Menschen. Für mich sind es Engel in Menschengestalt.

Ein Glück, dass es dieses Hospiz gibt. Ich danke Gott, dass er mir den Weg hierhin gewiesen hat. Ich gebe Schwester Marianne alle meine Rechte, mein Grab zu fotografieren. Es wird ein Urnengrab. Friedhof Linnich-Boslar.

Ich habe Schmerzen, After. So werde ich erinnert, weshalb ich hier bin.

Mein Kreislauf lässt sehr zu wünschen übrig.

Hoffentlich muss ich nicht lange liegen, mein Schutzengel soll mich vorher in das Land hinter dem Regenbogen holen.

27.05.14

Mike hat Ja gesagt.
> Es geht mir seit fünf Tagen nicht gut.
> Der Tumor nimmt mir meine Kraft.
> Wie lange kann ich noch gehen?

7.

Seit sechs Tagen habe ich starke Probleme. Magen, Kreislauf. Ob es vom Fallen ist?
Julia kam heute mit einer super Idee. Ich solle doch wieder gesund werden. Sie will mir morgen eine Freude machen. Ich habe einen Wunsch frei. So ein nettes Mädchen! Ich habe mir Nudelsalat gewünscht. Nun bin ich gespannt.
Mittwoch: Es gibt tatsächlich einen leckeren Nudelsalat.
Wir haben auf der Bank in unserem kleinen Park gesessen. Gesund werden bleibt ein Traum. Aber es hat Körper und Seele gut getan. Danke, liebe Julia.

8.

Ich w w verabsch

> Hier wechselt die Aufzeichnung zu einer jüngeren, kraftvolleren Handschrift. Anscheinend diktiert Katharina Höpgens:

Heute nun möchte ich mich von Ihnen allen verabschieden. Ich fühle, dass Gott mich holen will. Ich wünsche Ihnen alles Gute und ein langes Leben.   – Ihre Katharina Höpgens

26.6.2014

> Noch einmal wechselt die Handschrift, nun zu einer erwachsener wirkenden:

27.6.2014

Wenn mein Sohn Wilfried damit einverstanden ist, möchte ich auch nach meinem Tod fotografiert werden.

> Katharina Höpgens unterschreibt diesen
> letzten Eintrag selbst. Sie stirbt 16 Tage später.
> Die Familie schreibt in die Traueranzeige:
> «Ich bin gegangen zu Gott und den Engeln.
> Dort werden wir uns wiedersehen.
> Die Familie und Freunde haben mich durch
> die Zeit der bösen Krankheit begleitet.»

Kapitel 5
Heinz-Josef Küppers:
Bis bald

Was für eine Stimme! Wahrscheinlich könnte Heinz-Josef Küppers mit seinem Timbre jede therapeutische Klangschale in den Gästezimmern in Schwingung versetzen, so gleichförmig verbreitet sich der Bariton im Raum, sobald er spricht. Wenn er weniger angespannt ist als in unserem Gespräch, ahmt er auch mal den Vater nach mit seinem Dialekt: «Jong, du glöws gar net, wie good dat det.» («Junge, du ahnst nicht, wie gut das tut.») Diesen Satz hat Heinz-Josef Küppers nicht vergessen, den ihm sein damals 87-jähriger Vater zuraunte. Dabei hatte Heinz-Josef dem sterbenden Mann nur den Handrücken gestreichelt.

Es war der Anfang einer Wandlung, die der Sohn allmählich an sich selbst wahrnahm. Sie begann, als er 53 war, und sie dauert bis heute an, da er die 66 schon hinter sich hat. Wenige Monate nachdem der Vater im Hospiz gestorben ist, macht sich der Sohn auf, Sterbebegleiter zu werden. «Ich nenne mich lieber den letzten Lebensabschnittsbegleiter», ehrenamtlich, viele Stunden lang.

Ohne Menschen wie ihn könnte das Hospiz in Erkelenz kaum bestehen, das wie die meisten Häuser chronisch unterfinanziert und auf Spenden angewiesen ist. Rund 130.000 Euro Spenden schreibt der Träger pro Jahr in die Finanzplanung, die Hermann-Josef-Stiftung Erkelenz.

Heinz-Josef hat früher zwei Steuerberatungsbüros geleitet und schon mit 50 aufgehört. Ein Frührentner, der eine sinnvolle Aufgabe sucht. Dass er sie ausgerechnet an dem Ort finden würde, der ihm früher zuwider war, ahnt er nicht, als er schweren Herzens den Vater ins Hospiz bringt nach einem Jahr Pflege zu Hause.

«Irgendwann ging nichts mehr», sagt Heinz-Josef, «der Weg ins Hospiz war unausweichlich.» Die gesamte Familie ist strapaziert, empfindet den Schritt aber zunächst wie ein Scheitern, wie eine Abschiebung des Alten. Niemand wagt, dem Sterbenden zu sagen, wohin die Reise geht. «Er war noch keine drei Stunden dort», erinnert sich Heinz-Josef Küppers lächelnd, «da schwingt dieser alte Herr die Beine aus dem Bett, freut sich über das angereichte Essen und erklärt der Krankenschwester, dass er in diesem schönen Haus noch einige Jahre seines Lebens verbringen wolle.» Ihm wird nur eine Woche bleiben.

Heinz-Josef, seine Frau und die gemeinsame Tochter spüren in diesen wenigen Tagen, wie gut es tut, mutige Weggefährten zu haben. Palliativkräfte, Therapeuten, Ärzte – und Sterbebegleiter. Seit Ende 2002 hat Heinz-Josef die offizielle Befähigung, für Menschen da zu sein am Ende des Lebens. Eine mehrmonatige Ausbildung hat ihn darauf vorbereitet. Sie geht weiter mit jeder Begegnung.

Warum arbeiten Sie als Sterbebegleiter?

Heinz-Josef Küppers: Die Situation vor und nach dem Sterben bedeutet für nahe Angehörige Stress, und wir können ihnen helfen, sie unterstützen, auffangen. Die Angehörigen vertrauen uns ihre Schwerstkranken an und dürfen eine hundertprozentige Pflege erwarten. Wir haben dazu im Gegensatz zur «normalen» Krankenpflege oder Altenpflege genügend Zeit. Vielleicht ist auch ein gewisser «Heiligenschein» erforderlich.

Ich jedenfalls habe auch nicht nur aus Nächstenliebe begonnen, hier zu arbeiten. Es ist eben eine Tätigkeit, die nicht jeder macht und vor der ich selbst früher davongelaufen wäre. Ich habe damals jegliche Konfrontation mit Krankheit und Sterben vermieden und habe dann hier erfahren, während mein Vater hier war: Man kann sich dieser Wirklichkeit nicht entziehen, man soll sich nicht entziehen. Es kann eine sehr positive Erfahrung sein, als Angehöriger oder als Begleiter diese letzte Phase miterleben zu dürfen.

Wie hat sich diese Erfahrung auf Ihre Spiritualität ausgewirkt?

Die Sterbebegleitung hat meinen vorher relativ laxen Glauben aufgefrischt. Mir sind viele Dinge bewusster geworden. Ich bin gläubiger geworden, als ich die Erfahrung gemacht habe, dass manchen Bewohnern hier ihr Glaube unendlich viel geholfen hat. Im letzten Jahr zum Beispiel war eine ganz intensive Begleitung dabei. Ich habe festgestellt, dass Menschen in ihrem auch für mich manchmal erstaunlichen Glauben, im Vertrauen darauf, sich viel leichter damit tun, Abschied zu nehmen. Es ist fast so, als wollten sie uns in der Zeit, bevor sie sterben, sagen: «Tschüss, bis bald, wir sehen uns wieder.» Das macht vieles leichter und erträglicher.

Ich lerne hier eine gewisse Demut, Dinge so zu akzeptieren, wie sie sind, und mich selbst nicht in den Mittelpunkt zu stellen. So gesehen, bin ich ein gläubiger Realist, auch wenn das etwas widersprüchlich ist.

Sind Sie auf Ihr eigenes Sterben damit besser vorbereitet?

Es ist schwer, die Erfahrung hier aufs eigene Sterben zu übertragen. Ich habe gerade in den letzten Tagen darüber nachgedacht, weil ein guter Bekannter einmal gesagt hat, er wünsche sich, «bewusst zu sterben». Nun frage ich mich: Will ich das überhaupt? Dazu brauche ich ja Akzeptanz, Offenheit und Mut. Ich bin mir nicht sicher, ob es mir nicht lieber wäre, einfach meiner

Sterbestunde entgegenzudämmern und schließlich nicht mehr wach zu werden.

Sterben lässt sich nicht lernen. Ich kann noch so oft bei Sterbenden sein, es macht mich nicht reifer für mein eigenes Sterben. Ein wenig Sicherheit habe ich gewonnen, weil ich bisher keine spektakuläre Erfahrung mit Tod und Sterben gemacht habe. Es war immer ruhig und würdevoll. Zweimal haben mich Bewohner gebeten, wenn möglich im Moment des Sterbens bei ihnen zu sein. Ich habe das zugesagt, wusste aber nicht, ob ich das durchhalten würde. Ich hatte Angst davor, weil ich nicht wusste, was kommt.

Aber Sie konnten es durchhalten.

Ich konnte. Ich war dabei, habe die Hand gehalten. Das hat uns beide beruhigt. Das waren Stunden, die mich dem Glauben näher gebracht haben. Dieser gläubige Mensch hat so sehr seine Erkrankung und auch sein Sterben akzeptiert, eine solche Ruhe wie bei ihm habe ich in all den Jahren nicht erlebt. Nachdem er verstorben war, habe ich mich noch alleine für vielleicht zehn Minuten im Zimmer aufgehalten und hatte das Gefühl, im Raum tut sich etwas. Was, weiß ich nicht, da kommen wir in die Randbereiche der Esoterik. Für mich hat sich in diesen Minuten die Seele vom Körper gelöst. Begreifen oder begründen kann ich das nicht, es war nur ein Gefühl, ein gewisses Glücksgefühl, nicht weil ich es überstanden hatte, sondern einfach nur, weil ich dabei sein durfte.

Der Tod markiert für Sie also nicht das Ende?

Ich weiß nicht, wie es weitergeht. Wir haben keine Gewissheit. Ich glaube, dass wir nicht einfach aufhören zu existieren, sondern dass es ein Davor und Danach gibt. Ändern kann ich's nicht, vorhersagen kann ich's nicht; es wird wohl gut sein. In der Sterbebegleitung möchte ich nur dem Sterbenden und seiner Familie zur Seite stehen, ob er nun Christ, Moslem, Buddhist oder Atheist ist. Was danach kommt, ist für mich in diesen Momenten irrelevant.

Muss der Mensch reif werden zum Sterben?

Er muss zunächst mal erkennen und akzeptieren, dass seine Krankheit nicht heilbar ist, dass sein Gesundheitszustand nicht umkehrbar ist. Dann entsteht bei vielen Leuten, meine ich, zunächst eine gewisse Resignation, vielleicht auch ein gewisser Zorn, verbunden mit der Frage: «Warum ich?» Wenn diese Phasen durchlebt sind, wird es leichter. Dann kann jemand eher seinem Schicksal zustimmen.

Was haben Sie von Sterbenden gelernt?

Die Sterbenden haben mir so viel gegeben. Deshalb habe ich immer noch Freude an dieser Tätigkeit. Ich sehe hier, dass es niemanden mehr interessiert, ob er beruflich etwas erreicht hat oder Reichtümer angehäuft hat. Viele Sterbende lehren mich Demut, Vertrauen und Milde.

Auch Ehrlichkeit?

Nicht immer. Wir hatten hier einen Fall, da sagte mir eine Angehörige gleich nach der Ankunft: «Meine Mutter ist sich über ihre Situation nicht im Klaren. Wir haben ihr gesagt: ‹In vierzehn Tagen kommst du wieder nach Hause.›» Danach habe ich der Mutter zugehört, und sie wusste natürlich genau, wohin der Weg führt, bat mich aber, den Angehörigen ihren Zustand zu verheimlichen. Eine ganz verfahrene Sache.

Ich habe eine Weile überlegt und sie dann gebeten, mit den Angehörigen sprechen zu dürfen. Mit dem Ergebnis, dass alle offen miteinander umgegangen sind. Die Mutter hat gemeinsam mit ihrem Sohn die eigene Bestattung organisiert. Das war für mich traumhaft, denn es war ehrlich.

Manche Sterbende wollen gewisse Themen bis zum Schluss nicht ansprechen. Wir fragen stets, ob ein Seelsorger gewünscht wird, und weisen auf unsere Schweigepflicht hin, aber wir drängen niemanden, über etwas zu sprechen, das ihn vielleicht bedrückt.

Wächst angesichts von so viel Todesnähe bei Ihnen nicht die Angst vor dem Sterben?

Nein, durch die Tätigkeit bin ich ruhiger geworden, weil ich einige Lektionen in Geduld und Demut gelernt habe.

> Viele Träger bieten Aus- und Weiterbildungen für die Sterbebegleitung an. Einer der ersten war OMEGA e.V. in Gelsenkirchen, der rund 20 Regionalgruppen in vielen Teilen Deutschlands führt. Die Internationale Gesellschaft für Sterbebegleitung und Lebensbeistand IGSL zum Beispiel vergibt ein eigenes Zertifikat an ausgebildete Sterbebegleiter. In vielen Bundesländern ist die Grundausbildung als berufliche Weiterbildung anerkannt.

Kapitel 6
Manfred Sarrazin:
«Man lebt und weiß nicht, dass man glücklich ist»

Wenn einer wie er fehlt, fällt es sofort Hunderten auf. Plötzlich hängt an der verschlossenen Tür zu seinem Lebenswerk – am Eingang zur Buchhandlung «Alibi» in Köln – ein Schild mit der Aufschrift: «Manfred Sarrazin ist für den Transport zum metaphysischen Wohnwagen rekrutiert.» Eine typische Formulierung für den Mann mit der kantigen Stimme, der die Worte zu führen verstand und die Pointe liebte. «Was für eine entsetzliche Nachricht!», schreibt später im Internet einer aus der großen Zahl seiner Kunden, Sympathisanten, Bewunderer.

Er war seit Beginn der 1990er Jahre der wohl renommierteste und meinungsfreudigste Krimikenner Deutschlands. Er hatte gute Literatur nicht einfach nur verkauft, er hatte sie den Menschen ans Herz gelegt mit einer rhetorischen Wucht und Offenheit, die begeisterte und verschreckte. Er schleppte schon amerikanische Autoren heran, als es noch nicht schick war, sondern Genuss. Sich selbst nannte er «König des Noir», hatte sogar eine eigene Kolumne im öffentlich-rechtlichen Rundfunk, «Die telefonische Mordsberatung», und wollte in seinen letzten Lebensmonaten noch einen Blog mit Krimirezensionen aufbauen.

Im Herbst 2012 zwingt ihn der Darmkrebs, aufzugeben. Vielleicht hat Manfred Sarrazin die ersten Symptome übersehen. Als sie stärker werden und er Blut in den Ausscheidungen sieht, verschlechtern sich seine Chancen. Und als er die Chemotherapie nicht verträgt, bringen ihm die Ärzte «klar, aber menschlich» bei, dass seine nächste Wegstrecke nicht lang sein wird.

Wir begegnen uns erstmalig in einem Hospiz, in das er sich wenige Wochen nach der Kapitulation zurückgezogen hat. Aber was heißt schon zurückgezogen? Seit die Schmerzmedikation stimmt und die Wasseransammlungen in seinem Bauch deutlich zurückgegangen sind, empfängt er viele Besucher am Bett. Bevor unser Gespräch beginnt, muss ich noch ein paar Minuten auf dem Flur warten, denn drinnen hat sich Manfred Sarrazin offenkundig festgequatscht mit einem alten Kumpel. Kölner Kulturklüngel vielleicht.

Kurz nach unserem Gespräch wird schon der Nächste an seiner Zimmertür klopfen. «Alles wirkliche Leben ist Begegnung», sagt der Philosoph Martin Buber.

Dürr ist er, seine keck blickenden Augen im knöchernen Gesicht damit noch eindringlicher. Er könnte auch ein sehr erschöpfter Langstreckenläufer sein, wie er mir seinen mageren Arm zur Begrüßung entgegenstreckt. Hier liegt ein Mann, der es gewohnt ist, öffentlich zu sprechen. Auch über Tod und Leben. Nur dass es diesmal keine Fiktion ist. Und der Tod sein eigener, auf den er sich hier vorbereitet. Wir sprechen über ein Leben, das so wortreich, so wortgewandt war, und das nun leiser werden und schließlich verstummen soll?

Wir wissen an diesem trüben Oktobertag beide nicht, dass Manfred Sarrazin noch fünf weitere Monate mit dem Darmkrebs leben wird, die letzten zwei sogar zu Hause, dank eines «kurzzeitigen Waffenstillstandes mit der Krankheit». Das Phänomen ist Hospizpflegerinnen vertraut: Mancher Gast findet bei ihnen erst Ruhe und Mitte und schöpft so viel Kraft, dass er noch einmal in seine vertraute Umgebung zurückkehren kann. Kleine Wunder mit Verfallsdatum. Wie ein Krimi, der am Ende noch einen besonderen Spin bekommt. Menschen, die Manfred Sarrazin besser kannten, werden die letzten Monate beschreiben als Zeit voller guter Eindrücke, Gespräche, sogar Kinobesuche.

Als ich eintrete, fällt mein Blick zunächst auf eine angebrochene Flasche Rotwein auf einem der Beistelltische. Ich kenne die Sorte nicht, aber das Etikett deutet auf gute Qualität hin, und einige meiner voreiligen Neuronen im Hirn befeuern tatsächlich den Zweifel, ob der Alkohol nicht vielleicht seiner Gesundheit schaden könnte. Das Sterben kann einen auf merkwürdige Gedanken bringen.

Als ich später in unserem Gespräch doch noch auf die Flasche zu sprechen komme in der Gewissheit, dass sich hier noch einer am Bouquet des Lebens erfreut, spüren wir beide, dass Manfred Sarrazin selbst nicht ganz wohl ist mit diesem Genussgift in der Nähe. Der Mann scheint jedes Kapitel seines Lebens aufmerksam zu studieren, und hier scheint vor seinen Augen die Erzählung etwas zu holpern.

Dem Fußende seines Bettes gegenüber ein gerahmter Druck, vielleicht DIN A3, der nicht so ganz ins etwas altmodisch wirkende Ambiente des Hospizes zu passen scheint: weißlicher Kreis vor dunkelbraunem Grund, am oberen Bildrand so etwas wie eine Schubladenkommode in heller Buche und über das gesamte Bild verteilt rote, blaue, grüne, gelbe Rauten, Dreiecke, Rechtecke. Als hätte Kandinsky einen sehr hübschen Möbelprospekt übermalt. Der Maler heißt Bauer. Der Vorname Rudolf fällt Manfred Sarrazin gerade nicht ein.

Zugänglicher erscheint mir die CD, die auf dem Stapel am Bett zuoberst liegt: Johnny Clegg & Savuka. «Scatterlings of Africa» ist sein liebster Titel, ein Stück aus dem Soundtrack zum Film «Rain Man». Manfred Sarrazin weiß das.

Wir sind schnell im Thema, so wie es auch gute Literatur schaffen sollte. Nur der Lösung des Falls, der Frage nach dem Sinn, kommen wir nicht bei. «Rein individuell betrachtet, hat mein Leben natürlich einen Sinn und war auch wichtig für meine Freunde, für mich, meine Eltern, meine Geschwister», sagt er mit dieser Stimme, die immer noch mühelos einen kleinen Hörsaal füllen könnte. «Gesamt betrachtet, ist mein Leben so wichtig wie der berühmte Reissack in Peking: Fällt er nun nach rechts oder nach links, da muss man Realist sein. Da bin ich bescheiden.»

Es ist eine heitere, ein wenig trotzige Bescheidenheit, der ich hier zu begegnen meine. Die Geschichte eines Mannes, der fast ein Drittel seiner Lebenszeit auf die eine große Leidenschaft verwendet hat, 22 seiner 62 Jahre. Eine Geschichte zu gut, um sie zu verschweigen. Wenige Tage nach seinem Tod erzählt mir eine seiner Wegbegleiterinnen, wie sie einmal zu viert ums Krankenbett saßen. Vier, die sich zuvor noch nie begegnet waren, versammelt um den «König des Noir».

Ich will Ihnen keine Komplimente machen, aber Sie sehen gut aus.

Manfred Sarrazin: Ich habe im Augenblick ein Hoch. Der Krankheitsverlauf ist sehr volatil, das ist wie auf dem Aktienmarkt, rauf und runter. Vor 14 Tagen ging es mir noch sehr viel schlechter. Die Ärztin sagt: «Einfach zurücklehnen und genießen.» Wie lange das dauert, ist schwer zu prognostizieren. Es kann Wochen dauern, Tage, Monate.

Ich hatte sehr viel Wasser im Bauch und in den Beinen, das ist im Augenblick weg. Und deshalb geht es mir prächtig. Ich habe sogar ein paar Spaziergänge gemacht, habe meinen alten Appetit wieder, und ich möchte betonen: Die Besserung hat auch – und das meine ich jetzt todernst – damit zu tun, dass das hier eine unfassbar tolle Institution ist. Die ist mir wirklich super bekommen. Das haben sie mir auch im Augustiner-Krankenhaus gesagt, wo ich vorher behandelt wurde und wo mir angeraten wurde, hierher zu gehen: «Das ist mit einem normalen

Krankenhausbetrieb überhaupt nicht zu vergleichen.» Sie sind hier halt spezialisiert auf Palliativmedizin, Schmerzlinderung, ziehen alle an einem Strang und kennen sich damit wahnsinnig gut aus. Ich habe eine sehr nette Ärztin, die auch spezialisiert ist auf palliative Behandlung, die zu mir sagte: «Gar nicht an die Zukunft denken! Nehmen, wie es kommt!» Und das ist jetzt meine Devise.

Klappt das denn?

Sagen wir mal so: Ich habe eine Chemotherapie gemacht. Vor vier Monaten hatte ich einen super Status, und dann hat von jetzt auf gleich die Chemotherapie meine Leber in ihrer Funktion so stark beeinträchtigt, dass ich eine harte Zirrhose bekommen habe. Deswegen bin ich auch im Augustiner-Krankenhaus intensiv behandelt worden.

Ich hatte dann mehrere Rückfälle aufgrund meiner Schwächung, auch mit Infektionen in den Beinen, die mit Antibiotika behandelt werden mussten. Dort haben sie mir mitgeteilt, dass in meinem Zustand nur noch Linderung und nicht mehr grundsätzliche Bekämpfung angesagt ist. Ob das klappt?

Ich habe zwei Tage lang geheult. Dann war Bilanz, und ich habe festgestellt: Die letzten 22 Jahre lang war ich ja Mitinhaber einer Buchhandlung, der Krimibuchhandlung «Alibi», und ich hatte ein tolles Leben. Wissen Sie, man lebt und weiß nicht, dass man glücklich ist. Das war ich 22 Jahre lang, und das ging mir auf. Dafür bin ich dankbar.

Und wofür ich sehr dankbar bin, ist: Offensichtlich bin ich ein ganz netter Mensch, denn ich habe unfassbar viel Besuch, sehr viele nette Kumpels. Wir treffen uns einmal im Monat mit zehn Leuten hier zum Krimistammtisch. Ich habe einen Weinstammtisch, da sind wir bisher drei, vier Leute, die Weißweinchen und Rotweinchen probieren. Und was natürlich auch zu meinem

Wohlbefinden beiträgt, ich sagte es schon, ist dieses Institut. Der pure Wahnsinn. Die brennen für ihren Beruf, alle! Das ist schon sehr beeindruckend.

Sie trinken Wein? Das ist nicht gesund.

Das weiß ich. Ich habe monatelang nichts getrunken. *(Überlegt.)* Ich denke, das ist für mich jetzt nicht mehr so wichtig.

Haben Sie jetzt gerade Schmerzmittel im Körper?

Jede Menge. Ich nehme dankbar zur Kenntnis, dass sich die Nebenwirkungen sehr in Grenzen halten, denn jeder, der mich am Telefon oder im persönlichen Gespräch hört, sagt – und das galt auch für die Zeit, als es mir sehr viel schlechter ging, noch vor 14 Tagen –: Meiner Stimme konnte man nie etwas anhören.

Ich will jetzt auch nicht zu sehr angeben, im Augenblick bin ich sehr gelassen. Aber wie gesagt, es gibt Aufs und Abs und Hochs und Tiefs, und ich kann nicht ausschließen, dass, wenn es aufs Ende zugeht, ich noch mal ganz anders reagiere.

Ich kenne mich nicht. Ich habe mir vorgenommen, auf kurze Sicht zu fahren. Ich verschwende keine Gedanken, was auf längere Sicht wird. Weil es keinen Zweck hat. Man kann es nicht ändern. Man kann auch schwer Prognosen treffen. Es kann bis zum Schluss Hochs und Tiefs geben. Ich glaube, wovon ich objektiv profitiere, ist die tolle Behandlung hier, und die Tatsache, dass ich die letzten 22 Jahre ein tolles Leben hatte und dass ich viele Kumpels habe, die mich besuchen. Das hilft mir sehr.

Sie sind eigentlich nur an einem anderen Ort, aber nicht weg aus der Welt.

Ja, bisher ist es so. Und ich genieße es, solange es so bleibt. Irgendwann wird es – ich hoffe möglichst kurz vor dem Ende –

abreißen. Denn irgendwann, realistisch betrachtet, sagt der Körper: «Halt, der Krebs ist stärker!» Im Augenblick wird es noch in einem gewissen Gleichgewicht gehalten durch Schmerzmedikamente und andere Medikamente. Ich schlucke die alle ganz brav und beschäftige mich nicht mit den Details meiner Behandlung. Ich glaube, sie machen das hier richtig, und der Erfolg reicht mir.

Haben Sie im Moment Schmerzen?

Ich habe keine, und das empfinde ich als Privileg. Ich war aber auch im Krankenhaus offenbar schon gut eingestellt.

Sind in diesem Zimmer Einrichtungsgegenstände aus Ihrem Privatleben?

Das Bild da drüben. Gemalt von einem Maler der «entarteten Kunst», Bauer, mit dem Titel «The Light Circle». Anfang der 30er Jahre gemalt. Das habe ich vor Jahren in der Zeitung entdeckt und hochkopieren lassen aus dem Internet. Ich liebe die klassische Moderne. Das Bild ist eine Verherrlichung auch des Bauhauses, alles sehr modernistisch. Es ist ein sehr optimistisches Herumspielen mit dem 20. Jahrhundert und mit technischen und sonstigen Möglichkeiten.

Es ist ein fröhliches Bild, für mich zumindest. Man kann alles reinlesen. Und da meine Frau wusste, dass mir dieses Bild sehr gefällt, hat sie es noch einmal aus dem Internet heruntergeladen lassen. Unsere Nachbarn in der Limburger Straße haben eine Druckerei und haben es hochgezogen, ein Grafiker hat es dann noch entsprechend bearbeitet, und sie sagten: «Das kostet nichts, das ist ein Geschenk.» Normalerweise kostet so eine Kopie 24 Euro 90, aber sie sagten: «Das schenken wir dem Herrn Sarrazin.»

Was lesen Sie denn in diesem Bild?

Optimismus. Und fröhliche Anarchie. Es ist ein bisschen chaotisch.

Da liegt einer im Hospiz und spricht von Optimismus.

Ich will darüber nicht urteilen. Jeder Mensch ist anders. Gerade bei so etwas Existenziellem. Aufgrund von Lebensumständen, für die man vielleicht nichts kann, haben manche Leute das Glück, wie ich viele Freunde zu haben. Und manche haben weniger Freunde, was es schwieriger macht, mit so einer Entscheidung klarzukommen. Das sind Umstände, bedingt durch ein ganzes Leben, und darüber zu urteilen, ist sehr schwer.

Insgesamt habe ich Glück gehabt. Und ich war so arrogant und war als Erwachsener nie beim Arzt. Ich habe vor einem Jahr noch 28 Kilometer lange Spaziergänge gemacht, ohne Probleme. Ich habe ein sehr gesundes Herz und einen tollen Blutdruck. Und ich hätte ab meinem 55sten Lebensjahr regelmäßige Darmspiegelungen machen lassen können; zahlt die gesetzliche Krankenkasse. Das habe ich versäumt, aber andererseits sage ich: Schnee von gestern. Ich habe halt die Tatsache, dass es so was wie Krankheit gibt, jahrzehntelang fröhlich ignoriert. Ich war nie beim Arzt, hatte noch nicht einmal einen Hausarzt.

Jetzt sind Sie ziemlich streng mit sich, wenn Sie das «arrogant» nennen.

Mir ist es im Grunde egal. Ich habe toll gelebt, war nie einer, der gerne zum Arzt ging. Deshalb bin ich auch nie hingegangen. Das ist schon eine radikale Grundeinstellung. Das Ding, das mich da niedergeworfen hat, der Darmkrebs, wahrscheinlich war der zwei bis drei Jahre alt. Das Problem beim Darmkrebs ist, da tut nichts weh, Sie merken nichts.

Als ich herkam, habe ich überlegt, worüber wir reden werden. Natürlich über Literatur, das Thema Ihres Lebens. Aber über Leben und Sterben? Wollen wir auch übers Sterben reden?

Ich habe damit kein Problem.

Ich habe Angst vor dem Sterben. Haben Sie eine Gebrauchsanweisung?

Nein. Ich glaube, die Art, wie man diese Welt verlässt, und das Positive oder Negative, das man dabei erlebt, hat eine gewisse Ähnlichkeit mit der Art, wie wir auf die Welt kommen. Beides ist Zufällen und nicht beeinflussbaren Fremdeinflüssen unterworfen. Denn sowohl in den Sekunden, in denen man die Welt verlässt, wie wenn man sie betritt, ist man hilflos äußeren Umständen ausgesetzt. Das ist für mich der Pechfaktor oder Glücksfaktor. Es gibt Leute, die aufgrund ihrer Biografie und tragischer Umstände die Welt verlassen ohne Freunde – leider. Und es gibt Leute wie mich, die das Privileg haben, dass es auch anders sein kann.

Die mich behandelnde Ärztin ist eine sehr witzige Frau. Sie sagte: «Wissen Sie, was in dieser einen Sekunde passiert, kann ich Ihnen nicht sagen. Ich habe zwar über tausend Leute in den Tod begleitet, aber wie es ist, könnten nur die Leute sagen, die es hinter sich haben. Aber die können bekanntlich nichts mehr erzählen.» Deshalb kann ich Ihnen mit Ihrer Frage nicht weiterhelfen – auch nicht hinterher.

Ich mache im Moment einen sehr ausgeglichenen Eindruck, und ich bin auch ausgeglichen. Aber genau so volatil, mit auf und ab und Höhen und Tiefen, wie mein körperliches Befinden ist, kann auch mein psychisches Befinden sein. Vielleicht tritt bei mir die Angst, von der Sie sprachen, kurz vor dem Tod ein. Das kann ich nicht ausschließen. Was mein ganzes Leben angeht, hatte ich immer fürchterliche Angst vor Schmerzen. Und wenn ich das so nachträglich betrachte: Ich habe über den Tod nie nachgedacht. Daraus muss man den Schluss ziehen, er hat mich nie sonderlich beunruhigt.

Und das sagt einer, dessen Passion Literatur ist, in der ständig gestorben wird.

Wer als Leser von Räuberpistolen – sprich Krimis, Thrillern und Massenmorden – derart oft dem Tod als Leser ins Auge geschaut hat, der hat sich so eine gewisse Gelassenheit angewöhnt. – Das ist jetzt ein völlig kindlicher Witz, der nichts mit der Realität zu tun hat. Jetzt kommen wir auf Literatur, nicht Krimis: Seit der Steinzeit, als unsere Vorfahren am Lagerfeuer saßen und sich Geschichten erzählten, bis heute, wo man nicht mehr am Lagerfeuer sitzt und erzählt, wo das in Form von Büchern und Filmen und Medien vor sich geht, gilt, dass zwei Dinge die Menschen seit Jahrtausenden interessieren; das gilt seit dem Alten Testament wie seit Shakespeare und der Ilias und der Odyssee: der Tod, oft in Form des gewaltsamen Todes, und Erotik und Liebe – das sind die zwei Themen, die die Menschheit interessieren. Durch alle Kulturkreise. Darüber erfinden sie Geschichten, die verzaubern, erschrecken, abstoßen, anziehen, die romantisierend oder zynisch daherkommen. Geschichten dürfen sogar kitschig sein, Geschichten dürfen zynisch sein und kalt, aber eins ist wichtig, das hat schon Raymond Chandler gesagt; es gibt nur ein Kriterium, das zählt: Die Geschichte muss gut sein.

Sie halten zum Beispiel wertende Adjektive für ein Indiz schlechten Stils.

Wenn jemand über dieses Zimmer sagt beim Betreten: «Das Zimmer ist geschmacklos» oder «geschmackvoll eingerichtet», dann sage ich: «Setzen, wegen Faulheit. Das entscheide ich als Leser, ich bin ja nicht blöd. Beschreibe bitte: Was hat er für Bilder? Jetzt hängt da der Bauer. Vorher hing da ein nach meinem subjektiven Gefühl relativ kitschiges Foto vom Taj Mahal, nicht so meine Welt. Beschreibe das einfach, und dann entscheide ich.» Wenn jemand sagt: «Die Küche sah versifft aus» – auch so ein Eigenschaftswort, das pauschaliert. Das ist mir zu wenig. Der Autor soll mir die Anzahl der Kakerlaken nennen, die auf dem Boden herumkriechen.

Woran erkennt man schlechte Literatur? «Federnder Gang» und «kantiges Kinn», das sind so sinnentleerte Vokabeln, die die Faulheit des Autors zeigen. Das ist alles auch eine Frage des Fleißes. Ich bin auch zufrieden mit einer schlichten journalistischen Sprache, wenn die Architektur und der Plot sagenhaft gut sind.

Jetzt gebe ich Ihnen noch zwei Sätze mit von dem von mir verehrten Raymond Chandler. Seine Figur heißt Privatdetektiv Philip Marlowe. Los Angeles, 30er Jahre, ist sein Revier. Kennt man aus Humphrey-Bogart-Filmen. Chandler hat die Lakonik vor Leuten wie John Steinbeck und Ernest Hemingway erfunden. Mein Lieblingsspruch von Chandler ist extrem kurz, und trotzdem äußert er eine tiefe philosophische Wahrheit. Philipp Marlowe sagt im zerstörten Palast eines Filmmoguls: «Nichts ist leerer als ein leerer Swimmingpool.» Und Philip Marlowe, das ist der zweite Satz, sagt über Kunstblondinen: «Sie hatte lange blonde Haare mit kurzen schwarzen Wurzeln.»

Gute Literatur ist auch jetzt wichtig in Ihrem Leben.

Extrem wichtig. Gute Sprache, gute Sprüche.

Ist es nicht schön, dass im Angesicht des Todes die Dinge Bestand haben, die Sie zeit Ihres Lebens begleitet haben?

Das finde ich toll! Wahrscheinlich weil diese Dinge mir ein tolles Leben bereitet haben. Die Begeisterung für den Krimi ist mir eingeimpft. Ich weiß noch, wie ich als Neunjähriger den Tod von Winnetou verkraften musste. Das ist besonders tragisch, wenn es der zweite Weihnachtstag ist und der Kleine sich an Plätzchen überfressen hat. Mein Vater, Internist, sagte damals zu mir: «Ich gebe dir jetzt ein unfassbar schlechtes Buch. Aber du wirst rote Ohren haben vor Aufregung und diesen armen Winnetou vergessen.»

Und mein Vater hatte recht: Ich hatte rote Ohren vor Aufregung, und es war nach heutigen Maßstäben ein schlechtes Buch, «Die Bande des Schreckens» von Edgar Wallace. Vier Jahre später las ich Chandler mit dem Blondinen-Spruch und war für das Wahre, Schöne, Gute – man nennt es auch Literatur – verdorben und war dem Krimi anheimgefallen. Seitdem bin ich Serientäter und habe mit Mitte 20 beschlossen, einen Krimiladen aufzumachen. Mit 39 habe ich's dann geschafft, im Jahr 1990, als meine Frau sagte: «Das machen wir jetzt, denn dein Hobby wird zu teuer.»

Sie blühen richtig auf, wenn Sie das erzählen.

Ja, meine Begeisterung für meinen Beruf, für gute Literatur, hält mich hoch. Ich hätte am liebsten bis zu meinem 65sten in meiner Buchhandlung gestanden, mit Kunden geschwätzt und tolle Bücher verkauft, und dann hätte ich ruhig tot umfallen können. Das war meine Lebensplanung, die ist jetzt durchkreuzt. Aber die Leidenschaft für gute Geschichten wird mich bis zum Schluss begleiten. Diese Leidenschaft ist dem Menschen angeboren. Deswegen läuft er ins Kino und holt sich DVDs und erzählt Anekdoten über das eigene und das Leben anderer.

Man wird sich später auch Geschichten vom Sarrazin erzählen. Wie finden Sie das?

Das finde ich nett. Das freut mich. Wir haben über hundert Briefe bekommen von Stammkunden, als wir den Laden schließen mussten. Natürlich haben diejenigen nicht geschrieben, die ich vor den Kopf gestoßen habe, da muss man realistisch sein. Aber für eine überschaubare Szene von Fans habe ich offensichtlich über die Jahre einen guten Dienstleistungsjob gemacht. Wenn sie samstags kamen, habe ich ein kleines Schwätzchen gehalten, ein paar Witze gemacht und dann einen Krimi verkauft. Ich habe Geld verdient, der Kunde hatte einen emotionalen oder geistigen Mehrwert für den Urlaub oder fürs Wochenende. Darauf bin ich stolz: Ich habe zumindest auf der Ebene, glaube ich, meinen Job ganz gut gemacht, als Seelentröster.

Macht die Aussicht auf den Tod Sie klüger?

Nein, daran glaube ich nicht. Der Mensch stirbt so schlau und dumm, wie er auf die Welt gekommen ist. Da bin ich Realist. Ich bin auch nicht der Meinung – ich bin ein bisschen gläubig, ich bin evangelisch – der katholischen Kirche, die sie lange Jahrhunderte vertrat, dass Schmerz etwas Erkenntnisförderndes hat. Ich weiß, viele Asketen der Antike vermitteln diese Behauptung, und es steht auch in vielen christlichen Schriften. Und was der Heiland uns voraushat, ist eine intensive Erfahrung des Schmerzes. Schmerz quasi als Mittel, sich selbst zu finden und des Erkenntnisfortschritts. Ich bin schon deswegen gegen diese Art von Einstellung, weil auch weltliche, verbrecherische Weltanschauungen das gepredigt haben. Auch die Botschaft des Nationalsozialismus oder des Bolschewismus war: «Leid oder Schmerz macht den Menschen hart und dient dem Fortschritt.» Das halte ich für Bullshit. Die Erfahrung des Todes macht einen nicht schlauer und auch nicht besser oder schlechter.

Da Sie darauf zu sprechen kommen: Spielt der Glaube für Sie eine Rolle?

Überraschenderweise ja. Ich hatte jahrelang nicht drüber nachgedacht. Ich bin so einer dieser typischen lauen Evangelischen, und ich bin halber Rheinländer. Die Rheinländer – weiß man ja – sind schlunzig [nachlässig]. Ich bin nie aus der Kirche ausgetreten, und das wird schon seinen Grund haben. Ich war immer so, so ist der Kölner halt: «Eine Vier minus reicht, um an Petrus vorbeizukommen. Man muss es nicht übertreiben, nicht in Tugendwahn verfallen.»

Meine Vorstellung vom Himmel bedeutet, dass ich das Gleiche mache wie auf der Erde: Ich sitze auf dem Sofa und lese einen schönen Krimi. Für mich der Inbegriff des Glücks. Ich hab eine Vier minus, zu einem IKEA-Sofa wird's schon reichen. Ich habe da auch nicht so orthodoxe Vorstellungen.

Ich muss auch ehrlich sagen, weil mich die Geschichte religiöser Offenbarung nie so brennend interessiert hat, bin ich auch in der Ideengeschichte des Christentums relativ bis gar nicht bewandert. Aber man sieht vielleicht daran: Ich habe so ein Urvertrauen. Im Grunde bin ich, obwohl ich Geschichten liebe, die schlecht ausgehen, ein ziemlich optimistischer Mensch, das hätte ich nicht gedacht von mir. Ich habe mich immer für einen Zyniker gehalten.

Es gibt dafür eine schöne Definition: Ein Romantiker ist ein Mensch, der sieht die Welt so, wie sie sein sollte. Und ein Zyniker ist ein Mensch, der sieht die Welt so, wie sie ist. Beides finde ich völlig legitime Herangehensweisen. Auch der Zynismus, dazu stehe ich bis heute. Ich habe jahrelang damit kokettiert, dass ich ein Zyniker bin, aber das bin ich nicht. Das ist eine Erkenntnis, die ich erst habe, seit ich mit der Tatsache konfrontiert wurde, dass ich nicht mehr lange hier bin. Und das war eine ziemliche Überraschung. Gebe ich zu.

Aber Sie sind jetzt nicht enttäuscht von sich selbst.

Nein, überhaupt nicht. Ich habe da überhaupt keine Profilierungsbedürfnisse, das eine oder das andere zu sein. Und ich stehe auch dazu, dass es schon oft ratsam ist, die Welt zu sehen, wie sie ist, und nicht, wie sie sein sollte.

Der Zynismus generiert auch die besseren Pointen.

In der Tat.

Ich höre aus Ihren Worten das Vertrauen: Manfred Sarrazin wird nicht spurlos verschwinden.

Nein, irgendwie nicht.

Reden wir über Ihre Frau.

Ein toller Kumpel. Sie hat es mit mir nicht leicht gehabt, das gebe ich zu. Sie ist unfassbar solidarisch, unfassbar herzlich, unfassbar nett. Und taff. Härter im Nehmen als ich.

Sie werden sie alleine lassen, wie finden Sie das?

Für mich ... *(schluckt)*. Es wird gehen. Meine Frau ist sehr viel stärker als ich.

Das will ich Ihnen noch erzählen: Bertrand Russell ist mir bewundertes Vorbild, auch weil er seinen eigenen Nachruf geschrieben hat. Ich habe vielleicht 15 Beerdigungen erlebt. Davon waren zwei toll, aber der Rest war ungefähr so wie die Fahrt von Calais nach Dover bei leichtem Seegang; man kotzt zwar nicht, aber man ist kurz davor, und es regnet. Und deshalb plane ich meine eigene Beerdigung. Die wird ihre eigene Choreografie haben.

Ich habe schon Zitate geplant, das wird dem Krimi gewidmet sein, dem Noir, gewissen Ideologien und Nicht-Ideologien. Ich bin schon dabei, die Musik auszuwählen. Und es macht Riesenspaß. Das ist eine echte Gaudi, das ist echt kreativ, weil ich der Meinung bin, dass es Aufgabe und Fürsorgepflicht des Verstorbenen gegenüber denjenigen ist, die sich die Mühe machen, an diesem Tag, da er beerdigt wird, den Friedhof aufzusuchen und die Kirche. Da muss ein Unterhaltungsprogramm her. Das soll locker sein und fröhlich, und das macht Riesenlaune.

Ich hoffe, das wird eine Beerdigung, von der die Leute mit einem Schmunzeln nach Hause gehen. Das wäre mein Ziel.

Haben Sie auch schon den Sarg ausgesucht?

Nein, das steht noch bevor.

Sie haben sich wirklich mit dem Tod abgefunden.

Bei mir ist es, nach zwei Tagen Nachdenken und Tränen-Vergießen unter zwei Augen, ein klagloses Sich-Fügen.

Warum haben Sie allein geweint?

Ganz einfach, das ist eines meiner Defizite. Ich kann Emotionen nicht gut öffentlich zeigen. Wie gesagt: Man ändert sich nicht, weder positiv noch negativ, durch die Nähe des Todes.

Rein statistisch trifft es Sie sehr früh?

Das verbuche ich unter Pech. Keiner kann was dafür. Keinen kann ich verantwortlich machen.

Auch keine höhere Macht, die es vielleicht schlecht mit Ihnen meinte?

Nein. Falls es einen Gott gibt, hat der andere Dinge zu tun, als sich um solche zu vernachlässigenden Details zu kümmern. Die

Frage: «Wie kann Gott das Schlechte in der Welt zulassen?», führt zu einer Diskussion, die ist ungefähr so relevant wie die Frage der Scholastik, wie viele Heilige durch ein Nadelöhr gehen, nämlich überhaupt nicht. Es spielt keine Rolle.

Kapitel 7
Martina Mann:
Nur noch *eine* Tür

Martina Mann hat unzählige Menschen kommen und gehen sehen, seit sie im Jahr 1999 dieses Hospiz miteröffnet hat. Aber als wir über ihre mehr als 14 Jahre sprechen, seit sie hergekommen ist nach 20 Jahren als OP-Schwester, wirkt sie wie eine, die sich den Blick für jeden Einzelnen bewahrt hat. «Der Kontakt zu den Patienten hat mir gefehlt», so begründet sie ihren Wechsel aus dem OP, dem Zentrum der Lebensrettung, ins Hospiz, wo es nur noch gilt, die letzte Phase eines Daseins lebendig zu gestalten.

Martina Mann kennt Hunderte Geschichten vom Leben vor dem Tod. Vor meinem Besuch hat sie einmal erzählt, wie «ein Bewohner in seinem Zimmer Geburtstag feierte, während nebenan ein anderer verstarb. Als die Trauernden das Zimmer verließen, wurden sie von den Angehörigen des feiernden Zimmernachbarn getröstet». So bizarr kann es hier zugehen, darauf sind alle eingestellt, die sich um Leib und Seele ihrer Gäste kümmern.

Das Hospiz Sankt Vinzenz liegt mitten im mittlerweile ziemlich angesagten Kölner Stadtteil Nippes, es ist integriert ins «Veedel», wie in Köln ein Stadtquartier heißt. Als Martina Mann mich empfängt – natürlich in der Wohnküche, die in jedem Hospiz die Mitte für Personal und Bewohner zu bilden scheint, hat sie gerade ein Beratungsgespräch mit einer vielleicht vierzigjährigen blonden Frau beendet. Deren Mutter ist im letzten Jahr hier verstorben. Jetzt leidet der Vater an unheilbarem Krebs und will auch dort sterben, wo seine Frau sich so wohl gefühlt hat. Martina Mann hat meinen Besuch bei Manfred Sarrazin vermittelt, denn offenkundig wusste sie, dass er offen reden würde. Sie hat ja in den letzten Tagen viel mit ihm gesprochen über gute Literatur, gutes Essen und die Angst vor dem, was kommt.

Sprechen nicht viele Gäste so mutig über den eigenen Tod wie Manfred Sarrazin?

Martina Mann: Es ist eher die Ausnahme, dass jemand ganz bewusst mit seiner Erkrankung und seiner Situation hier umgeht. Wir erleben ganz oft Verleugnung, die unsere Arbeit hier schwer macht: dass Menschen nicht gerne über ihre Erkrankung sprechen und auch nicht darüber, was in Zukunft auf sie zukommt. Angehörige stehen oft hilflos daneben und wissen nicht: Was wünscht derjenige sich am Ende seines Lebens? Was für eine Form der Bestattung ist gewünscht? Weil man nicht darüber spricht. Das ist in dieser Gesellschaft so. Der Tod ist vermeintlich ganz weit weg, er wird verdrängt. Wir sind ja alle so eine tolle Gesellschaft, wir sind jung und fit bis ins hohe Alter. Es ist extrem schwierig, offen zu sprechen.

Und das in einem Hospiz, das nun einmal dem Sterben gewidmet ist.

Ich denke, viele haben erst einmal Angst vor dem Hospiz, weil sie nicht wissen, was auf sie zukommt. Die meisten Bewohner sind angenehm überrascht, dass hier gelacht wird, dass hier noch Leben stattfindet. Sie gewöhnen sich dann an den Gedanken, dass diese letzte Station, wie sie oft genannt wird, viel mit Leben zu tun hat.

Viele sind erst einmal sehr traurig, weil sie sich von zu Hause verabschieden müssen, auch von der Möglichkeit, sich selbst zu versorgen. Es ist so ein bisschen Sterben auf Raten. Heute können sie noch selbst aufstehen, morgen brauchen sie schon jemanden, der dabei hilft. Dann brauchen sie Hilfe bei der Pflege, später brauchen sie Hilfe, um sich umzudrehen, aufzurichten oder bei der Nahrungsaufnahme, beim Trinken. Es fällt vielen schwer, darum zu bitten, und das auch abzugeben.

Offener Umgang mit dem Tod bleibt auch hier die Ausnahme?

Ich denke, das ist so. Wir erleben den offenen Umgang auch bei sehr gläubigen Menschen, die sich mit dem Thema auseinandergesetzt haben und keine Angst haben vor dem Tod. Vor dem Sterbeprozess haben viele ein bisschen Angst, weil man nicht weiß, was auf einen zukommt: Tut das weh? Ist man alleine, wenn man eigentlich jemanden braucht, der einem die Hand hält? Herr Sarrazin ist wirklich eine angenehme Ausnahmeerscheinung. Er spricht ganz offen darüber, wir sprechen aber hier am Frühstückstisch auch über verschiedene Gerichte, die man gern isst, und über Reisen. Es ist sehr angenehm, dass er beides für sich selbst noch genießt. Die Tatsache, dass jederzeit jemand für ihn da ist und der auch zuhört. Auch in den Stunden, in denen er ein bisschen traurig ist, weil er seine Situation schon sehr realistisch eingeschätzt hat.

Tränen haben hier aber auch ihren Platz, hoffe ich.

Es gehört zu unserer Arbeit und auch zu dem Prozess, der hier stattfindet, dazu: dass man den Gedanken daran zulässt, dass es nicht besser wird, sondern eher schlechter, und dass es auch Menschen gibt, die einen in dieser Trauer verstehen. Bei denen man auch weinen darf. Oft wollen die Bewohner und ihre Angehörigen einander schützen. Also wird nicht vor dem anderen geweint, und wir versuchen beide Seiten zu ermuntern, es doch zu tun. Natürlich darf man sich an ein Bett setzen und sagen: «Ich bin so traurig, dass wir uns verabschieden müssen.» Natürlich darf man das, aber das haben wir nicht gelernt.

Im Hospiz gibt es immer ein kleines, lebendiges, pulsierendes Zentrum wie diese Küche hier. Aber dominant ist dann doch das Einzelzimmer, zu dem die Tür verschlossen ist. Ich glaube, diese Vereinzelung macht manchen Angst, weil sie dann aus Beziehungen herausgerissen werden. Wie gehen Sie damit um?

Es ist in der Tat so, dass relativ fitte Bewohner gerne in ein Zweibettzimmer gehen würden. Sie lernen aber sehr schnell die Vorteile des Einzelzimmers kennen: dass man, wenn man nachts noch einmal wach wird, ganz ungestört ins Bad gehen kann oder noch mal Radio hören oder fernsehen. Und man stört niemanden. Es schnarcht niemand neben einem, und das Ruhebedürfnis wird bei Sterbenden doch größer. Sie genießen einfach die Ruhe.

Wer Kontakt haben möchte, kann jederzeit die Türen weit offenstehen lassen. Wir haben Therapiestühle, wir haben auch einen sehr bequemen Sessel, in dem man in liegender Position mit in die Wohnküche mitten ins Leben hineinkommen kann. Auch im Bett sind Bewohner manchmal hier in der Wohnküche zu Gast, so dass man das Leben einfach genießen kann, aber auch jederzeit die Möglichkeit hat, sich zurückzuziehen.

Können Sie uns aus Ihrer Erfahrung etwas über den entscheidenden letzten Schritt sagen, den wir aus der Welt hinaus tun?

Niemand stirbt wie der andere Mensch, jeder hat seinen eigenen Rhythmus und seinen eigenen Tod. Es gibt Menschen, die am Ende ihres Lebens ihre Umgebung nicht mehr wahrnehmen und etwa bei jedem Atemzug ein Geräusch verursachen. Das hat aber nichts mit Schmerzen zu tun, es bedeutet wahrscheinlich das Loslassen. Und es gibt Menschen, die einfach still immer weniger atmen und dann versterben. *Den einen Tod* gibt es nicht, und *das Sterben* gibt es nicht. Da hat jeder seinen eigenen Rhythmus.

Sind Sie auf Ihr eigenes Ende vorbereitet?
Ich weiß nicht, ob ich auf mein eigenes Sterben vorbereitet bin. Ich hoffe es. Was ich gelernt habe, ist, dass ich nichts verschiebe. Ich erfülle mir meine Wünsche, ich verschiebe sie nicht auf morgen. Wir erleben so oft, dass Menschen sagen: «Ich habe immer gearbeitet, ich wollte immer dieses oder jenes oder das machen. Ich wollte noch lernen, ein Instrument zu spielen, und jetzt habe ich keine Zeit mehr dazu.» Es ist so schade, dass man am Ende des Lebens auf die Dinge zurückschaut, die man *nicht* hatte. Da habe ich für mich beschlossen: Ich erfülle mir meine Wünsche.

Ich fühle mich nicht qualifiziert zu sterben. Ich habe keine Ahnung, was mich da erwartet. Ich habe auch Angst, mich zu blamieren, denn Sterben ist auch Kontrollverlust. Können Sie helfen?
Ich hatte einmal ein sehr bewegendes und auch wundervolles Erlebnis: Wir hatten eine Bewohnerin hier, deren Tochter ihre Hochzeit vorgezogen hat, weil der ursprünglich gesetzte Termin für die Mutter schwer zu erreichen war. Es war alles sehr schön, die Feier fand hier im Hause statt, die Mutter konnte daran teilnehmen. Vierzehn Tage später fing sie an zu weinen, ganz still und leise, und niemand konnte sie trösten, die Töchter nicht und der Ehemann nicht, die sie wirklich ganz liebevoll begleitet haben. Auch wir konnten sie nicht trösten.

Sie hat drei Tage lang geweint. Am vierten Tag habe ich sie morgens mit der Tochter zusammen gewaschen und angezogen, und auf einmal sagte sie ... *(stockt),* sie möchte ihre Stiefelchen anziehen, die sie extra für die Hochzeit hatte mitbringen lassen. Wir haben sie gefragt, warum, und sie hat geantwortet: «Ich möchte nicht barfuß gehen.» Die Tochter fragte dann: «Wohin denn gehen, Mama?» Und sie sagte: «Ich weiß, ihr könnt das nicht sehen, aber da drüben ist eine Türe. Ich kann sie seit drei Tagen sehen, und seit heute Morgen steht sie ein kleines Stückchen offen.» *(Schluckt.)* In der Nacht ist sie verstorben im Beisein der ganzen Familie.

Ich glaube, das hat mir ein bisschen die Angst vor dem Sterben genommen. Ich habe gesehen: Da ist ja noch etwas, und das kann auch noch ganz spannend sein. Es ist also nicht dieses schwarze Loch, in das man vielleicht hineinzufallen glaubt, oder dass danach nichts mehr ist. Das hat mir das Gefühl und auch die Hoffnung gegeben, dass es wirklich nur eine Türe weiter ist.

Sie arbeiten seit zwölf Jahren in diesem Hospiz. Wie schaffen Sie es, dass Ihnen so ein Erlebnis noch so nah geht, dass Sie weinen können?

Wir stützen uns hier gegenseitig. Dieses Team ist in weiten Teilen auch das Anfangsteam. Wir werden einmal im Monat durch einen Psychologen begleitet und haben Supervision, so dass wir auch schwierige Situationen noch mal besprechen können, die immer wieder auftreten; Situationen, die einem sehr nahe gehen. Wir werden wirklich gut begleitet. Und dass wir miteinander offen sprechen und befreundet sind, hilft ungemein.

Im Hospiz wird gelacht und geweint.

Ja, und gekocht und gefeiert.

Kapitel 8
Schwester Agnella:
Raus aus dem Versteck

Agnella ist der Name, den eine Oberin vor mehr als fünf Jahrzehnten für sie gewählt hat. *Das Lämmchen.* An diesem Nachmittag aber ist sie ein Vögelchen, das aus dem Nest gefallen ist. So sitzt sie vor mir, im tiefschwarzen Habit der Benediktinerinnen, das mich an den Film «Sister Act» denken lässt. Nur Hände und das Gesicht, umrahmt von der weißen Haube, sind von ihrem schmalen Körper zu sehen, hell und glatt wie poliertes Elfenbein und zerbrechlich wie ihre Stimme, die niedlich klingt mit vielen Höhen und hin und wieder eingestreuten Kiekser. Sie kennt meine Fragen bereits. Schwester Benedikta hat ihr meine Mail schon vor Wochen ausgedruckt, und Agnella hat Tage damit verbracht, jede einzelne zu bedenken und zu beantworten, handschriftlich zunächst, dann eigenhändig in die Schreibmaschine getippt.

Ihren eigenen Worten hat sie Psalm 130 vorangestellt:

> Aus der Tiefe rufe ich, Herr, zu Dir, höre auf mein Rufen!
> Wende Dein Ohr mir zu! Achte auf mein inständiges Flehen! Würdest Du, Herr, die Sünden beachten, Herr, wer könnte bestehen? Aber bei Dir ist Vergebung, damit alle, die Dich fürchten, Dir dienen. Ich harre auf Dich, Herr, ich harre in Sehnsucht. Dein Wort erwarte ich.
> Auf Dich, Herr, warte ich in Sehnsucht, mehr als die

Wächter auf den Morgen! Mehr als die Wächter den
Morgen soll meine Seele Dich, HERR, erwarten! Denn
bei Dir, HERR, ist die Gnade und bei Dir volle Erlösung!
Ja, Du wirst mich erlösen von all meinen Sünden!

nach Psalm 130

Schwester Benedikta hat später alles in ein Word-Dokument übertragen. Lesen darf ich es nicht, hat Agnella ausrichten lassen, bevor sie mich persönlich kennen gelernt hat. So sitzen wir uns nun zum ersten Mal gegenüber, irgendwo am Niederrhein, wo die Landschaft schon aussieht wie in Norddeutschland, in Grefrath nahe Kempen.

Als ich meine Mail schrieb, konnte niemand sagen, ob es noch zu dieser Begegnung kommen würde. Zu oft schon sah es so aus, als würde Agnella die Nacht nicht überstehen, weggetreten im Fieber, mit rasendem Puls, kurzatmig und nassgeschwitzt.

Draußen röstet die Juli-Sonne den Weizen auf den Feldern reif, im geräumigen Besprechungszimmer mit gepolsterten Stühlen ist es hell und warm, aber als ich im Verlauf unseres Gesprächs einmal ihre Hand fasse, fühlt sie sich kühl an. Es ist der Moment, als ihr gesamter Körper ins Beben geraten ist. Was sie selbst ein wenig zu belustigen scheint, denn mitten im Satz wirkt sie auf einmal, als hätte sie jemand auf eine Waschmaschine im Schleudergang gesetzt, so schüttelt es sie minutenlang durch. Diesen vom schwarzen Habit völlig verhüllten Körper, den Schwester Benedikta für unser Gespräch aus dem Bett in den Rollstuhl befördert und sanft hergeschoben hat. Den Körper, der früher einmal so geübt war im Ausdruckstanz nach Jahren des Ballettunterrichts im Kindesalter, dass sie davon träumte, Tänzerin zu werden. Das war in einem anderen Deutschland, in einer Zeit vor dem Krieg, da sie noch Rosemarie Schweikert hieß.

«Ach, meine Nerven», sagt sie nur durch das Rütteln hindurch, wartet, bis es nachlässt, und wiederholt nahezu wörtlich den letzten Halbsatz, den der Tremor unterbrochen hatte. Anschließend redet sie weiter, als wäre sie nur kurzzeitig abgelenkt gewesen.

So wach wie ihr Geist sind ihre Augen, die mich durch eine etwas zu groß geratene Brille hindurch ansehen wie die einer kleinen Schwester, die ihrem großen Bruder etwas ziemlich Aufregendes mitzuteilen hat. Sie spricht wie gedruckt, eine Sprache, die an den Stil der deutschen Nachkriegsliteratur erinnert.

Später, bei der Lektüre ihrer schriftlichen Antworten, werde ich passagenweise sogar dieselben Formulierungen entdecken, die sie jetzt in freier Rede gebraucht. In einem Orden, zu dessen wichtigsten Übungen das Schweigen gehört, haben Worte Gewicht.

Nichts in ihrem Sprechen erinnert mehr daran, dass sie aus dem Berlin der Weimarer Republik stammt. Der Vater Professor an der technischen Hochschule und Ministerialrat im Heereswaffenamt, die Mutter plötzlich fort und mit einem anderen verheiratet. Da ist sie zwölf. Sie ist 20, als der Krieg zu Ende geht, und froh, die Bombardements und den Einmarsch der Befreier überlebt zu haben. Diese schmalen Hände haben damals beim Reichsarbeitsdienst in Hinterpommern Kartoffeln ausgemacht, Roggen gebunden und Torf gestochen. Diese zarte Person hat einmal als Fahrdienstleiterin bei der Reichsbahn Schnee und Kohlen geschippt, von Hand die Weichen gestellt und am Abend mit den alten Eisenbahnern eine Pfeife geraucht. «Schmeckte scheußlich, aber es half gegen Hunger und Müdigkeit.»

Sie hat in Thüringen den Einmarsch der Amerikaner erlebt und in Berlin die russische Besatzung, sie hat ihren Vater aus der Gefangenschaft zurückkommen und die Schwester in die USA auswandern sehen. Sie hat die geistige Demontage erlebt, weil nach dem Krieg an der Humboldtuniversität die besten Dozenten für ihre Fächer fehlten, Germanistik, Geschichte und Philosophie. Sie hat als Krankenpflegerin im Franziskus-Krankenhaus «gejobbt», wie es heute heißen würde. Doch durch diese jahrelange Wirrnis hindurch, sagt sie in der Rückschau, hat sie immer ihre Sehnsucht bewahrt: im Kloster zu leben.

Sie quert illegal die Grenzen der Besatzungssektoren und landet schließlich tief im Westen, in Bonn am Rhein. Am 2. Juli 1947 gegen Mitternacht – dieses Datum hat sie verinnerlicht wie manch anderer seinen Hochzeitstag – klopft sie an die Klosterpforte der *Benediktinerinnen von der ewigen Anbetung* und bittet um Aufnahme. Sie kennt das Haus, denn sie war als Jugendliche schon dort zu Besuch. Ihre Wiederkehr ist ein Ankommen: «Es war Gottes Weg mit mir.» Schon als 19-Jährige wollte sie Nonne werden, aber ihr Vater, unter dem Eindruck der Gestapo-Exzesse gegen katholische Klöster, schleudert ihr ängstlich entgegen: «Nach dem Krieg werdet ihr alle vergast.»

Warum sie mit ihrer Erfahrung als «Mädchen für alles» nicht in einen tätigen Orden eingetreten ist? «Ich hatte all die Not, all das Leid in und nach dem Krieg erlebt», schreibt sie in ihrem Lebenslauf, mit dem sie sich ihren Schwestern hier in der Abtei Mariendonk vorgestellt hat. «Ich hatte im Lazarett die verwundeten Soldaten gepflegt, die in Transporten von der Front kamen, die Scharen von Flüchtlingen aus dem Osten. Ich hatte geholfen, sie aufzunehmen und zu versorgen. War in Berlin durch Straßen gegangen, deren Pflaster noch heiß war unter meinen Füßen von den Phosphorbomben, die links und rechts Häuser und Wohnungen ausgebrannt hatten. Aber der Not der Menschheit gegenüber war ich ein Nichts! Darum entschloss ich mich, wie einst als Weichensteller bei der Reichsbahn, an den Hebel zu gehen und Gottes Hilfe in vollen Zügen bei den Menschen ankommen zu lassen.»

Sie liebt diese Metapher: «In mir selbst zuerst muss ich Christus freie Durchfahrt geben.» Ihre Lebensaufgabe, da ist sie überzeugt: «Helfen, heilen, dienen und Gott suchen im Gebet.»

Sie baut das zerstörte Kloster in Bonn-Endenich wieder mit auf. «Wir hatten in den Anfangsjahren sogar noch weniger, als die Regel des heiligen Benedikt erlaubt.» Schreibzeug gab es nur im Raum für die Novizinnen. Jahre voller Aufgaben, die sie mit vertrauten Begriffen beschreibt: Raumpflegerin, Sekretärin, Archivarin, Kantorin. Aber auch mit weniger verbreiteten Begriffen wie Novizenmeisterin und Subpriorin.

Ihre Geschichte im Kloster Endenich endet mit dessen Auflösung im Jahr 2000. Da ist sie 76 und wechselt hierher nach Mariendonk, wo die Schwestern Rebekka oder Mirjam heißen oder sogar Placida. «Wir vergeben hier keine Tiernamen», scherzt Schwester Benedikta. Nonnenhumor.

«Auf meiner letzten Fahrt von Bonn nach Mariendonk begleitete mich eine wunderbare goldene Abendsonne», schreibt Schwester Agnella in ihren Lebenserinnerungen auf der Schreibmaschine. «Ich fuhr in meinen Lebensabend und dachte daran, dass ich nun im Alter den Lebenstraum meiner Jugend noch einmal von Neuem beginnen durfte. Ich war so glücklich wie bei meinem ersten Eintritt.»

Zwei Heiratsanträge hat sie in ihrem Leben bekommen. Während des Krieges von einem jungen Offizier im Lazarett, später in Thüringen von einem jungen Ingenieur. Als sie bereits im Kloster war, bat er ihren Vater um die Adresse der Tochter. Der Vater gab sie ihm nicht und sagte: «Lass sie bloß in Ruhe, sie ist glücklich.»

Wie geht es Ihnen heute?

Schwester Agnella: Mein Geist ist jetzt hellwach beim Nachdenken über Ihre Fragen. Meine Seele ist heute wieder voller Sehnsucht, heimzukehren zu Gott. Mein Körper ist – wie schon seit langer Zeit – mit all seinen Gebrechen total erschöpft und müde bis zur Schlafsucht. Ich habe schlimme Beine, Venenentzündungen. Das Leben wird schwer, ich helfe mir noch – so gut es geht – selber, weil ich auch sehr eigen bin. Aber es wird immer schwerer, so dass man sich doch danach sehnt, zur Ruhe zu kommen.

Was bedrängt Sie?

Heute die Furcht. Nicht vor dem Tod, sondern vor Schmerz, Leiden, Verlust der Selbständigkeit, vor Krankenhaus, Operation …

Ich hatte eine Mitschwester, der waren mit 90 Jahren wegen Durchblutungsstörungen noch beide Beine amputiert worden. Wenn ich an so was denke, kriege ich einen Schauer, da würde ich tatsächlich viel lieber sterben. Aber gerade heute fand ich auch Trost in der Erinnerung an meine Lebenserfahrungen. Ich fragte mich: «Warum fürchtest du das alles so, wenn du dich vor dem Sterben nicht fürchtest?»

Ach, Sie haben keine Angst vor dem Sterben?

Nein, obwohl ich mit der Todesangst auf die Welt gekommen bin. Ich war klein, rothaarig, überaus zart und sensibel und fast ständig in Angst. Ich versteckte mich vor Besuchern, die zu uns kamen. Ich hatte einfach Angst vor allem, das nicht zu meiner unmittelbaren Umgebung gehörte. Und selbst beim Spiel «Räuber und Gendarm» stand ich in meinem Versteck wahre Todesängste aus – am ganzen Leibe zitternd. Ich war vielleicht zehn, wir hatten Verwandte auf dem Eichsfeld in Thüringen, wo wir in der Sommerfrische immer hinfuhren, und ich vermute, dass es da passiert ist.

… dass sich das Mädchen, das Sie damals waren, von seiner Angst befreien konnte?

Eines Tages trat die Vernunft auf den Plan: «Warum gehst du nicht einfach hinaus aus deinem Versteck und lässt dich fangen?

Das wäre doch nicht halb so schlimm wie diese Angst.» Gedacht – getan! Ich bin rausgegangen, und von dem Augenblick an hatte ich eine unglaubliche Freiheit. In der Rückschau kann ich sagen: Ich war danach an nichts mehr gebunden. Ich liebte das Leben, aber ich hing an nichts mehr. Das ist die Grundhaltung meines Lebens.

Sie sind dem Tod im Lauf des Lebens wiederholt begegnet, vor allem während des Krieges.

Ja, ich war mehrmals im Leben dem Tod ganz nah. 1942 habe ich Abitur gemacht, dann war ich im Arbeitsdienst, zuerst in Hinterpommern und im Winterhalbjahr in Berlin. In Pommern hatte ich Scharlach, und in Berlin hatte ich Diphtherie. Der Scharlach war gar nicht erkannt worden. Da haben die Ärzte nachher gesagt, es war ein Wunder, dass ich überhaupt durchgekommen bin.

Ich habe in Berlin studiert, und es war eine sehr schöne Zeit trotz des Krieges. Mein Vater war am Heereswaffenamt, die Schwester bei der Flak-Abwehr, mein Bruder war noch klein und bei der Tante im Eichsfeld. Ich war also meistens allein in unserer Wohnung und rannte bei Fliegerangriffen auch allein in den Luftschutzkeller. Einmal war die Wohnung nach einem Angriff stark beschädigt, die Fenster waren eingedrückt.

1944, gleich nach dem Studium in Göttingen, musste ich zum Kriegseinsatz bei der Reichsbahn. Da wurde ich als Fahrdienstleiterin ausgebildet. Den Einzug der Amerikaner habe ich auf dem Land erlebt. Da standen wir vor unserem Häuschen und winkten mit weißen Tüchern, und die amerikanischen Soldaten sprangen plötzlich von ihren Panzern, griffen die Gewehre und schossen! Ich bin sofort in den Kohlenkeller geflüchtet und war danach ganz schwarz.

Warum diese Schüsse?

Wie sich später herausstellte, hatte sich hinter unserem Haus die SS versteckt und leistete Widerstand. Wir haben uns noch häufiger in den Keller geflüchtet, bis dann endlich Ruhe war. Immer wieder zogen amerikanische Truppen an unserem Haus vorbei, immer wieder mussten wir uns vors Haus stellen, sonst hätten sie es vielleicht zerschossen. Da haben wir allerhand mitgemacht während des Krieges.

Aber auch in diesen Augenblicken hatten Sie keine Angst?

Ich habe mich in diesen Momenten der Schießerei natürlich gefürchtet, aber ich habe meine Heiterkeit nicht verloren. Ich habe nie wieder diese Todesängste wie als Kind ausgestanden.

Heute scheinen Sie bereit zu sein, jederzeit von der Welt Abschied zu nehmen.

Ich erinnere mich daran, dass mein Bruder Heinz-Dieter vor zwei Jahren kurz vor seinem plötzlichen Tod – er war nicht krank, ist ganz plötzlich im Flur zusammengesunken – gesagt hatte: «Ich möchte nicht mehr leben.» Er war so erschöpft, dass er froh war zu sterben. Ich denke, er hatte doch einen für ihn sehr wunderbaren Tod. Den habe ich ihm gegönnt.

Ich schlafe schrecklich viel und schrecklich tief, und ich hoffe, dass ich mal hinüberschlafen kann.

Glauben Sie, Sie werden Heinz-Dieter wiedersehen?

Ja, da rechne ich ganz fest drauf. Ich habe auch nach seinem Tod immer die Beziehung zu ihm weitergepflegt. Meine Leute sind ja alle längst oben. Und ich war die Älteste unter den Geschwistern und bin immer noch da. Für mich gibt es nur noch die *eine* Bindung – an meinen Schöpfer und Erhalter.

Warum leben Sie wohl so vergleichsweise lange?

Erst mal habe ich bei meinen Mitschwestern immer erfahren, dass diejenigen, die sich am meisten danach sehnten zu sterben, nicht sterben konnten. Irgendwie hat der Herr dann einen Spaß daran, einen warten zu lassen. Einerseits habe ich keine Kräfte mehr, andererseits sind doch noch welche da. Es ist immer sehr schwirig herauszufinden: Was schaffst du, was schaffst du nicht?

Und Sie zweifeln in dieser Phase des Lebens nicht manchmal daran, dass Gott es gut mit Ihnen meint?

Nein, bis jetzt habe ich noch nie daran gezweifelt. Von Kind an lebe ich aus dem Glauben, dass Gott mich liebt. Und ich fühle mich zu dieser Liebe hingezogen.

In den letzten zwei oder drei Jahren war dann der Tod wiederholt sehr nahe. Wie war diese Erfahrung?

Es war mehrmals so, dass die Umstehenden mein sicheres Ende befürchteten. Dreimal bekam ich schon das Sakrament der Krankensalbung. Und jedes Mal hatte ich kein anderes Gefühl als gelassene und heitere Bereitschaft – so oder so. Wobei es mir lieber gewesen wäre zu gehen, als zu bleiben, doch jedes Mal sagten und schrieben mir hinterher Menschen, wie dankbar sie seien, dass ich noch da sei. Wie sehr sie mein Gebet, meine Briefe und meinen Frohsinn noch brauchten. Das war wie ein Geschenk Gottes für mich. Dabei bin ich doch nun schon 90 Jahre alt.

Durch sehr viele Briefe, die ich erhalte und beantworte, ist der Kontakt zur Außenwelt für ein Kloster mit Klausur ungewöhnlich lebendig. Ich schreibe alles auf der Schreibmaschine und zuweilen auch auf dem Laptop.

Ich weigere mich nicht zu leben und nicht zu sterben. Ich lebe auf der Grenze zwischen Himmel und Erde. Dabei habe ich ein langes Leben immer mehr gefürchtet als den Tod.

Warum?

Weil da so vieles auf einen zukommen kann. Ich bin schwach und sensibel, und ich weiß nicht, wie ich damit fertigwerde. Für die Ewigkeit habe ich meinen Retter, der mir da rüberhelfen muss.

Welches Gebet können Sie heute aus tiefstem Herzen sprechen?

In der letzten Zeit ist mir Psalm 130 zum liebsten Gebet geworden. Ich habe ihn auswendig gelernt, um ihn immer aus tiefstem Herzen beten zu können: «Aus der Tiefe rufe ich, Herr, zu Dir!» Diese Worte sind so stark und so tief, und immer, wenn ich ihn bete – oder einen Vers daraus –, füge ich ganz persönlich hinzu: «Herr, nimm Dein Lämmchen ...»

... also nimm Deine Agnella ...

«... nimm es auf Deine Schulter und trage es heim.»

Der gute Hirte. **Haben Sie noch eine andere Vision, die Sie trägt?**

Paulus sagt in seinem ersten Brief an die Korinther:

> Jetzt schaue ich unvollkommen, dann aber werde ich durch und durch erkennen, so wie auch ich durch und durch erkannt bin.
>
> *nach 1. Korinther 13,12*

Unvorstellbar: Dieser ewige «Augen-Blick», dieses durchdringende Erkennen und Erkanntsein, darauf freue ich mich. Deshalb singe ich so gerne das «Halleluja» in der Osterzeit. Was bleibt einem übrig, als zu jubeln?

Warum, glauben Sie, mutet uns Gott Schmerz, Leid und Tod zu?

Ich glaube, es ist der Weg der Läuterung für die ganze Schöpfung, die ganze Weltgeschichte und für den einzelnen Menschen. Ich wage nicht zu sagen, dass dieser Weg für uns Menschen mit dem Tod endet. Ich kann es mir nicht anders denken, als dass diese Läuterung nach dem Sterben weitergeht. Wenn wir «durch und durch erkannt» sind, werden wir uns ganz von selbst in die Läuterung stürzen. Schmerz, Trauer und Leid wird sich mehr und mehr in Freude verwandeln.

Glauben Sie, dass Christus ähnliche Erfahrungen mit Leid und Sterben und Tod gemacht hat wie wir?

O ja! Daraus schöpfe ich alle Kraft und allen Trost, aus Seiner mitleidenden Liebe. Die Psalmen vor allem sprechen für mich so lebensnah und tief berührend von dem, was Christus als Mensch unter uns Menschen gelitten hat. Die Psalmen zeigen die Seele Christi – deshalb bete ich sie so gern. *Der Mensch* Jesus hat gelitten. Das sagt uns vor allem die letzte Nacht im Garten Gethsemane. Da schwitzt er Blut aus Todesangst. Und dreimal bittet er den Vater: «Wenn es möglich ist, lass es vorübergehen!» Und das dürfen auch wir beten. Aber auch das, was er dann sagt: «Nicht mein, sondern Dein Wille geschehe!»

> Dann kamen sie zu einem Olivenhain namens Getsemani. Er ging noch ein paar Schritte weiter, warf sich nieder, mit dem Gesicht zur Erde, und betete: «Mein

Vater, wenn es möglich ist, lass diesen bitteren Kelch an mir vorübergehen! Aber nicht wie ich will, sondern wie du willst.»

nach Matthäus 26,36

Das heißt, Ihnen erschien Gott auch in Zeiten extremer Schwäche nicht verborgen, nicht verhüllt?

Bis jetzt nicht. Natürlich gibt es Tage, an denen ich Gott mehr *suche* als *erfahre*. Vor allem, wenn ich körperlich oder geistig sehr belastet und abgelenkt bin. Wenn ich mich zu viel mit mir selbst beschäftige. Aber ich bin ständig darum bemüht, mit wachem und lebendigem Glauben in Gottes Gegenwart zu leben, so recht und so schlecht das gelingt. Je größer die Schwäche, umso mehr brauche ich Gottes Hilfe, umso mehr rufe ich ihn an. Ich brauche diese Hilfe vom frühen Morgen um 4 Uhr bis zum späten Abend – und auch noch in der Nacht.

Ich glaube an Jesus Christus, gekreuzigt, gestorben und begraben, hinabgestiegen in das Reich des Todes, am dritten Tage auferstanden von den Toten, aufgefahren in den Himmel; von dort wird er kommen, zu richten die Lebenden und die Toten. Ich glaube an die Auferstehung der Toten und das ewige Leben.

Aus dem apostolischen Glaubensbekenntnis

Sprechen wir vom «Gericht», wie es in der Bibel heißt: Jesus benutzt sehr eindrucksvolle Worte, um es zu beschreiben. Was bedeutet Ihnen dieser Satz im Glaubensbekenntnis: «Zu richten die Lebenden und die Toten»?

Es bedeutet mir, dass ich Gottes Willen bereitwillig annehmen muss, wenn es auch schwerfällt. Vom Weg der Läuterung habe ich schon gesprochen. Auf die Frage nach Leid, Gericht und Tod finde ich einleuchtende Antworten in Franz Werfels Buch «Jeremias»: Ganz am Ende des Romans steht der Prophet Jeremias nach der Zerstörung Jerusalems durch Babylon im brennenden Tempel und fragt: «Warum? Warum muss ich noch leben?» Und durch eine Scherbe der zerbrochenen Gesetzestafel spricht Gott zu seinem Herzen die Antwort: «Damit du lebst!» Das heißt doch: «Damit du den Tod überwindest.» Gericht und Tod als Sieb. Im Tod sollen wir immer lebendiger und im Gericht immer reiner werden, indem Gott ins Herz die Gewissheit des Überlebens senkt.

Dann ist da noch der Satz von der «Auferstehung der Toten». Glauben Sie, die auferstandene Schwester Agnella wird der irdischen ähneln?

Das denke ich mir ungefähr so: Jeder Mensch ist ein ewiger Gedanke Gottes. Bei der Entstehung des Leibes im Mutterschoß haucht Gott diesen Gedanken als Seele dem Embryo ein. So soll er Gestalt annehmen, sich entwickeln und entfalten. Das ist das erste Stadium.

Das zweite Stadium geschieht *im Schoß* dieser Welt. Hier fällt der Mensch die wichtigsten Entscheidungen und die Wahl für sein Leben. Im 5. Buch Mose heißt es: «Wenn du den HERRN, deinen Gott, liebst und auf seinen Wegen gehst, dann wirst du leben, und der HERR, dein Gott, wird dich segnen.»[15] Hat der Mensch das Leben gewählt – oder es zumindest nicht ganz verworfen –, dann wird er in das wahre und ewige Leben hinein-«geboren». Zunächst wird nur die Seele auferstehen – als ewiger Gedanke Gottes.

Das dritte Stadium ist dann die Vollendung am Jüngsten Tag. Jesus hat gesagt: «Wer glaubt, wird nicht gerichtet, wer nicht glaubt, ist schon gerichtet.» Dieses letzte Gericht ist für mich ein Offenbarwerden aller Wahrheit, auch der verborgensten – im

Licht Gottes. Dann wird auch unser Leib auferstehen und wiedervereint mit der Seele – und in Herrlichkeit leben. Und wir werden mit einem neuen Namen gerufen, den nur Gott kennt.

Wofür in Ihrem Leben sind Sie dankbar?

Für Gottes Liebe, die mein Leben getragen hat von Anfang bis Ende und auf die ich immer vertraut habe. Meine Eltern haben sich getrennt, als ich zwölf Jahre alt war; meine Mutter ist von uns gegangen und hat einen anderen Mann geheiratet. Und dadurch ist das wohl gekommen, dass sich so eine enge Beziehung zu Gott hergestellt hat. Wir wohnten in Berlin fünf Minuten entfernt von unserer Pfarrkirche. Da bin ich immer hingegangen und hab mich ausgesprochen und habe Frieden und Trost gefunden. Und damit konnte ich dann zurückgehen, als wäre nichts gewesen. Dadurch hat sich schon eine sehr starke Beziehung gebildet. Mein Weg hierher war kunterbunt, aber er hat sich erfüllt.

Und was möchten Sie denen, die nach Ihnen sind und kommen werden, hinterlassen: eine Botschaft, einen Hinweis, ein Beispiel?

Das, was ich auch mir selber sage: «Furchtsame Seele, hab keine Angst. Geh hinaus aus deinem Versteck – und lass dich fangen!» Das ist die innere Freiheit der Liebe.

Loslassen, Überschreiten seiner selbst im vollen Vertrauen auf Gott macht das Sterben leichter.

Kapitel 9
Schwester Benedikta:
Der Ernstfall unseres Lebens

Als ich sie zum ersten Mal anrufe, springt mich rheinische Fröhlichkeit an. Ihre Stimme hat so gar nichts Benediktinisches, was immer das sein mag. Nichts von der Strenge, die ihren Orden umgibt. Sie könnte auch durch eine stilvolle Düsseldorfer Altbierkneipe die Bestellung zum Tresen hinüberrufen. Mönche, die nach ähnlichen Regeln leben wie Schwester Benedikta, klangen jedenfalls in unseren Gesprächen meist zurückgenommener als sie.

Sogar ihre Mails sind ein wenig lauter, als es ihr mein Klischee von der strengen Nonne zugetraut hätte. Sie setzt ein dreifaches Fragezeichen hinter einen Terminvorschlag («???»), sie markiert ein erstaunliches Detail der Entstehungsgeschichte meines Interviews mit Schwester Agnella mit einem Ausrufezeichen: «Nun also habe ich alles abgeschrieben, was Sr. Agnella zuvor erst mit Kugelschreiber auf große Blätter gekritzelt hatte, dann hat sie es mit der Schreibmaschine selbst abgetippt (!) und nun meine Abschrift korrigiert.»

Und sie bietet mir so selbstverständlich einen Mailanhang im Word-Format meiner Wahl an, wie sie zuvor ein wenig über mich im Internet ergoogelt hat. So also sieht klösterliches Leben im 21. Jahrhundert aus. «Gern laden wir Sie auch ein, bei uns zu übernachten ...» Was will ich mehr, Protestantenkind, das ich bin ohne irgendeine beschwerliche Erinnerung an Ordensschwestern, die sogar einigen meiner Altersgenossen zu Schulzeiten noch Furcht und Schrecken vermittelt zu haben scheinen?

Als wir uns persönlich begegnen hinter der unscheinbaren Glastür des Nebeneingangs zum Kloster Mariendonk, schlägt mir dieselbe Offenheit entgegen, die schon durchs Telefon drang. Offenkundig bin ich hier willkommen. Sie zeigt mir den kleinen Klosterladen mit den beeindruckenden Web- und Stickarbeiten aus den Paramenten-Werkstätten von Mariendonk, die Abteikirche, in der sich die Schwestern – 32 Frauen mit ewiger Profess zählt der Konvent – vom Morgenoffizium um halb sieben bis zum Komplet um acht am Abend viermal täglich versammeln, und führt mich schließlich über eine moderne Wendeltreppe ins Obergeschoss, wo ich Schwester Agnella begegnen werde.

Im Umgang mit der alten Dame ist sie dann ganz Krankenpflegerin. Spricht langsamer und lauter, weil Schwester Agnella derzeit nicht gut hört, drückt ihr sanft, aber bestimmt den Taster für den Hausalarm in die kleinen Hände und erläutert kurz jeden Schritt, der jetzt und in der nächsten Stunde auf uns alle zukommen wird. «Herr Schulz stellt Ihnen gleich ein paar Fragen! – Wenn etwas ist, dann rufen Sie mich! – Ich lasse Sie dann mal alleine …!»

Als wir zum Abschluss über ihre Sicht auf Sterben und Tod sprechen, bleibt ihre einladende Sprachmelodie. Diese fromme Frau ist wirklich offen, wie es scheint, deckt mich nicht mit einem Vorrat an dogmatisch vollendeten Sentenzen ein, sondern spricht über das, was sie im Innern bewegt. «Reicht Ihnen das als Antwort?», fragt sie gelegentlich, als wäre sie sich des Wertes ihrer eigenen Worte nicht sicher.

Die Kranken im Haus versorgt sie erst seit dem sechsten Jahr ihrer Probezeit, ihres Noviziats, nachdem sie in der Landwirtschaft des Klosters gearbeitet hat, in der Küche, der Hostienbäckerei, der Näherei und zunächst parallel zur Arbeit in der Lohnbuchhaltung der Verwaltung. 1980 übernimmt Schwester Benedikta, die Erfahrungen aus der Chirurgie mitgebracht hat, die Verantwortung für die Gesundheit ihrer Schwestern und für die kleine Krankenabteilung. Mehr als 30 Frauen und Männern – Geistliche, die in der Abtei lebten – hat sie seither im Sterben beigestanden.

«Auch die, die Sterbende begleiten, müssen loslassen», sagt sie. «Eine ganz wichtige Erfahrung, die ich oft gemacht habe: Nicht jeder möchte, dass man die Hand bis zum Schluss festhält. Ganz zuletzt muss man sie alle gehen lassen. Das bedeutet Loslassen von beiden Seiten.»

Wie es die Schwestern schaffen, hier und nicht im Krankenhaus zu sterben, will ich wissen. «Es gehört zu unserem Leben nach der Regel des heiligen Benedikt. Wir leben die so genannte Stabilitas, das heißt die Beständigkeit der Gemeinschaft.» Benediktinerinnen verlassen das Kloster nur aus zwingenden Gründen, zum Beispiel zur Ausbildung, sehr selten zu Familienbesuchen, im Notfall auch, um sich im Krankenhaus behandeln zu lassen. Die Schwestern bleiben vom Eintritt bis zum Tod im selben Kloster, solange es besteht. «Das heißt, auch wenn sie alt und pflegebedürftig wird, bleibt eine Schwester hier.» Inzwischen kommt zwei- bis dreimal täglich ein ambulanter Pflegedienst ins Kloster und hilft Schwester Benedikta zum Beispiel palliativmedizinisch.

Ist es für eine Freundin Gottes einfacher zu sterben als für andere?

Schwester Benedikta: Nicht unbedingt. Ich habe unterschiedliche Erfahrungen gemacht. Jede Mitschwester, jeder Mensch stirbt seinen eigenen Tod, wie auch jeder sein eigenes Leben lebt. Die intensive Beziehung zu Gott gibt zwar dem ganzen Leben die Richtung auf dieses Ziel der Begegnung mit Gott nach dem Tod. Aber ich habe auch viele fromme, Gott liebende Schwestern erlebt, die durch schlimme Todesängste gehen mussten. Denen fiel es sehr schwer loszulassen, sie hatten zeitweise panische Angst vor dem Sterben. – Darf ich einen Fall erzählen?

Gerne.

Eine alte Mitschwester, 86, 87 Jahre alt, die immer gesagt hatte: «Ich freue mich so auf den Himmel, ich möchte gerne zu Jesus», sagte, als sie schon ein ganz schmales Persönchen war und im Sterben lag: «Es reicht nicht, dass eine von euch bei mir sitzt. Es müssen vier bei mir bleiben, zwei am Fußende und zwei am Kopfende. Es müssen große und kräftige Schwestern sein, die bei mir sind. Und wenn zwischendurch mal eine weggeht, muss eine andere als Ersatz herkommen. Lasst mich nicht alleine, lasst mich nicht alleine sterben.»

Wir haben versucht, ihr zu helfen, und ich habe ihr gesagt: «Jesus wartet doch auf Sie, Gott kommt Ihnen doch entgegen. Warum haben Sie Angst?» Darauf hat sie gesagt: «Gott ist so groß, wir kennen ihn doch gar nicht. Ich weiß nicht, wie ich vor Gott erscheinen soll.» Sie hatte so ein großes und gewaltiges Gottesbild.

Ich glaube, um auf Ihre Frage: «Fällt das Sterben leichter, wenn man in Freundschaft mit Gott lebt?», zu antworten, muss ich sagen: «Je näher man Gott kommt, desto gewaltiger und größer kann er einem erscheinen, so dass die Konfrontation mit diesem transzendenten Gott wirklich in Angst und Schrecken versetzen kann. Das zu verharmlosen, fände ich nicht in Ordnung. Dieser Schwester, die damals so schlimme Angst hatte, habe ich das auch nicht ausgeredet. Ich habe versucht, sie zu halten, und ihr gesagt: «Wir lassen Sie nicht allein.» Ich habe auch die Liebe Gottes betont, aber ich habe nicht versucht, ihr auszureden, dass Gott unendlich ist. Ist das eine Antwort auf Ihre Frage?

Ich denke, ja. Womit Sie allerdings ein frommes Klischee erschüttern. Andererseits machen Sie christusgläubigen Menschen Mut, auch solche Verzweiflung auszuhalten.

Wenn ich bei Sterbenden bin, kommt mir oft in den Sinn: Fast über jedem Bett bei uns hängt ein Kreuz. Wenn ich eine Schwester im Sterben begleite und auf das Kreuz schaue, denke ich oft: «Jesus Christus – nicht nur ein Freund, sondern das geliebte Kind Gottes –, ist mit dem Schrei auf den Lippen gestorben: ‹Mein Gott, mein Gott, warum hast du mich verlassen?›» Wenn Jesus Christus selbst mit diesem Verzweiflungsschrei gestorben ist, wieso sollte es uns dann anders ergehen?

Auch unsere Angst ist im Grunde in der Todesangst Jesu Christi aufgehoben und hat eine gewisse Berechtigung. Ich weiß nicht, ob man das so sagen darf, aber für mich ist es tröstlich zu wissen, dass Christus auch durch diese Angst und durch diesen allerschlimmsten Tod, den es je gab, hindurchgegangen ist. Er lässt uns im Grunde daran teilhaben, dass er so Schlimmes erleiden musste. Es liegt für mich in der Solidarität mit dem leidenden und sterbenden Christus mehr Kraft, als sich auf ein Sterben vorzubereiten, in dem das alles keinen Platz hätte.

Ich habe auch andere Sterbebegleiterinnen gefragt, ob die Erfahrung im Krankenzimmer sie auf ihr eigenes Sterben besser vorbereitet hat. Die meisten sagen: Nein. Was sagen Sie?

Ich glaube, es gibt im Leben Erfahrungen, die man selbst machen muss. Auch wenn ich noch so viel miterlebt habe bei anderen, gibt es Erfahrungen, die nur ich machen kann in meinem Leben, mit meiner Biografie, mit meinem Hintergrund. Das gilt am stärksten, denke ich, für das Zugehen auf das eigene Sterben.

Ich habe es oft erlebt – gerade bei meinen frommen Mitschwestern, die eine ganz intensive Beziehung zu Gott haben, dass auch deren dunkle Seiten ihnen in den letzten Wochen oder Tagen oder Stunden ganz schwer zu schaffen gemacht haben. Dass also Schuld oder Versagen, auch Versäumnisse im Leben noch einmal zur Last wurden. Obwohl wir doch wissen, dass wir erlöst sind und unsere Schuld vergeben ist. Aber vieles aus dem eigenen Leben kam dann noch einmal hoch und türmte sich vor denen auf, die kurz vor dem Sterben waren.

Ich glaube, ich profitiere davon in der Hinsicht, dass es mir sehr ernst ist. Ich weiß, was unter Umständen hochkommen kann. Es macht mir nicht direkt Angst, aber ich gehe mit großem Ernst darauf zu. Mir ist klar geworden, wie wichtig es ist, Menschen um sich zu haben, nicht alleine zu sein. Ich versuche, Beziehungen zu pflegen, in denen ich mich Menschen anvertrauen kann. Ich will nicht nur anderen beistehen, sondern auch andere in Anspruch nehmen, indem ich Nöte und Ängste, die ich habe, ausspreche und mit anderen teile. Ich lasse mir also helfen, um mich vorzubereiten auf eine Situation, wo das einmal sehr dringend notwendig sein kann, nämlich im eigenen Sterben.

Welche Ängste und Nöte durchlebt eine Nonne?

In meinem Leben gibt es immer wieder die Situation, dass ich an der Existenz, an der Nähe Gottes zweifle. Dass mir mein Glaube und dieses Leben in unserer klösterlichen Gemeinschaft ziemlich fragwürdig erscheint. Da stelle ich mich auf eine ganz große Glaubensprobe ein im Sterben, weil das ganze Leben noch einmal auf den Prüfstand kommt. Das geschieht unabhängig davon, ob ich es in dieser Situation noch reflektieren kann. Ich habe auch bei demenzkranken Schwestern erlebt, dass sie es zwar nicht artikulieren konnten, aber doch innerlich in eine Konfrontation mit ihrem Leben oder in eine Fragestellung über ihr Leben kamen. Da lief für uns Begleiterinnen deutlich erlebbar ein Entscheidungsprozess ab.

Woran lesen Sie das ab?

Bei einer demenzkranken Mitschwester daran, dass sie Ringkämpfe führte mit jemandem, den wir nicht sehen konnten. Das ging, medizinisch betrachtet, Richtung Psychose. Sie hat Stimmen gehört und mit jemandem gekämpft. Wir haben anfangs noch versucht, ihr zu sagen: «Da ist doch niemand, Sie brauchen keine Angst zu haben.» Wir haben sie in den Arm genommen, aber sie hat gekämpft, mit wem auch immer, gesprochen, geschrien.

Ich stand hilflos daneben mit allen Medikamenten, aber es war einfach nichts zu machen: Sie musste ihren Weg gehen. Auch das ist eine Erfahrung, die ich immer wieder mache und auf die ich mich vorbereite. Die Vorstellung, man könnte jemanden im Sterben begleiten, finde ich nur bis zu einer gewissen Grenze zutreffend. Jenseits davon muss ein sterbender Mensch den Sprung alleine machen, und jemand muss ihn springen lassen.

Haben Sie in der Kontemplation schon einen Eindruck bekommen, wohin dieser Sprung geht?

Früher hatte ich die Vorstellung, der Körper stirbt, aber die unsterbliche Seele geht zu Gott. Je mehr ich die Bibel kennen lernte, je mehr wir hier theologisch ausgebildet wurden, desto mehr wurde mir vermittelt, dass das eine eher philosophische Konstruktion ist. Von der Bibel, vom Judentum her ist klar: Der ganze Mensch stirbt, Leib und das, was wir gemeinhin Seele nennen. Das heißt, die Vorstellung, was von mir überdauern könnte oder was durch dieses Tor des Todes hindurchgehen könnte, hat sich gewandelt im Laufe meines Klosterlebens. Inzwischen bin ich der Meinung, was in jedem Christen, was in mir überdauern wird, ist nur Jesus Christus und sein Anteil in mir. Es gibt eine Stelle im Galaterbrief, da schreibt Paulus:

> Nun lebe nicht ich,
> sondern Christus lebt in mir.
>
> *nach Galater 2,20*

Das ist für mich eine Schlüsselstelle zu dem, was im Tod geschieht. Alles, was mein alter Mensch ist, wird sterben. Nur was erlöst ist, was Jesus Christus in mir ist, wird auf der anderen Seite des Todes weiterleben. Ich glaube, dass auf der anderen Seite des Todes, jenseits der Tür, wie es im Titel dieses Buches heißt, Gott uns erwartet. Aber ich bin auch sicher, dass es nur durch ein Gericht hindurch geht, dass alles noch geläutert werden muss, was an Egoismus, an falschen Gottesvorstellungen existiert. Alles, was zwischen Gott und mir steht, muss verschwinden.

Letztlich glaube ich, was ich für jeden Menschen guten Willens erhoffe: in Gottes Arme zu fallen. – Ein Gedanke noch dazu: Nach der Regel des heiligen Benedikt beten wir aus Psalm 119, wenn wir die Gelübde ablegen. Das war bei mir, als ich 25 Jahre jung war. Wir stehen mitten in der Kirche und singen mit ausgebreiteten Armen den Vers:

> Nimm mich auf, o Herr, nach deinem Wort, dann werde ich leben! Enttäusche mich nicht in meiner Hoffnung!
>
> *nach Psalm 119,116*

Diesen Vers singen oder beten wir auch, wenn eine Schwester stirbt. In der Frage, was ich jenseits des Todes erwarte, ist das eine Antwort: Die Hoffnung meines Lebens richtet sich auf die Begegnung mit Gott jenseits des Todes. Vorstellen kann ich mir das nicht. Je weniger ich mir das konkret vorstelle, desto näher kommt es wohl an die Realität heran, denn es ist unvorstellbar. Es ist die Welt Gottes.

Da Sie gerade vom Ringen mancher Schwester sprachen und von Dingen, die «hochkommen» können im Sterben: Glauben Sie, es ist ein Problem, nicht rechtzeitig vor dem Tod diese Dinge geordnet zu haben und mit sich und Gott ins Reine gekommen zu sein?

Ich glaube, da ist Sterben der Ernstfall unseres Lebens. Auch im alltäglichen Leben ist für mich viel wichtiger, dass wir erlöst sind, dass wir von Gott geliebt sind, als dass wir schuldig werden, Schuld bekennen und zum Beispiel im Sakrament die Vergebung suchen. Gott schaut zeitlebens über unsere Sünden hinweg, erst recht in unserem Sterben. Es gibt eine Stelle im ersten Johannesbrief, die mir in meinem Leben schon oft geholfen hat und die mir hoffentlich auch im Sterben helfen wird:

> Wenn unser Herz uns auch verurteilt, Gott ist größer
> als unser Herz, er weiß alles.
> *nach 1. Johannes 3,20*

Mehr kann ich dazu nicht sagen. Ich glaube nicht, dass ein «unvorbereitetes Sterben», wie man es früher einmal nannte, ein Hindernis für Gottes Liebe ist. Gott liebt uns, egal wie wir zu ihm gelangen. Ich glaube, was nach meinem Tod noch ausgeräumt werden muss, ist das, was mich selbst hindert, die Liebe Gottes anzunehmen. Wenn der Mensch zu Gott will, wird Gott ihn aufnehmen.

Kapitel 10
Erhard B.:
Irgendwie wird es weitergehen

Vielleicht ist es die lange Zeit ohne freie Begegnung, die ihn innerlich so verkrümmt hat. Annähernd 33 Jahre, die seinem Blick etwas Unstetes gegeben haben, seinen Sätzen etwas Ungefähres, als versuchte er, beim Sprechen möglichst immer die erwünschte Antwort zu treffen. Vielleicht sind es die langen intensiven Sitzungen mit der Sozialtherapeutin, die seine Sprache zu einem Gemisch aus unscharfem Psychologensprech, komplexem Gutachterdeutsch und harmloser Volksweisheit haben mutieren lassen. Vielleicht ist er einfach aus der Übung in einer Umgebung, in der «ein Tag intensiver sein kann als ein Jahr draußen», wie er sagt. Oder es ist das Unwohlsein, mit einem Unbekannten über sein Innerstes zu sprechen, über einen Bereich des eigenen Wesens, der zwei Katastrophen ausgelöst hat im 67-jährigen Leben des Erhard B.?

Vielleicht ist es seine Unfähigkeit, der ganzen Wahrheit standzuhalten. Oder meine Unfähigkeit, die Tür zu finden, durch die ich Zugang finden könnte zu seiner Welt. Was immer es ist, das Erhard und mich auch nach zwei Stunden intensiven Gesprächs voneinander trennt, obwohl wir Knie an Knie in seiner Zelle sitzen, ich kann nichts erspüren, nichts verstehen, ich kann mir keinen Reim auf das machen, was er an Worten zwischen uns aufhäuft, einreißt, neu arrangiert und schließlich wie ein Labyrinth aus Halbsätzen, Widersprüchen und Andeutungen vor mir stehen lässt.

Erhard B. tötet 1978 eine Frau, eine «bestialische Tat», sagt er.

Er sei völlig ausgerastet. Das Urteil lautet auf Mord, lebenslange Freiheitsstrafe.

1998 kommt er in den offenen Vollzug. Wegen Körperverletzung in der Bewährungszeit wird er wenige Jahre später zu sechs Jahren Haft verurteilt und zur Verbüßung weiterer Jahre, die ihm von der ersten Strafe erlassen worden waren.

«Reden Sie nicht von Mord», sagt er sehr leise mit heiserer Stimme, die er unentwegt in den Rauch seiner selbstgestopften Zigaretten hüllt, «reden Sie nicht von Körperverletzung. Diese Begriffe sind in der Öffentlichkeit so verwässert.» Klarere Begriffe wird er mir nicht anbieten können als diese gerichtlich protokollierten. «Wie eine Befreiung» sei die erste Tat gewesen. Vielleicht auch «eine Explosion» all dessen, «was sich über Jahre aufgestaut hatte». Oder auch «ein Schrei nach Hilfe». Fest steht, dass der rundliche ältere Mann mit Halbglatze als junger Kerl eine Frau getötet hat.

Beim Tathergang immerhin wird er konkret: «Ich hatte keine Pistole. Ich habe gebissen, ich habe gekratzt, mit dem Brotmesser zugestochen, ich habe gewürgt, alles, was man machen kann, alles spontan in einer Handlung.» 22 Jahre hat er dafür im Gefängnis verbracht, die letzten vier Jahre als Freigänger.

Sein zweiter Anlauf aufs freie Leben scheitert danach an finanziellen Problemen, an irgendetwas mit einer Gastwirtschaft und eigenem Partyservice, an übler Nachrede, zu viel Alkohol und einer Zufallsbekanntschaft. Das zweite Urteil, diesmal wegen schwerer Körperverletzung. Elf Jahre sind seither verstrichen. «Die Bilder sind natürlich nicht schön, blaue Augen», sagt er über die Beweisfotos der Gerichtsmedizin zum Prozess von 2003. Formuliert er einfach ungeschickt, oder versucht er, das Erschrecken vor der eigenen Tat kleinzuhalten mit diesem Satz?

Die Gefängnisse müssen sich einstellen auf eine wachsende Zahl von Senioren, die ihre Strafen bis ins hohe Alter verbüßen müssen. Im Jahr 2012 saßen mehr als 2000 Männer und Frauen jenseits der 60 hinter Gittern. 1992 waren etwa 1,5 Prozent der Straftäter in Deutschland älter als 60, mittlerweile sind es knapp vier Prozent.

Deutschlands einziges Senioren-Gefängnis steht in Singen im Kreis Konstanz. Die Haftanstalt ist so beliebt, dass sie Wartelisten für die Aufnahme führt. Die Justizvollzugsanstalt in Detmold gehört zu den wenigen Gefängnissen in Deutschland mit einer sogenannten Lebensälterenabteilung. Auch ihre knapp zwei Dutzend Plätze sind unter den betagten Gefangenen in ganz Nordrhein-Westfalen sehr begehrt, weil es hier friedlicher zugeht als anderswo im Strafvollzug. Anstaltsleiterin Kerstin Höltkemeyer-Schwick: «Unsere Gesellschaft altert. Und mit ihr die Klientel der Straftäter.»

Er kann gut damit leben, dass die meisten ihn für einen schlechten Menschen halten, sagt Erhard B. Auch die Justizwachtmeister, die hier Dienst tun im Trakt für die «lebensälteren Gefangenen», wie sie im Behördendeutsch heißen. Eine wachsende Gruppe von Strafgefangenen, für deren Lebensende der Justizvollzug noch kaum passende Lösungen gefunden hat. Denn im Knast sterben soll und will keiner aus der Generation von Erhard. Aber diese Männer sind kaum noch wiedereinzugliedern in eine Welt, die ihnen für Jahrzehnte aus gewichtigen Gründen verschlossen war. Als Pflegebedürftige oder Sterbende können sie nicht im Gefängnis bleiben.

Erhard hat Glück, dass er noch keine 70 ist und anscheinend weit entfernt davon, ein Pflegefall zu werden. Die Beamten in der Justizvollzugsanstalt Detmold, die ihn kennen, schauen skeptisch beim Gedanken, dass Erhard schon bald entlassen wird. Nach langem Kampf mit Menschen, die «Böses in ihren Herzen tragen», wie er sagt, «weil sie nur mein Urteil gelesen haben und mich persönlich gar nicht wahrnehmen wollen als Mensch. Die nehmen nur meine Akte wahr». Sein Bekannter draußen hat versprochen, ihm eine 54-Quadratmeter-Wohnung zu überlassen, sobald er rauskommt. Das verbessert rein theoretisch die Prognose. Wer kann sagen, wie es wirklich in ihm aussieht?

«Ich bin stark», sagt er. «Hoffentlich schwach genug, um keine Gewalttat mehr zu begehen», raunt mir hinter vorgehaltener Hand ein Vollzugsbeamter zu. Die Hälfte seiner Existenz hat Erhard gebüßt für die Zeiten in seinem Leben, in denen er sich schwach gefühlt haben muss, klein und machtlos. Gebüßt für die kurzen Momente, in denen er dennoch jemandem seine Stärke demonstrieren wollte, seine Größe und Macht, gewaltsam, ungehemmt. Jetzt, im letzten Drittel, soll das Leben anders werden. Am besten bis zum Ende, über das ich mit ihm reden will.

Deshalb bin ich hergekommen durch Stahltüren mit klobigen Schlössern, über dröhnende Treppen und schwere Gatter, die vor mir ent- und gleich hinter mir wieder verriegelt werden, bis ich tief in seine kühle, enge, fremde Welt eingedrungen bin.

Erhard wirkt auf mich wie einer, der täglich eine negative Lebensbilanz ins Plus zu drehen versucht. Sein Plan für die Zeit, die ihm noch bleibt: «Dass ich meinen Frieden habe, meine vier Wände, es mir schön machen kann. Dass ich schöne Bücher lesen kann und hören, was ich will. Spazierengehen kann und mich an einen Teich setzen.» Schwer zu sagen, ob der Ton seiner Stimme dabei genügsam oder resigniert klingt.

Wenn jemand über Sie sagt: «Er ist ein Mörder», wie kommt Ihnen das vor?

Erhard B.: Es kommt auf den Zusammenhang an, in welchem Kontext man mich da anspricht. Ist es vorwurfsvoll gemeint oder beleidigend? Ich nehme das hin, und denke mir meinen Teil.

Denken Sie manchmal von sich: «Ich bin ein Mörder»?

Ich verwende diesen Begriff nicht für mich selber.

Warum nicht?

Es gibt eine persönliche Auffassung, und es gibt eine gesetzliche Auffassung, da muss man unterscheiden. Nach dem Gesetz bin ich ein Mörder, weil die Begleitumstände da waren, die die Tat als Mord kennzeichnen. Für mich selber stellt sich das nicht so dar. Das heißt aber nicht, dass ich das beschönigen möchte, dass ich sagen möchte: «Ich habe keinen Menschen umgebracht», oder: «Das ist nicht meine Schuld». Im Gegenteil. Ich denke, ein Mörder handelt nach landläufiger Meinung eiskalt und bringt einen Menschen um, ohne Gewissensbisse, um sich irgendwelcher Dinge zu bemächtigen oder irgendetwas anderes zu erreichen. Aber bei mir war es eine Konflikttat, eine von menschlichen Dingen begleitete Tat. Ich wollte keinen Menschen umbringen. Trotzdem habe ich es getan in dieser Situation.

Der Gesetzgeber hat das Gefängnis erfunden, um Sie büßen zu lassen für Ihre Tat. Hat die Haft einen anderen Menschen aus Ihnen gemacht?

Das bleibt nicht aus, zwangsläufig. Man ist nicht mehr in Freiheit, man ist in seinem täglichen Leben unter Druck gesetzt. Man ist gefangen und unter Druck gesetzt. Dann fragt man sich zwangsläufig – jedenfalls ich: «Was ist passiert? Was hast du gemacht?»

Am Anfang der Haft ist es, kann ich mich erinnern, sehr schwierig, damit umzugehen, weil man das für sich selber gar nicht für möglich hält und es einen erschlägt, erdrückt. Ich denke, daher kommen auch viele Suizidversuche oder Suizide, weil plötzlich dieses Erkennen da ist, was man gemacht hat. Der Mensch spürt plötzlich, was er getan hat. Jeder ist irgendwo noch Mensch, egal, was er gemacht hat.

Wie hat sich Ihr Gewissen in den letzten Jahren geäußert?

Auf vielfältige Weise, weil der Zeitraum so lang ist. Zu lang, um es mit zwei Worten zu sagen. Meine Frau war noch da und der kleine Junge, das war ein Halt. Ich habe mich immer danach gesehnt, dass sie zu Besuch kommen, damals waren die Besuchszeiten noch kurz, 15 Minuten. Ich habe gemerkt, dass der Kleine sehr darunter gelitten hat, weil er immer, wenn meine Frau nach Hause ging, gerufen hat: «Ich will zu meinem Papi!», so hat sie es mir hinterher erzählt. Und dann haben wir uns darauf verständigt, dass es so nicht weitergeht, dass es eine Quälerei für den Jungen ist, und dann beschlossen: Wir lassen uns scheiden. Ich habe das nur mit Arbeit überbrücken können. Ich habe mich zur Küche gemeldet und über die Maßen gearbeitet, so dass ich am Abend so erschöpft war, dass ich nicht mehr viel denken konnte.

Im Schlaf haben Ihre Gefühle Sie nicht verfolgt?

Nein, aber wenn Sie zur Ruhe kommen und die Gedanken kreisen, dann finden Sie keinen Anfang und kein Ende. Immer wieder taucht diese Frage auf: «Was hast du gemacht?», und dieser Schuldvorwurf. Die Vorstellung, jemanden getötet zu haben, ist gar nicht so leicht zu verarbeiten. Es ist ein Prozess, der dauert schon einige Jahre. Man kann es dann schrittweise verarbeiten, aber die Gewissheit ist heute noch da. Das ist im Herzen drin, im Bauch drin.

Nun könnte man meinen, das hätte sie geläutert, aber die zweite Chance haben Sie auch verspielt.

So möchte ich das aber nicht sehen. Es war eine Tragik, eine Verkettung von Dingen, die ich nicht voraussehen konnte.

Das muss Sie aber noch einmal auf die Frage zurückgeworfen haben: «Wer bin ich?»

Ja. Ich habe in meiner Jugend viel erlebt, bin hin und her geworfen worden. Ich habe nicht so richtig gewusst, wer ich bin, was ich bin und was ich will. Der Wille war schon da, aber ich hatte nie die Möglichkeit, das umzusetzen vom Intellektuellen her, weil ich gar nicht die entsprechende Schulausbildung hatte damals. Das habe ich übrigens hinterher nachgeholt. Es ist alles ein Prozess gewesen über 15 oder 20 Jahre, nimmt man meine Jahre als Kleinkind dazu. Wenn man einen Menschen immer nur wegstößt ...

Der Rahmen ist gepflegt, der ist gut: Haus und Auto, Blumen und Kuchen und Urlaub und alles. Aber innerlich ist der Kern faul. Und dann wird man immer nur weggestoßen, und die eigene Schwester wird bevorzugt, weil sie schon älter ist und die Verwandtschaft meiner Mutter mich als Bastard bezeichnete, obwohl ich keiner war.

Wenn man nur geschlagen und getreten wird und letztlich mit zwölf Jahren aus dem Haus wegrennen muss bei Nacht und Nebel und die Mutter vorher schon weg war. Man muss dann aus dem trotzdem behüteten Rahmen einer Kleinstadt plötzlich in eine Großstadt und will dann zu seiner Mutter in der Hoffnung, dass sie einen zumindest aufnehmen wird, und dann wird man gleich der Tür verwiesen: «Hier kannst du nicht bleiben», und steht mit seinem kleinen Campingbeutel, einer Hose und ein bisschen Unterwäsche und 40 Mark auf der Straße ... Das waren damals noch andere Zeiten. Das war für mich ein Schock.

Da ist etwas kaputtgegangen.

Ja, die letzte Hoffnung auf Zuneigung, darauf, irgendwo in einem Rahmen zu bleiben. Es ist heute noch schwer, wenn ich daran denke.

Diese Erfahrungen sind Ihnen heute mit 67 Jahren noch sehr präsent.

Ja, in allen Einzelheiten.

Der Lebensabschnitt, der vor Ihnen liegt, nennt sich das «letzte Lebensdrittel». Wenn das Leben eines Tages endet, was wird dann bleiben von diesem Leben? Bewegt Sie diese Frage?

Ja, in den letzten Jahren sehr intensiv, weil ich ein neues Empfinden habe. Man sieht die Dinge gelassener. Was ich da erlebt habe als kleiner Junge, das schmerzt immer noch. Es wird auch noch schmerzen, wenn ich auf dem Sterbebett liege. Man hat verziehen, aber man kann es ja nicht aus der Welt schaffen. Man muss nur vernünftig damit umgehen.

Wie?

Indem man diese Dinge nicht sein Leben bestimmen lässt.

Was bestimmt heute Ihr Leben?

Meine Zukunft, mein Heute, mein Jetzt. Sechs Monate plane ich im Voraus, aber darüber hinaus – kann ich nur locker bleiben.

Was ist jetzt Ihr Ziel?

Ich möchte meine begleiteten Ausgänge hinter mich bringen, und dann hoffe ich, dass ich bald einen Termin habe bei der

Strafvollstreckungskammer. Dass ich dann ein Entlassungsdatum bekomme, damit ich nicht im luftleeren Raum schwebe.

Denken Sie manchmal an Ihren eigenen Tod?

Ich habe schon oft daran gedacht. Ich habe ihn auch schon oft vor Augen gehabt. Ich bin da immer ganz gut wieder rausgekommen. Wenn man durch den Feuerbach geht und wieder rauskommt, dann sollte man ein Stück stärker sein.

Das ist bei Ihnen so?

Ja, ich habe jedes Mal ein Stück dazugelernt.

Ist die Gewissheit für Sie bedrohlich, dass Sie einmal sterben werden?

Nein, überhaupt nicht. Ich bin in Situationen in meinem Leben gewesen, wo ich versagt habe. Ich bin in Situationen gewesen, wo ich leichtfertig, schuldhaft Dinge getan habe, die nicht in Ordnung waren. Aber das Leben ist ein Prozess. Wenn alles glatt laufen würde, gäbe es keine Gefängnisse, keine Gerichte und keine Scheidungen. Wichtig ist, dass man daraus lernt, dass man eine Entwicklung macht. Wenn ich Erfolge sehe und spüre, dann ermutigt mich das.

Welchen Erfolg sehen Sie?

Ich bin hergekommen, weil es das Angebot einer sozialtherapeutischen Begleitung gab und eine Einzelbetreuung. Das habe ich wahrgenommen, fast vier Jahre lang jede Woche. Das war nicht einfach. Die Therapeutin hat mit mir zu kämpfen gehabt und ich mit ihr, aber nach und nach hat sie es verstanden, mich zu nehmen, wie ich bin. Dadurch hat sich bei mir aber auch eine Veränderung eingestellt. Schrittweise war ich in der Lage, die

Dinge auch von der anderen Seite aus zu betrachten: Wie sieht mich mein Gegenüber? Wie kommt das bei anderen an? Und auch die tieferen Gründe meines Scheiterns hat sie mir vor Augen geführt.

Was sind die tieferen Gründe Ihres Scheiterns?

Dass sich in den entscheidenden Momenten, wo ich hätte aufhören müssen, weitergemacht habe. Da, wo ich an mein eigenes Wohlbefinden hätte denken müssen. Mit 20, 25 sieht man die Dinge noch anders. Man ist noch stark und mutig und kampfbereit und will alles noch erreichen und denkt, man hat die Welt noch vor sich.

Wie denken Sie heute über den jungen Erhard, der Schuld auf sich geladen hat?

Ich denke, er hätte es mal ein bisschen ruhiger angehen lassen sollen und nicht zu viel auf einmal machen. Ein bisschen bescheidener sein, das hätte schon viel geholfen. Er hätte vielleicht auch mal Hilfe in Anspruch nehmen sollen, sich an eine Stelle wenden oder an Menschen, mit denen er sich hätte aussprechen können. Und die eigenen Schwächen und den eigenen Zustand zugeben. Jemand hätte ihm mal sagen können: «Spinne dir nicht selber etwas vor, du hast zwar Geld, aber im Grunde hast du gar nichts. Du bist unreif, hast keinen Beruf, du bist nicht sozial integriert, hast kaum Freunde, fast nur Zufallsbekanntschaften. Wo stehst du überhaupt?» Das hätte ich mal so überlegen sollen, um zu merken: Du bist ein armes Würstchen im Prinzip.

Der Gedanke ans Sterben macht Ihnen keine Angst?

Nein, nicht mehr.

Er hat Ihnen mal Angst gemacht?

Ja, natürlich, wie jedem Menschen. Mir hat es mal Angst gemacht im Zusammenhang mit meinen Taten, mit meinem Leben. Das ist erdrückend, man kann dann nur weinen.

Das ist heute nicht mehr so?

Doch, natürlich ist es noch da. Ich habe jetzt auch ein komisches Gefühl, und sofort ist wieder eine gewisse Traurigkeit da. Aber ich habe immer große Stücke auf Jesus Christus gehalten, auf die Zehn Gebote. Ein Priester hat mir die Botschaften von Jesus Christus vor Augen geführt, diese Einfachheit: dass nicht nur Bestrafen, sondern auch Verzeihen darin ist, auch Liebe darin steckt. Aber man muss es auch wollen, man muss auch erkennen können, was man gemacht hat. Man muss zu seiner Schuld stehen, was nicht immer einfach ist.

Was, glauben Sie, kommt nach dem Sterben auf Sie zu?

Das kann ich nicht sagen, aber ich hoffe ein Stück Vergebung, ein Stück Liebe.

Das hieße, es geht danach weiter für Sie.

Ach ja, in irgendeiner Form vielleicht doch. Ich habe das Gefühl, dass es eine Macht gibt, die das Ganze mit Sinnhaftigkeit durchtränkt, obwohl die Welt doch ziemlich böse aussieht.

Haben Sie Gott jemals gebeten, Ihnen zu verzeihen?

Ja, oft.

Warum?

Weil ich nicht mehr konnte. Ich habe mal einen Selbstmordversuch unternommen nach zwei Jahren im Gefängnis. Ich konnte diesen Zustand nicht mehr ertragen. Ich hatte das Gefühl zu sterben. Ich bin dann in eine Ohnmacht gefallen. Ich habe kurz vorher noch gebeten um Verständnis für mich selber, weil ich nicht mehr konnte.

Wen?

Gott.

Und haben Sie eine Antwort bekommen?

Komischerweise ja. Ich bin einfach eingeschlafen. Ich bin wieder wach geworden, und in diesem Zustand habe ich dann gemerkt: Irgendwie wird es weitergehen. Und auf einmal hatte ich wieder ein bisschen neue Kraft.

Haben Sie jemals darüber nachgedacht, ob Sie im Jenseits Ihrem Opfer begegnen werden, und wie das sein würde?

Ja, klar, sicher. Ich denke, es zählen dann andere Sachen, nicht der Augenblick der Tat oder der Wut darüber oder dieser Hass mir gegenüber oder die Enttäuschung oder das Entsetzen, all das Schreckliche, sondern es zählt dann nur das Verständnis für den anderen. Und wenn mein Gegenüber sieht, dass ich bereue, steht der Friede an erster Stelle und die Liebe.

Wie möchten Sie einmal sterben?

Das muss ich dem lieben Gott überlassen. Friedlich einschlafen?

Soll jemand dabei sein?

Muss ich nicht haben.

Wie soll es Ihnen dabei gehen?

Körperlich: keine Schmerzen. Vom Seelischen her: ruhigen Gewissens.

Wie bekommen Sie ein ruhiges Gewissen?

Ich habe meinen Frieden geschlossen mit mir selber. Ich habe mir verziehen. Ich habe alles gemacht, um den Dingen auf den Grund zu gehen, wo meine Defizite, meine Schwächen waren, und ich habe das wirklich bis ins letzte Zipfelchen aufgearbeitet. Ich denke, jetzt ist es genug.

Kapitel 11
Lothar Dzialdowski:
Ein Schreckensthema

Lothar Dzialdowski ist eine sanftmütige Erscheinung, hochgewachsen wie ein Basketballer und dank seiner geschwungenen Lippen einer, von dem stets ein leises Lächeln auszugehen scheint. Er war Mitte 30, als er die katholische Seelsorge im Gefängnis Detmold übernahm, anfangs neben seiner Arbeit in der Gemeinde. Seit sechs Jahren ist er nur noch für die Gefangenen da, in Detmold für etwa 160 Männer und Frauen. Im etwa 40 Autominuten entfernten Bielefeld-Brackwede für weit mehr, denn die Justizvollzugsanstalt hat eine «Belegungsfähigkeit» von rund 550 Plätzen.

«Als Seelsorger verurteile ich die Menschen nicht, obwohl ich viele der Taten verabscheue», sagt er. «Ich möchte sie in ihrem Menschsein ernst nehmen, auch in ihrer Gebrochenheit und mit ihren Abgründen.» Er hilft, den Kontakt zu den Familien zu halten, begleitet Freigänger, unterstützt diejenigen, die nach langer Haft entlassen werden und sich draußen kaum zurechtfinden. Einem betagten Strafentlassenen hat er mit viel Mühe sogar einen Platz in einem Altenheim vermitteln können, trotz aller Bedenken der Heimleitung. Der Diakon tut all das im festen Glauben, dass «die Zuwendung Gottes durch keinerlei menschliches Verhalten versiegt».

Dass Erhard B. zum Zeitpunkt unseres Gesprächs auf eine Perspektive in Freiheit hoffen darf, hat er auch dem katholischen Gefängnis-Seelsorger Lothar Dzialdowski zu verdanken. Denn der unterstützt den Kochkurs «5+5» (fünf von draußen, fünf von drinnen), in dem Ehrenamtliche gemeinsam mit Gefangenen anspruchsvolle Menüs fertigen. In der acht Quadratmeter großen Abteilungsküche, die ein Sponsor der JVA Detmold gestiftet hat, ist Erhard einem Mann begegnet, der bereit ist, ihm nach der Freilassung eine Wohnung zur Verfügung zu stellen.

Dem Tod hinter Gittern ist Lothar Dzialdowski zum ersten Mal kurz vor dem Sonntagsgottesdienst begegnet. «Ich wartete, dass die Gefangenen nach der Freistunde hochkommen. Aber es kam eine Kollegin angerannt und rief: ‹Wir haben einen Suizid!›»

Tod durch Herzstillstand, später einer durch Lungenembolie, der Diakon scheint diese Fälle besser zu verkraften als manche der «lebensälteren» Gefangenen. Sie werden mit der harten Möglichkeit konfrontiert, dass ihr Leben nicht in Freiheit enden könnte, sondern auf einer Bahre hinter Gittern.

«Aus meiner eigenen Biografie heraus gehe ich mit dem Tod eher sachlich um», sagt Lothar. «Mein Vater ist verstorben, da war ich zehn Jahre alt. Für mich war das damals etwas Erlösendes, weil er kein guter Vater war.»

Der Seelsorger hat sich auch schon Gedanken gemacht über die Zukunft der Seniorengefängnisse. Die Anstaltsleiterin hofft, dass ihr das Justizministerium eines Tages den rollstuhl- und rollatorgerechten Umbau der Altenabteilung genehmigt, vielleicht sogar eine Pflegestation. Der Diakon denkt noch größer: «Meine persönliche Vorstellung ist: Nach der Lebensälteren-Abteilung muss es auch ein Hospiz für Gefangene geben.» Er wünscht sich, dass auch Menschen in Haft oder in Sicherungsverwahrung «gut und würdevoll von der Welt Abschied nehmen können. Die Männer und Frauen brauchen im Leben wie im Sterben jemanden, der sie begleitet und ihnen zuhört».

Ist Sterben ein Thema für die lebensälteren Gefangenen?

Lothar Dzialdowski: Das Thema wird im Vollzug vermieden, weil es ein Schreckensthema ist. In erster Linie für die Bediensteten. Die Gefangenen haben Angst davor, hier will keiner sterben. Hier soll und darf auch keiner sterben. Der Leiter einer Justizvollzugsanstalt braucht ein starkes Rückgrat, um damit umzugehen, wenn jemand sagt: «Ich möchte hier sterben.» Man muss wissen, hier sind am Abend um neun die Zellentüren verschlossen. Aber bei einer Sterbebegleitung kann ich nicht abends um neun die Tür zumachen und um sechs Uhr am Morgen wieder öffnen. Ich denke aber, es ist eine Herausforderung, die irgendwann auf uns zukommen wird. Im Moment ist das auch medizinisch nicht zu leisten.

Wenn ich mit jemandem hier sitze, der Ende 60 ist und lebenslänglich bekommen hat, dann kann das bedeuten: Der sitzt hier, bis er 80 ist. Wenn wir in Deutschland «lebenslänglich» hören, sagen wir: «Das sind ja nur 15 Jahre», aber das stimmt nicht. Die durchschnittliche Verweildauer bei lebenslänglich liegt in Deutschland bei mehr als 22 Jahren. Wenn ich mit lebensälteren Gefangenen darüber die Perspektiven bespreche, höre ich immer: «Ich habe die Hoffnung, noch mal rauszukommen. Ich will das hier durchstehen, ich will überleben.» Hier sterben, das will keiner.

Aber es begehen auch Gefangene Selbstmord. Warum?

Es gibt nur einen Grund, warum Menschen sich das Leben nehmen, und das ist Hoffnungslosigkeit. Wenn ich keine Hoffnung mehr habe, dass mein Leben sich maßgeblich zum Guten wendet. Das ist in der Untersuchungshaft besonders schlimm. Weil Menschen sich auf einmal in der Auseinandersetzung mit Scham befinden und mit Schuld; sie sind angeklagt, der Öffentlichkeit ausgesetzt, und nichts wird mehr so sein, wie es war. Das ganze Leben ist total umgekrempelt.

Wenn jemand mir sagt: «Ich bringe mich um», bedeutet das: «Ich möchte mit jemandem reden, ich brauche Hilfe.» Dann gehe ich in den intensiven Kontakt und begleitete Leute und spreche mit ihnen, damit sie sich nicht töten. Das hat bislang auch immer geklappt. Wer diesen Gedanken äußert, ist noch auf dem Weg dorthin, und sobald er Begleitung erfährt, kann man sie auch begleiten, dass sie wieder einen Wert im Leben erkennen.

Sprechen mit Ihnen Menschen im Gefängnis über moralische Schuld jenseits der juristischen Schuld? Über Vergebung?

Vor Gericht erfahren die Männer und Frauen keine Vergebung. Es ist aber wichtig, Vergebung zu erfahren, um nach vorne schauen zu können. Sehr viele Gefangene setzen sich tatsächlich mit ihrer Tat auseinander. Ich habe noch nie so viele Männer weinen sehen wie hier. Es ist für sie ein stetiger Kampf mit sich selbst, mit ihrem Leben, mit der Frage: «Hätte ich nicht auch anders handeln können?»

Ich erlebe auch nirgendwo so viele Leute, die beichten wollen. Das ist für diese Männer wichtig. Ich als Diakon darf die Beichte nicht hören und rufe deshalb den benachbarten Priester. Der sagt mir: «Wenn ich hier war, muss ich danach Feierabend machen. So etwas Intensives erlebe ich sonst nicht.»

Was erleben die Gefangenen in der Beichte?

Für sie ist das super. Wir haben hier eine externe Psychotherapeutin, die mich manchmal fragt: «Wäre es nicht eine Möglichkeit, dass dieser oder jener Gefangene beichten geht?» Für Gefangene, die hingehen, ist es eine Erleichterung, das mal so loszuwerden, was sie bedrückt. Es gibt auch Menschen, die über das, wofür sie verurteilt wurden, hinaus beichten wollen.

Die Frage der Schuld als Lebensschuld begegnet uns häufig: «Was habe ich eigentlich aus dem gemacht, was mir geschenkt worden ist?» Ich erlebe häufiger Männer, die immer wieder in den Vollzug kommen und sich fragen: «Warum schaffe ich das eigentlich nicht?» Ich antworte dann: «Wer sagt denn, dass das Leben außerhalb des Vollzugs das richtige Leben ist? Sie werden straffällig, und Ihr Leben findet überwiegend im Strafvollzug statt. Aber auch hier leben Sie.»

Ich ertappe mich dabei zu denken, dass Gott mir meine Sünden leichter vergeben könnte als einem Strafgefangenen, weil sie nicht mit Kapitalverbrechen verbunden sind. Kennen Sie das?

Ja, ich kenne das, und ich versuche es zu ändern, seit ich hier bin. Denn ich weiß, meine Jugendgeschichte hätte es durchaus zugelassen, hier zu landen. Es ist immer eine Herausforderung, den Menschen hier zu signalisieren, dass ich eben nichts Besseres bin. Wir begegnen uns mit Respekt, auf Augenhöhe. Ich kann ja auch nur authentisch von einem liebenden Gott erzählen, wenn ich selbst das Signal weitergebe.

Was sagen Sie den Menschen im Gefängnis von Gott?

Wenn ich von Gott spreche, dann von einem liebenden Gott, nicht von einem strafenden. Von einem Gott, der gesagt hat: «Ich nehme dich an, und ich nehme dich in meine Arme.» Einer meiner Kollegen hat einmal gesagt: «Ich kann nirgendwo so nah am Evangelium arbeiten in meiner Tätigkeit als Seelsorger wie im Gefängnis.» Jesus setzt immer den Menschen über das Gesetz. So begegnet er den Menschen. Ich sage: «Wenn du möchtest, landest du in den liebenden Armen Gottes.» Das kann dahin führen, dass jemand sagen kann: «Das Leben endet nicht mit dem Tod, es geht weiter.»

Es gibt Menschen, die wollen dann Begleitung. Jemanden, bei dem sie sich ausheulen können oder auskotzen. Mit dem sie auch über Glauben, Sterben, Tod, Perspektiven reden können. Es wird oft unterschätzt, wie wichtig es ist, sich etwas von der Seele zu reden. Auch für mich übrigens.

Kannst du zuversichtlich sterben, wenn du nicht Frieden gemacht hast mit Gott?

Die Frage ist: Muss ich mit Gott meinen Frieden machen oder mit mir selbst? Gottes Angebot gilt immer. Voraussetzung ist, dass du für dich erkennst, dass es nicht in Ordnung war, was du getan hast. Ich muss für mich die Gewissheit haben und den Glauben, dass es diesen Gott gibt. Und wenn ich diese Überzeugung habe, dann kann ich ruhig sterben.

Ich begleite Gefangene, die haben schwere Straftaten begangen, sie sind sich ihrer Schuld bewusst, wissen genau: Das war schlimm, und sagen: «Das kann Gott nicht vergeben!»

Es übersteigt unsere menschliche Vorstellung, aber Gottes Vergebung ist größer als die Vergebung von Menschen. Erst wenn der Mensch sich selbst vergeben kann, kann er auch glauben, dass Gott ihm vergibt.

Kapitel 12
Dr. Nannette Bernales-Banez & Geri Antrobus:
Hör mir zu

Nannette Bernales-Banez beschreibt sich selbst als «Asiatin», als wir uns drei Tage vor unserer ersten Begegnung per Mail zum Mittagessen beim Italiener in Newport on the Levee verabreden, am Südufer des mächtigen Ohio. Wahrscheinlich hätte ich sie auch ohne diesen eindeutigen Hinweis erkannt, denn als sie pünktlich zur vereinbarten Zeit das Restaurant *Brio* betritt, verbreitet sich gleich etwas von ihrer Quirligkeit im gesamten Saal. Sie ist vielleicht Ende 40, keine 1,65 groß, aber einfach nicht zu übersehen. Gleich hinter ihr, zwei Köpfe größer und anscheinend einige Jahre jünger: Geri Antrobus, hellbraune Lederjacke an einem Oberkörper, der jeder austrainierten 400-Meter-Läuferin zur Ehre gereichen würde, und mit dem gleichen offenen Gesichtsausdruck, der zur amerikanischen Kultur gehört wie die Vorstellung mit Vornamen.

Die zwei kommen als Team, denn so arbeiten sie seit 2011 täglich im *Hospice of the Bluegrass* im Norden des Bundesstaates Kentucky, einer von mittlerweile mehr als 5500 Hospizgesellschaften in den USA. Zwei starke Frauen, die ich im Dunkeln sofort nach dem Weg fragen würde, selbst wenn ich mich nicht verlaufen hätte. Dr. Nannette Bernales, leitende Palliativärztin mit 15 Jahren Berufserfahrung in der Allgemeinmedizin, und die Sozialarbeiterin Geri Antrobus, die seit Mitte der 1990er ihre Expertise in allen juristischen und sozialen Fragen des Familienlebens ausgebaut hat.

Heute, da Sie dieses Interview lesen, arbeitet Geri im Kinderkrankenhaus von Cincinnati, am Nordufer des Ohio, der nur wenige Meter vom Restaurant entfernt vorbeiflutet.

Fast sechseinhalb Jahre lang hat sie sich in der Hospizgesellschaft um alles gekümmert, was immer in Familien zu klären ist, die sich gerade von Grandpa oder Mom oder Dad verabschieden müssen. Oder – und das scheinen auch für diese beiden starken Frauen die bedrückendsten Erfahrungen zu sein – wenn ein Kind stirbt. Dann kämpft Geri für dessen Rechte und Nannette gegen die körperlichen und seelischen Schmerzen des Patienten.

Schon während des Essens muss ich mich von Illusionen verabschieden, die mir vor dem Espresso noch gar nicht bewusst waren. Die naive Vorstellung, das Leid des eigenen Kindes mache aus den Eltern automatisch bessere Menschen voller Mitgefühl und Hingabe. «In der Regel ist das so», sagen Nannette und Geri. Aber sie haben auch Fälle erlebt, in denen die Mutter dem eigenen unheilbar kranken Kind die Opioide stiehlt, um die eigene Drogensucht zu stillen.

Und als ginge es um ausgleichende Generationen-Ungerechtigkeit, erfahre ich wenig später, dass auch schon mal einem Halbwüchsigen das angesagte Kapuzenshirt wichtiger war als Omas Tumorschmerzen. Weshalb er Grandmas Morphin-Kapseln an den nächstbesten Junkie verkloppte. Es ist nicht alles gut in der ambulanten Palliativpflege zu Hause.

Aber wir wollen über die Normalität des Sterbens in Amerika sprechen, über Ängste und Nöte, Hoffnungen und Glück im Angesicht des Todes. Und, womit sich in den USA viele leichter tun als in Europa: darüber, was das alles mit Gott zu tun hat.

> Die Hospizbewegung in den USA blickt bereits auf vier Jahrzehnte Geschichte zurück. Im Jahr 1974 entstanden die ersten Initiativen, die sich ausschließlich der Betreuung unheilbar Kranker und Sterbender widme-

ten. Heute sind in allen Bundesstaaten Hospizinitiativen aktiv, mehr als 5500 zählte der amerikanische Dachverband NHPCO zu Beginn dieses Jahrzehnts – und mehr als 1,5 Millionen Palliativpatienten im Jahr 2012.

Die Patienten sind durchschnittlich 19 Tage lang in der Obhut erfahrener Spezialisten, die sich um alle Aspekte der letzten Lebensphase kümmern. Die interdisziplinären Teams bekämpfen vorrangig Schmerzen und kümmern sich um alle seelischen und geistigen Nöte ihrer Patienten. Sie beraten aber auch die Angehörigen in allen Fragen betreffend Pflege und Familienleben. Deshalb gehören in der Regel auch Sozialarbeiter zu den Hospizgruppen.[16]

Besonders gerne frage ich Menschen mit Ihrer Erfahrung: Haben Sterbende Sie etwas gelehrt?

Geri Antrobus: Oh ja. Wo soll ich anfangen? Ich habe gelernt, was es bedeutet, in Würde zu sterben, in liebevollen Beziehungen. Ich habe aber auch gelernt, Beziehungen abzuschließen oder in Ordnung zu bringen.

Wir hatten unlängst einen Herrn in unserer Obhut, der wenige Wochen vor seinem Tod noch sehr heftig mit seiner Tochter gestritten hatte. Er ist letzten Dienstagnachmittag gestorben und wollte vorher noch unbedingt die Sache mit seiner Tochter in Ordnung bringen. Diese Begebenheit zeigt mir, dass ich geliebten Menschen sagen sollte, wie viel sie mir bedeuten. Und dass ich mich bemühen sollte, falls sich in einer Beziehung eine Kluft auftut, diese möglichst zu überbrücken.

Bedeutet das, wir können nicht sterben, solange wir nicht Frieden mit den Dingen und Menschen in unserer Umgebung gefunden haben?

Geri Antrobus: Nein, das bedeutet es nicht. Wir leben in einer unvollkommenen Welt. Ich erinnere mich an einen Mann, der ein wirklich schreckliches Leben hinter sich hatte. Er hatte sechs oder sieben Kinder, er hatte seine Frau so schwer misshandelt, dass sie ein weiteres Kind verloren hatte. Und er ist im Pflegeheim einen ziemlich hässlichen Tod gestorben. Er war ruhelos, aufgewühlt, konnte einfach keinen Frieden finden. So etwas kann immer wieder vorkommen. Ich glaube, unsere Art zu leben beeinflusst unsere Art zu sterben.

Sie kennen auch Fälle, in denen der christliche Glaube den letzten Lebensabschnitt deutlich geprägt hat.

Dr. Nannette Bernales: Das war eine Dame, die lange in einer Pflegeeinrichtung gelebt hatte. Auf der Station hörte ihr Herz plötzlich auf zu schlagen. Kein Puls, keine Atmung. Sie wurde wiederbelebt und erzählte danach, sie sei an einem sehr düsteren Ort gewesen, in einem Raum voller Rauch, darin irgendetwas, das sie im Flug streifte. Das hat sie sehr verängstigt.

Sie kam danach ins stationäre Hospiz, und es stellte sich heraus, dass sie Jahre zuvor, nach ihrer Ehescheidung, aus der katholischen Kirche ausgetreten war. Das muss sie sehr belastet haben. Also haben wir ihrem Wunsch gemäß einen Priester dazu bewegt, sie zu besuchen, um ihr die Beichte abzunehmen und ihr Vergebung zuzusprechen. Der Priester versicherte ihr, dass sie immer zur katholischen Kirche gehört hatte, und nach dieser Zusage erholte sie sich so dramatisch, dass sie das Hospiz noch einmal verlassen konnte. Einige Monate später erst kam sie zurück, bettlägerig. Sie ist dann im Beisein des Personals einen sehr friedlichen, sanften Tod gestorben.

Glauben Sie, die alte Dame hatte nach ihrem plötzlichen Herztod eine Offenbarung, oder haben sie ihre eigenen Schuldgefühle in den Tod verfolgt?

Dr. Nannette Bernales: Ich glaube, sie hat etwas Reales erlebt. Für mich war das wahr, denn wir kennen andere Schilderungen von Nahtoderlebnissen, die sich deutlich von denen der alten Dame unterscheiden.

Ich erzähle Ihnen noch eine Geschichte: Wir hatten eine Patientin, deren Enkelin ich gut kenne. Sie pflegte ihre Oma zu Hause, die an Demenz litt und seit Monaten nicht mehr sprach. Als es zu Ende ging – die Oma aß und sprach schon lange nicht mehr –, öffnete sie plötzlich die Augen, rief den Namen ihrer Schwester und sagte: «Du siehst nicht gesund aus.»

Zwei Tage später nehme ich eben diese Schwester im Hospiz auf und unterhalte mich mit deren Tochter, die mir erzählt: «Es ist etwas sehr Merkwürdiges passiert: Meine Mutter sagte mir, ihre demente Schwester hätte ihr gesagt, sie sehe nicht gesund aus. Aber die beiden haben sich seit Monaten nicht mehr gesehen, geschweige denn telefoniert, denn sie lebten ungefähr 15 oder 20 Meilen voneinander entfernt, und die demente Schwester hatte ohnehin seit längerem nicht mehr gesprochen.»

Am Freitag starb die eine Schwester zu Hause, am Sonntag die andere im Hospiz.

Wie würden Sie das nennen?

Geri Antrobus: Wir haben dafür einen Begriff ...

Nannette Bernales: ... wir nennen das *spiritueller Besuch*.

Geschieht so etwas häufig?

Dr. Bernales: Sehr häufig. Es ist ein Zeichen, dass der Tod bevorsteht. Es ist weit verbreitet, dass Sterbende mit ihren Liebsten sprechen, die manchmal weit entfernt leben oder sogar bereits verstorben sind. Als würde dieser geliebte Mensch sie erwarten, um sie zu begleiten ins Jenseits. Oder wie immer Sie das nennen wollen.

Geri Antrobus: Ich erinnere mich an einen 31-Jährigen aus einer ländlichen Gegend, der HIV-positiv war. Alle medizinischen Werte zeigten, dass er im Sterben lag. Er rief mich zu sich und erzählte mir, er habe Wolken gesehen, Leute in weißen Gewändern, prachtvolle Gebäude. Und er habe eine Stimme gehört, die ihm sagte: «Deine Zeit ist noch nicht gekommen.» Er hatte wegen seiner Homosexualität eine schwierige Beziehung zu seiner Mutter. Die Stimme habe ihm gesagt: «Du hast noch ein paar Tage, um dich mit ihr zu versöhnen.» Die beiden haben das wirklich geschafft, und er ist sehr friedlich im Beisein seiner Mutter gestorben.

Sie wollten mir noch eine Begebenheit erzählen, die zeigt, wie wichtig es für die Angehörigen ist loszulassen.

Geri Antrobus: Sie meinen die Sechsjährige, die einen Hirntumor hatte. Sie war zu Hause mit Vater und Mutter und drei Brüdern, die einzige Tochter, Papas Prinzessin. Als es zu Ende ging, wich die Mutter tagelang nicht von der Seite ihrer Tochter. Die Kleine lag im Bett, Mama neben ihr, der Vater hielt ihre Hand. Der Kinderarzt kam zur Visite und sagte der Mutter: «Sie sollten endlich mal etwas essen, Ihre Tochter würde nicht wollen, dass Sie ihretwegen hungern.»

Sie zögert, aber schließlich geht sie mit dem Arzt ins Erdgeschoss, um sich auf die Schnelle zu stärken. In diesen Minuten haben auch Dr. Bernales und ich bei der Kleinen gesessen. Das Mädchen öffnet auf einmal die Augen, blickt den Vater an und – tut den letzten Atemzug. Ein wundervoller Augenblick. Ich denke, das Mädchen wollte seine Mom schützen. Die Mutter hat es mit viel Würde getragen und sich seither in der Kinderkrebshilfe engagiert. Eine wirklich schöne Erfahrung.

Demnach können Sterbende auch ihre Angehörigen etwas lehren.

Dr. Bernales: Wir alle lernen von ihnen. Ich war 27 Jahre lang Hausärztin, bevor ich in die Palliativmedizin und ins Hospiz gewechselt bin. Ich dachte, ich verstünde etwas von Medizin und wüsste *ein wenig* übers Sterben. Jeder Patient hat mich seither etwas über mich selbst gelehrt: Ich bin den Menschen schon immer zugewandt, blieb aber körperlich früher immer etwas auf Distanz. Ein Handschlag war schon das Persönlichste, was ich im Umgang mit anderen zugelassen habe, bevor ich ins Hospiz ging. Diese Distanz ist völlig verschwunden. Ich habe gelernt, dass meinen Patienten die Kunst, sich berühren zu lassen, sehr viel bedeutet. Die Berührung einer Hand oder ein Kuss auf die Stirn können so unendlich viel mehr ausdrücken als die besten Worte.

Einer meiner Patienten in der Hausarztpraxis hatte Kehlkopfkrebs. Er entschied, ab einem gewissen Zeitpunkt keine Behandlung mehr zuzulassen. Als er ins Hospiz kam, konnte er kaum noch schlucken. Es ging ans Sterben, und er weigerte sich, sein Morphin zu trinken. Er hatte uns nie davon berichtet, aber seine Augen erzählten von seiner Furcht vor diesem Schmerzmittel.

Also habe ich mich zu ihm gesetzt und gefragt: «Was halten Sie davon, wenn Sie jetzt Ihre Dosis einnehmen, und ich bleibe einfach hier sitzen, bis Sie eingeschlafen sind? Dann wissen Sie, mit dem Morphin ist alles in Ordnung.» Und so haben wir's gemacht: Ich blieb bei ihm, als er sein Morphin nahm, und hielt seine Hand so lange, bis er ganz entspannt eingeschlafen war. Das hat vielleicht 15 oder 20 Minuten gedauert. Von diesem Moment an hat er seine Medizin regelmäßig eingenommen und ist etwa zwei Tage später gestorben. Kein Wort hätte ihm so viel Vertrauen einflößen können wie meine schlichte Gegenwart. Seine Hand zu halten, war das Heilmittel.

Geri, Sie als Sozialarbeiterin können uns sagen, welche Dinge Sterbende unbedingt noch geregelt wissen wollen.

Geri Antrobus: Auffallend häufig sind es die Details der Beerdigung. Offensichtlich ist es für die Patienten wichtig, darauf noch Einfluss zu nehmen, bevor sie sich verabschieden. Entscheidend ist, familienintern zu klären, was der Patient in allen wesentlichen Fragen will und was nicht. Wie wir es gerade im Fall des Mannes mit Kehlkopfkrebs gehört haben: Er wollte keine radikale Behandlung mehr. Das sollten Angehörige rechtzeitig wissen.

Wir reden über Dokumente wie «Living Will», «Advance Health Care Directives» und «Do Not Resuscitate Order», ähnlich unserer Patientenverfügung und Vorsorgevollmacht.[17]

Geri Antrobus: In solchen Klärungsprozessen können wir als Außenstehende helfen, dass sich Patient und Angehörige besser verstehen, weil wir keine eigenen Interessen haben. Es ist besser, klare Verfügungen zu hinterlassen: Manche Patienten möchten wiederbelebt werden, manche möchten das auf keinen Fall. Es sollte klar sein, wer medizinische Entscheidungen trifft, wenn der Patient es selbst nicht mehr kann. Viele Familien scheuen vor solchen Gesprächen zurück, aber sie sind wichtig und hilfreich.

Dr. Bernales: Viele gehen diesen Gesprächen aus dem Weg, weil wir eine Kultur der Todesvermeidung haben. Dabei ist der Tod ein normaler Bestandteil des Lebens. Bei meinen Vorträgen ernte ich immer wieder Lacher, wenn ich sage: «Die Sterberate in den USA hat sich in den letzten 250 Jahren nicht verändert. Sie liegt nach wie vor bei 100 Prozent.»

Nannette, was würden wohl die Verstorbenen Ihren Berufskollegen sagen, damit es Sterbenden in der Obhut von Medizinern gut geht?

Dr. Bernales: Ich glaube, sie würden sagen: «Leg den weißen Kittel ab.» Manche Ärzte haben Angst, dass ihnen das Schicksal ihrer Patienten zu nah kommen könnte. Sterbende geben den Ärzten zu verstehen: «Sei ein Mensch und behandle mich wie einen Menschen. Behandle mich nicht als medizinischen Fall, behandle mich nicht wie jemanden, der jeden Moment den Raum verlassen wird.»

Ich erinnere meine Mitarbeiter immer daran, dass wir im Hospiz nur einen kleinen Ausschnitt eines ganzen Lebens sehen. Wir hatten vor einiger Zeit eine Patientin, die ganz wundervoll und sehr umgänglich war. Alle im Hospiz haben sie geliebt, und dann fiel uns auf: Sie hat eine sehr angespannte Beziehung zu ihrer Familie. Im Team dachten wir spontan: «Wie können die Angehörigen nur so grausam zu ihrer Mutter sein?»

Als wir die Angehörigen dann kennen lernten, erfuhren wir, warum sie sich so verhielten: Die Mutter war alkoholabhängig gewesen. Über Jahrzehnte hinweg, so empfand es die Familie, hatte die Mutter den Alkohol mehr geliebt als die eigenen Kinder. Die Bitterkeit der Kinder darüber war einfach spürbar, und ich sagte meinen Mitarbeitern: «Versetzt euch in deren Lage, um mitempfinden zu können.»

Zurück zur Botschaft der Verstorbenen. Ich glaube, sie würden sagen: «Sei kein Kliniker, zeige Mitgefühl und Menschlichkeit.»

Geri Antrobus: Ich habe vor einiger Zeit einen älteren Herrn besucht, der sehr deprimiert war. Die Pflegerinnen hatten mir vorher gesagt: «Er spricht mit niemandem, er will keine Antidepressiva nehmen, schau du mal nach ihm.» Er unterhielt sich fast zwei Stunden lang mit mir und sagte zum Schluss: «Sie sind zu mir gekommen, Sie haben mir zugehört, Sie haben mich nicht mit Fachbegriffen zugetextet, Sie waren ganz anders als die Leute im Krankenhaus, wo ich mich immer fühle, als wäre ich eine Nummer.»

Er konnte mit mir über seine depressiven Gefühle sprechen und sagen, was ihn beunruhigt. Nach diesem Gespräch war er bereit, seine Antidepressiva zu nehmen, und er blieb dabei bis zu seinem Tod vor wenigen Tagen. Ich hätte ihm Hunderte medizinisch präziser Fragen stellen können, wie sie das Protokoll vorsieht. Aber ich habe alle wichtigen Dinge auf meine Weise, in einer aufmerksamen Unterhaltung, erfahren. Mitgefühl ist entscheidend. Eines Tages könnte ich an seiner Stelle sein, das möchte ich nicht vergessen.

Dr. Bernales: Und noch eins; die meisten von uns haben eine feste Vorstellung davon, wie ein schöner Tod, wie gutes Sterben auszusehen hätte. Wir haben regelrechte Märchenbilder im Kopf: der Dahinscheidende im eigenen Bett im Kreise seiner geliebten Familie, die ihm noch Adieu sagen will. Er gibt jedem noch ein gutes Wort mit auf den Weg, schließt friedlich die Augen, tut den letzten Atemzug. Ende, das war's, und alle kommen gut zurecht. Statt solchen Idealen nachzuhängen, sollten wir besser herausfinden, was der Sterbende wirklich wünscht.

Ich hatte einen relativ jungen Patienten von nicht einmal 50 Jahren mit schwarzem Hautkrebs, verheiratet, vier kleine Töchter. Er starb zu Hause mit ambulanter Hospizversorgung und hatte seiner Frau und seiner Mutter wiederholt gesagt: «Bitte lasst mich allein sterben.» Mutter und Frau waren geradezu empört: «Auf keinen Fall, wir werden hier an deiner Seite ausharren bis zum Schluss.» Und so haben sie es auch gehalten. Eines Morgens sagt die Ehefrau zur Schwiegermutter: «Ich werde kurz duschen.» Die Mutter: «Kein Problem, ich bin ja hier bei ihm.» Die

Frau geht duschen, das Telefon klingelt, die Mutter geht ran, führt ein kurzes Gespräch, und als sie zurückkommt, ist der Mann gestorben. Warum? Weil er dabei allein sein wollte.

Den *American Way of Life* meinen alle zu kennen. Gibt es eigentlich eine amerikanische Art zu sterben?

Dr. Bernales: Ich glaube nicht, denn die amerikanische Kultur ist sehr vielfältig. Die meisten Nicht-Amerikaner würden wohl die amerikanische Art zu sterben so beschreiben: «Kämpfen bis zum Umfallen», aber so sehen wir das nicht.

Und verstehen es Frauen vielleicht besser zu sterben als Männer?

Geri Antrobus: Es gibt meines Erachtens keinen großen Unterschied im Sterben von Mann und Frau, außer – und jetzt bediene ich vielleicht ein Klischee – dass Männer tatsächlich eher geneigt zu sein scheinen, im Leid zu klagen.

Viel deutlicher fällt mir auf, dass Menschen, die schwere Krisenzeiten durchlebt haben, etwa die amerikanische Wirtschaftskrise der 1930er *[Great Depression]*, fast klaglos dem Tod entgegengehen, Männer wie Frauen. Da müssen Palliativteams sehr aufmerksam sein, um überhaupt die Bedürfnisse ihrer Patienten zu erkennen.

Dr. Bernales: Ich sehe keinen Geschlechterunterschied. Allgemein betrachtet, gibt es Menschen, die ein Leben in Würde und Anstand geführt haben und dann auch mit Würde und Anstand sterben, und jene, die zeit ihres Lebens grob waren, bösartig, und so auch diese Welt verlassen.

Geri Antrobus: Das bringt mich noch einmal zurück zu dem Mann im Pflegeheim, der seine Frau so mies behandelt hatte. Er hat auch das Pflegepersonal mies behandelt. Und er hat im Sterben wirklich gekämpft.

Welche Unterschiede erleben Sie im Sterben älterer und jüngerer Menschen?

Dr. Bernales: Ich glaube, die Jüngeren haben es schwerer loszulassen. Viele der Älteren sind darin schon etwas geübt, weil sie bereits Verluste verkraftet haben. Den Verlust an Mobilität und an Selbständigkeit zum Beispiel. Sie sind eher bereit, Hilfe anzunehmen. Wenn jemand in seinen Vierzigern oder Fünfzigern sterben muss, fühlt es sich an, als wäre die natürliche Ordnung auf den Kopf gestellt. In diesem Alter kümmerst du dich normalerweise um deine Eltern und um deine Kinder. Es ist schwierig, das alles loszulassen, weil es ein völlig verfrühter Rollentausch ist.

Geri Antrobus: Auch dabei gibt es Ausnahmen. Vor einigen Tagen ist bei uns eine Patientin von Anfang 90 gestorben. Eine Dame mit riesiger katholischer Familie. Sie sagte immer wieder: «Ich möchte nicht sterben, ich kann noch nicht, ich bin nicht bereit. Ich will noch die Hochzeit der kleinen Susi miterleben. Meine Enkelin heiratet. Meine Urenkelin bekommt ein Kind.» Sie hat sich ständig auf etwas Neues vorbereitet und wollte trotz zahlreicher schwerer Krankheiten, dass wir sie so lange wie möglich am Leben erhalten.

Sie hat sich vor ihrem Tod fast eine Woche lang gequält mit Symptomen, die wir «terminal restlessness» nennen, also Erregtheit, Unruhe und Angst. Die Angehörigen wollten, dass die alte Dame wenigstens noch bis zur Hochzeit der Enkelin Susi durchhält, und das gesamte Palliativteam war nötig, um die Familie davon abzubringen: «Eure Großmutter kämpft, um endlich loslassen zu können», haben wir gesagt, «und ihr alle versucht, sie festzuhalten.»

Dann endlich sagten die Kinder: «Okay, es ist das Beste für Mom.» Sie setzten sich ans Bett und sprachen mit ihrer Mutter: «Alles ist in Ordnung, du kannst gehen. Es geht uns gut. Du wirst deine Enkel wiedersehen.» Erst dann konnte die alte Dame sterben.

Es kann so wichtig sein, einem sterbenden Menschen zu sagen: «Ich komme zurecht. Wir werden uns wiedersehen.»

Dr. Bernales: Manche brauchen die ausdrückliche Erlaubnis ihrer Familie, um zu gehen. Sie müssen es hören. Ich hatte zuletzt einen Fall im Freundeskreis, wo der Vater Angst hatte zu sterben, weil er sich so um seinen erwachsenen Sohn sorgte, der noch nicht so recht auf eigenen Füßen stand. Erst als der Sohn aus Tennessee seinen Vater in Ohio anrief und sagte: «Dad, mach dir keine Sorgen, meine Schwester und ich passen aufeinander auf, geh du schon mal zu Mom», kam der Vater zur Ruhe und starb keine zwei Stunden nach dem Anruf.

Sehen Sie einen Unterschied zwischen denen, die mit einem Glauben oder einer gewissen Hoffnung sterben, und denen, die keinen solchen Glauben haben?

Geri Antrobus: Manchmal schon. Ich muss noch einmal auf diesen wütenden Mann im Pflegeheim zurückkommen. Wir haben immer wieder mal versucht, ihn auf spirituelle Fragen anzusprechen …

Sie **haben das Gespräch darauf gebracht?**

Geri Antrobus: Ja, seine Frau hatte uns darum gebeten. Die meisten von uns tragen ja so etwas in sich, jeder auf seine eigene Weise, und jeder spricht auf seine Weise über Spirituelles, über den Glauben an eine höhere Macht. Dieser Mann war dafür überhaupt nicht empfänglich und sagte konsequent: «Nein, es gibt keinen Gott. Und wenn es ihn gäbe, warum würde er zulassen, dass die Welt so ist, wie sie ist, und dass es mir jetzt so geht, wie es mir geht? Es ist mir egal, ich will auch nicht drüber reden.»

Mir fiel es schwer, damit umzugehen. Und da ich mich mit religiösen Fragen nicht besonders gut auskenne, bat ich unseren Kaplan, mit dem Mann zu reden. Billy hat ihm dann einige Bibelverse zitiert und ausgelegt, die ihm vielleicht etwas hätten bedeuten können. Aber er wollte partout nicht: «Ich glaube nicht an Himmel und Hölle. Wer weiß, wohin ich gehe?», das war seine Haltung.

Ich weiß nun nicht, wohin er gegangen ist, aber ich denke, er starb seinem Glauben und seinem Leben entsprechend. Und das war nun mal kein besonders angenehmer Tod.

Dr. Bernales: Die meisten in unserer Community sind Christen. Wir haben aber auch immer wieder Patienten ohne Bindung an eine bestimmte religiöse Gemeinschaft. Auch sie haben ihre Spiritualität. Ich sah leichte, sehr schöne Arten zu sterben bei Leuten ohne einen klar strukturierten Glauben. Und ich sah Christen, die in meinen Augen einen unerschütterlichen Glauben hatten, die ein frommes Leben als Gottgläubige hinter sich hatten, und die doch angsterfüllt gestorben sind. Für mich heißt das: Im Kern geht es um die Persönlichkeit, um den ganz persönlichen Glauben und die innere Kraft. Ich kann es nur wiederholen: Sie verlassen uns, wie sie gelebt haben.

Da Sie von den Gottesfürchtigen sprechen, die doch angsterfüllt sterben: Glauben Sie, das verzweifelte Gesicht des leidenden Christus am Kreuz kann eine Hilfe im Sterben sein?

Dr. Bernales: Ich bin keine Theologin, aber ich lebe im christlichen Glauben, und ich denke, als Jesus am Kreuz rief: «Mein Gott, warum hast du mich verlassen?», war das der tiefste Ausdruck seines Menschseins. In diesem Moment hat er schrecklich gelitten. Jeder von uns hätte in dieser Lage gerufen: «Bitte, Gott, erlöse mich davon!»

Die Australierin Bronnie Ware arbeitete rund acht Jahre lang als Palliativkrankenschwester und hielt ihre Eindrücke aus der Sterbebegleitung im Blog «Inspiration and Chai» fest. Manche Patienten betreute sie drei Wochen lang, manche über drei Monate hinweg. Die Quintessenz der Gespräche am Sterbebett hielt sie im Buch «The Top Five Regrets of the Dying»[18] fest, in dem sie auffällige Übereinstimmungen in den Lebensbilanzen beschreibt:

«Am häufigsten bedauerten meine Patienten, dass sie nicht den Mut hatten, das Leben zu führen, das ihnen angemessen erschien, sondern eines, das den Erwartungen anderer gerecht werden sollte. Die meisten hatten nicht einmal die Hälfte ihrer Träume erfüllt und mussten erkennen, das sie selbst so entschieden hatten.»

- «Ich habe meine eigenen Wünsche hintangestellt.»
- «‹Ich habe zu viel gearbeitet›», schreibt Bronnie Ware, «das hat mir wirklich jeder männliche Patient gesagt, denn darüber hatten die ‹Ernährer› das Heranwachsen ihrer Kinder verpasst und die Nähe ihrer Lebensgefährtin.»
- «Ich hatte nicht den Mut, meine Gefühle zu zeigen.» Um des lieben Friedens willen, wie die Autorin meint, «haben sich viele im Mittelmaß eingerichtet und sind über die daraus resultierende Abneigung und Bitterkeit krank geworden.»
- «Ich habe mir zu wenig Zeit für Familie und Freunde genommen.» Im Angesicht des Todes vermissten

viele Patienten ihre alten Freunde, die sie aus den Augen verloren hatten. «Viele ordnen in den letzten Wochen ihre finanziellen Angelegenheiten, aber sie tun das aus Fürsorge für ihre Angehörigen. Am Ende geht es nur noch um Liebe und Beziehungen», schreibt die australische Autorin.

- «Ich habe mir nicht erlaubt, glücklich zu sein», war eine verblüffend häufig zu hörende Bilanz.

«Viele hatten übersehen, dass wir uns entscheiden können, glücklich zu sein. Wie wunderbar wäre es doch, loszulassen und wieder aus tiefster Seele zu lächeln – schon lange, bevor du stirbst», schließt Bronnie Ware und will ihren Lesern damit den Anstoß geben, das Leben zu führen, das sie wirklich wollen: «Das Leben bietet Wahlmöglichkeiten. Es ist DEIN Leben. Wähle bewusst, wähle weise, wähle aufrichtig. Wähle Glückseligkeit.

Eine ehemalige australische Palliativpflegerin hat ein Buch veröffentlicht nach acht Jahren Sterbebegleitung und festgehalten, was Sterbenden wirklich wichtig ist. Kaum jemand sprach über Erfolg, Beruf und Geld. Die meisten fragten sich: «Habe ich wirklich *mein* Leben gelebt? Habe ich auf mich selbst und auf meine Nächsten achtgegeben?» Deckt sich das mit Ihren Erfahrungen?

Geri Antrobus: Ein interessanter Gedanke. Darin liegt für mich viel Wahrheit. Ich denke gerade an einen Mann, Vater von zwölf Kindern, den bei uns nur eine Frage beschäftigte: «War ich den Kindern ein guter Vater? Habe ich mich gut um sie gekümmert? Habe ich ihnen die richtigen Werte vermittelt? Habe ich ihnen Glauben vermittelt?» Das erleben wir immer wieder.

Der bereits erwähnte Patient, der Anfang dieser Woche gestorben ist, war auch in Gedanken ständig bei Familie und Freunden, bei denen, die er liebte. Er hatte viele Freunde – manche seit Highschool-Zeiten –, die ihn im Hospiz besuchten. Ich habe ihm gesagt: «Das ist die Ernte Ihres Lebens. Ihre Freunde erweisen Ihnen die Ehre.» Wir haben auch über Berufliches gesprochen, weil ich ihn danach gefragt habe, aber viele Fragen kreisten um den Punkt, den Sie nannten: «Habe ich ein gutes Leben geführt?»

Dr. Bernales: Wir als Palliativteam sehen, wie gesagt, nur diesen kleinen letzten Ausschnitt eines Lebens. Vielleicht hätten unsere Patienten noch ein Jahr zuvor über all das gesprochen: Beruf, Erfolg, Geld. Aber im Hospiz ist das kaum ein Thema. Von vielen weiß ich nicht einmal, was sie beruflich gemacht haben. Es ist mir nicht besonders wichtig, und wie es aussieht, ist es ihnen auch nicht besonders wichtig.

Welches Gefühl dominiert am Ende des Weges? Reue?

Dr. Bernales: Wenn unsere Patienten noch sprechen können, dann oft über die Familie. Sie sprechen über Beziehungen, aber das geht selten mit Schuldgefühlen oder Reue einher, auch nicht mit der Frage: «Habe ich genug für meine Liebsten getan?» Ganz am Ende möchten sie nur noch einmal die Stimmen hören, und sei es nur ein «Ich-hab-dich-lieb» am Telefon. Wie sich dann das Gesicht verwandelt ... zu einem Ausdruck von Frieden und Ruhe!

Mir fällt gerade eine Dame ein, deren Familie sich in den letzten Stunden ums Bett versammelt hatte. Die Dame litt nicht, sie war aber anscheinend nicht mehr ganz bei uns mit ihrem ausdruckslosen Blick. Ich fragte die Angehörigen: «Sind jetzt alle versammelt, oder möchten Sie noch jemanden anrufen?» Die Tochter antwortete: «Es fehlt noch eine, die für uns immer wie eine Tochter war. Wir haben sie nicht adoptiert, aber sie gehörte immer zur Familie.»

Also haben wir diese junge Frau noch schnell für die Patientin ans Telefon geholt. Ich weiß nicht, was sie der alten Dame gesagt hat, aber als wir auflegten, ging das breiteste Lächeln über das Gesicht der Großmutter. Wir waren alle total hingerissen, weil sie seit Tagen nicht mehr reagiert hatte auf Söhne, Töchter und Enkel. Alle waren bei ihr, aber anscheinend hatte sie noch auf dieses eine «Mädchen» gewartet.

Hat sie also bedauert, ihre Quasi-Enkelin nicht mehr zu sehen? Gewiss nicht. Da waren nur Freude und Friede, nachdem sie die geliebte Stimme gehört hatte.

Geri Antrobus: Womit sich zeigt, dass Familie nicht Blutsverwandtschaft sein muss. Familie, das sind die Menschen, mit denen du verbunden bist, mit denen du eine Beziehung pflegst.

Vor wenigen Wochen ist eine Dame mit 77 Jahren gestorben, die mir viel bedeutet. Ich habe bis heute Kontakt zu ihrem Mann. Er ist natürlich noch sehr traurig, dass er sie verloren hat. Aber er konzentriert sich jetzt darauf, das Leben seiner Frau zu feiern. Sie war einfach ein wundervoller Mensch. Viele bei uns empfinden Freude über und Dankbarkeit für das Leben, das da endet.

Vielleicht können wir all diese Gedanken zusammenfassen in einem Satz, den Sie vervollständigen. Und der wäre: «Gut zu sterben weiß, wer …»

Geri Antrobus: … Da muss ich überlegen … Wer anderen mit Respekt begegnet, mit Güte und Mitgefühl, wird vermutlich gut sterben können.

Dr. Bernales: Wer es versteht zu lieben, versteht auch zu sterben.

Geri Antrobus: Das hast du schön gesagt.

Und vielleicht noch ein Schlusssatz für diejenigen, die sterbende Menschen begleiten?

Dr. Bernales: Das Wichtigste ist – es geht nicht um dich, es geht um sie. Es geht um die Sterbenden. Ich spreche dabei nicht nur für mich als Ärztin, ich meine damit jeden Angehörigen, Geschwister, Kinder, Freunde des Patienten. Wollen Sie noch eine Geschichte hören?

Nur zu.

Dr. Bernales: Es geht um eine Frau, die mit Anfang 60 an Brustkrebs starb und ihre letzten Tage im Haus eines Freundes verbrachte, einem Pastor. Ihre Schwester kam eigens aus Michigan, um bei der Pflege zu helfen. Aus lauter Fürsorge kümmerte sie sich auch um die Medikation für ihre Schwester. Wir als Palliativteam hatten ihr gesagt, ab einem gewissen Stadium solle sie die Palliativpflegerin rufen, um nicht allein die Dosisänderung verantworten zu müssen. Es hätten starke Komplikationen auftreten können.

Das tat sie nicht, und der Pastor erzählte mir kurz darauf von ihrer eigenmächtigen Entscheidung. Ihre erste Reaktion darauf: «Das hättest du nicht verraten sollen!», und weiter: «Ich bin offensichtlich ein schlechter Mensch. Dann werde ich ab sofort gar nichts mehr anfassen, nur noch die Bettbezüge wechseln.» Bevor ich etwas erwidern konnte, sagte der Pastor: «Es geht hier gar nicht um dich, es geht um deine Schwester.»

Als später der Hausarzt aus der Stadt kam und mit der Tochter der Patientin die weiteren medizinischen Maßnahmen besprach – sie hatte immerhin die Vollmacht –, fühlte die Schwester sich übergangen und reiste sofort zurück nach Michigan.

Was bedeutet das? Du musst deine persönlichen Gefühle zurückstellen, deine Ichbezogenheit, dein schlechtes Gewissen, deinen Helferdrang, denn es geht nur um den Menschen, der sich gerade bereit macht zu gehen.

Der Patient weist den Weg?

Geri Antrobus: Das habe ich schon am ersten Tag meiner Tätigkeit gelernt: Es ist nicht entscheidend, was *ich* für richtig und falsch halte. Es geht darum, was *der Patient* für richtig und falsch hält. Ich bin manchmal nur seine Anwältin, die seine Interessen verfolgt, denn er soll in Frieden und Würde sterben können.

Wir Lebenden sind nur Wegbegleiter?

Geri Antrobus: Wir sind Begleiter, wir sind Anwälte, vor allem aber sind wir Zuhörer. Die wichtigste Botschaft der Sterbenden an ihre Angehörigen ist: «Hör mir zu. Beachte, was ich sage. Respektiere meine Wünsche.»

Dr. Bernales: Anders gesagt: «Vergiss deine Absichten, und seien sie noch so gut.»

Kapitel 13
Anne Eulenhöfer:
Ein aufgeräumtes Haus

Wenn Anne Eulenhöfer kommt, ist jemand in akuter Not. Fast immer körperlich, manchmal nur seelisch. Sie ist erreichbar unter der Nummer 112, eine von rund 15.000 Frauen in Deutschland, die im Rettungsdienst arbeiten.

Als sie Ende der 1980er mit ihrer Ausbildung fertig war, gab es in ganz Dortmund noch keine andere hauptamtliche Rettungsassistentin. Vielleicht fallen ihr deshalb bis heute schnell die unterschiedlichen Arbeitsstile von Männern und Frauen im Rettungseinsatz auf. Vielleicht ist sie deshalb skeptisch, wenn junge Kollegen noch Action und Abenteuer in einem Beruf suchen, der Achtsamkeit und Präzision fordert.

Das Wort ihres Arbeitgebers, der Johanniter-Unfall-Hilfe, könnte von ihr stammen: «Dieser Beruf ist eine Berufung.» Denn die Männer und Frauen, die im Notfall Menschen retten und in weniger hektischen Phasen Kranke transportieren, müssen nicht nur medizinisch auf Zack sein, sie sollen auch einfühlsam und hilfsbereit sein. Gerade dann, wenn ihre medizinische Hilfe für den Patienten zu spät kommt und die Angehörigen psychologische Hilfe brauchen.

Anne ist mit ihren Kollegen gemeinsam «meist im häuslichen Umfeld» im Einsatz. Einer der wenigen Begriffe, die aus der Sprache der Gesundheitsverwaltung in ihren Wortschatz gesickert zu sein scheinen. In der Großstadt am Ostrand des Ruhrgebiets hat sie es seltener mit schweren Verkehrsunfällen zu tun als die Rettungsdienste auf dem Land. Wahrscheinlich konfrontiert sie mich deshalb kaum mit drastischen Eindrücken ihrer Arbeit. Oder will sie mich schonen bei meiner Forschung in der Zone zwischen Leben und Tod?

Die meisten ihrer Schilderungen kreisen um Einsätze, die sie mitten ins Leben anderer Menschen führen, in deren Wohnungen, Küchen, Schlafzimmer, Bäder. Dorthin, wo sich das Wesen eines Menschen Ausdruck verschafft in Möbeln und Ordnungen und Gewohnheiten. Anne wird ständig aufs Neue ins Private, ins Persönliche, ins Intime wildfremder Leute gerissen, sobald der Alarm aus der Leitstelle kommt.

Gleich nach unserem Gespräch in der Rettungswache im kleinstädtisch wirkenden Ortsteil Aplerbeck wird ihre Nachtschicht beginnen, um 21 Uhr. Bis um 7 am nächsten Morgen wird sie sich ständig bereithalten, um den Notarzt zu seinen Einsätzen zu fahren und ihm zu assistieren. Zwischendurch ein Nickerchen, das ist nichts für die hagere Frau mit der praktischen Kurzhaarfrisur. Sie käme danach nicht schnell genug auf Betriebstemperatur für den nächsten Einsatz. «Der Schichtdienst ist hart, körperlich vor allem», sagt sie.

Nach zwei Jahrzehnten Wechselschicht, nach zwei Bandscheibenvorfällen und der Erkenntnis, dass ihr auch mit knapp 50 Jahren nur wenig Raum fürs Privatleben blieb, bilanzierte Anne, klar und nüchtern, wie es ihre Art zu sein scheint: «Es ist zu viel», und traf vor gut zwei Jahren eine Entscheidung. Seither arbeitet sie nur noch jede zweite Woche und hat «wieder mehr Freude an der Arbeit». Mehr Zeit, sich um ihre Mutter zu kümmern, von der sie schon bei unserer ersten Begegnung erzählte.

«Bis 65 werde ich nicht arbeiten», so viel steht heute schon fest, und Anne hat auch schon einen Plan: «Zur Überbrückung bis zur Rente mache ich vielleicht einen Mini-Job in der Pflege.»

Sie versteht es, sich in neue Metiers einzuarbeiten. Landwirtschaftlich Technische Assistentin war sie am Anfang ihres Berufslebens, danach sechs Jahre lang im Arzneimittelvertrieb und nebenbei ehrenamtliche Rettungssanitäterin.

«Sie hat eine harte Schale und einen wundervollen Kern», hat mir vorher einer ihrer Kollegen gesagt. Und ich verstehe, was er meint, gleich nach der Begrüßung. Anne, die eigens für mich drei Stunden früher die gut 30 Kilometer von zu Hause hergefahren ist und die gleich eine 10-Stunden-Schicht vor sich hat, bietet mir erst einmal etwas von ihrer selbstgemachten Lachs-Creme an. In unserem gesamten Gespräch über das Leben mit dem plötzlichen Tod wird in Annes Stimme nur zwei- oder dreimal dieser warme Ton dominieren, der fast unmerklich ihre sachlichen Worte untermalt. Wenn die Rede auf alte Damen kommt.

Eine von ihnen hat vor etwa 20 Jahren einen schlichten Satz gesagt, der die erfahrene Rettungssanitäterin bis heute begleitet. Eine Patientin, der Anne im Einsatz ihr ganzes Können und ihre ganze Aufmerksamkeit geschenkt hatte: «Vergelt's Ihnen Gott.» Diese Anerkennung trägt sie wie einen kleinen Schatz im Herzen, und wenn sie sich auf ihn besinnt, sagt sie, «dann lohnt sich auch der Job wieder».

In den deutschen Rettungsdiensten sind gegenwärtig etwa 58.000 Menschen beschäftigt, davon rund 15.000 Frauen.[19] Nach dem Notfallsanitätergesetz vom 1. Januar 2014 löst die Berufsbezeichnung Notfallsanitäter die des Rettungsassistenten ab, die Ausbildung ist auf drei Jahre angelegt. Notfallsanitäter sollen am Einsatzort mehr medizinische Kompetenzen haben und so die Notärzte entlasten. Rettungsassistenten können eine Ergänzungsprüfung zum Notfallsanitäter ablegen.

Welche Einsätze gehen Ihnen nach?

Anne Eulenhöfer: Ich erinnere mich an den Suizid eines Vaters an Silvester vor ungefähr zehn Jahren. Unter der Autobahnbrücke im Dortmunder Süden wurde ein Auto gefunden, und in diesem Auto saß ein Mann mit seiner etwa fünfjährigen Tochter. Beide tot, erstickt an Auspuffgasen. Noch am Einsatzort habe ich von der Polizei erfahren, dass der Mann schon lange von seiner Frau getrennt lebte; sie hatte inzwischen wieder geheiratet. Das Kind lebte bei der Mutter, er hatte die Tochter an Silvester abgeholt und sich mit ihr umgebracht. Darüber war ich richtig böse, sauer auf den Mann, weil ich den Eindruck hatte, er wollte nur seiner Frau wehtun. Das war für mich ein ziemlich böser Einsatz.

Vor einigen Monaten gab es in Wickede einen Arbeitsunfall mit zwei Männern, die beim Reinigen eines Tanks an Gasen erstickt sind. Das war unnötig. Da denke ich mir, es gibt so viele Arbeitssicherheitsvorschriften, um so etwas zu verhindern, und dieser Tod war fahrlässig herbeigeführt. Ich fand es hochgradig doof. Diese beiden Männer haben damit ihren Hinterbliebenen etwas angetan. Ich habe zu häufig mit Hinterbliebenen zu tun, und einige verkraften es überhaupt nicht.

Hat Sie an dieser Stelle auch die Frage beschäftigt: «Wie kann Gott das zulassen?»

Ich habe das meine Oma einmal gefragt vor zig Jahren, als ich noch nicht im Rettungsdienst tätig war. Sie war sehr gläubig und hat geantwortet: «Gott mischt sich nicht in die Belange der Menschen ein.» Wahrscheinlich ist es so. Ich muss es so hinnehmen, jeden Tag. Der liebe Gott mischt sich nicht ein. Ich stelle mir diese Frage nicht mehr.

Die Einsätze häufen sich, nach denen Sie sagen: «Die Einschläge kommen näher.» Ist das für Sie und Ihre Kollegen in den Wartezeiten oder Pausen ein Thema?

Nicht direkt. Für diesen Gedanken genügt es schon, die Todesanzeigen zu lesen. Da gucke ich automatisch nach dem Geburtsdatum. Wir nennen unter uns die Todesanzeigen in den Zeitungen scherzhaft «die Reklamationsseiten». Unter den Kollegen sprechen wir manchmal darüber, dass Menschen versterben, die so alt sind wie wir oder jünger, häufig nach massiven Grunderkrankungen. Manche Menschen sind biologisch älter als kalendarisch, manche fallen auch plötzlich tot um, und dann denkt man schon nach. Diese Gedanken hätte ich aber genauso, wenn ich einen anderen Job hätte.

Stellen Sie sich dann auch die Frage, wie es einmal mit Ihnen zu Ende gehen wird?

Das frage ich mich oft, das ist eine Berufskrankheit. Ich habe im Laufe der letzten 25 Jahre Hunderte, Tausende von Wohnungen gesehen, wie sie eingerichtet sind, wie Menschen leben, denn die meisten Einsätze finden im häuslichen Umfeld statt. Wir sehen Menschen in Situationen, in denen sie nicht damit gerechnet haben, dass ein Fremder die Wohnung betritt. Manchmal ist es schwer, Mitleid zu entwickeln, bei manchen Leichenfunden etwa, wenn wir jemanden auffinden in sehr unordentlichen Verhältnissen. So möchte ich nicht enden – hoffentlich ende ich nicht so. Denn wer weiß, ob ich nicht irgendwann einmal auch so abstürze. Wer will vorhersagen, dass es einem nicht genauso gehen wird: dass man einmal nicht einsam, verdreckt, krank, allein irgendwo stirbt?

Was bedeutet das für Ihre Lebensplanung?

Ich bin ein ziemlich gründlicher Mensch und habe meine Lebensplanung. Es ist in erster Linie ein finanzielles Problem. Reicht die Rente? Kann ich mich zu Hause versorgen lassen? Das ist das A und O. Ob eines Tages die Kinder meiner Schwester meinen Rollstuhl schieben werden, kann ich heute nicht sagen. Tatsächlich möchte ich gerne in meinem eigenen Haus bleiben. Das ist die einzige Sorge, die ich habe. Ich sorge finanziell vor.

Ist das nun Umsicht oder Angst?

Angst ist auf jeden Fall da, aber ich schrecke nicht zurück, denn ich weiß, dass ich irgendwie versorgt bin. Mir geht es finanziell nicht schlecht durch das, was meine Eltern mir hinterlassen haben und werden, das ist eine gewisse Beruhigung. Aber eine Restangst bleibt natürlich. Wir müssen nur in die Wirtschaftsteile der Zeitungen sehen. Ich sehe jeden Tag Menschen, bei denen es nicht gereicht hat oder die eine falsche Lebensplanung hatten.

Denken Sie manchmal an einzelne Personen zurück, denen Sie im Einsatz begegnet sind?

Ich habe ein sehr schlechtes Personengedächtnis. Manchmal sprechen mich ehemalige Patienten an und schildern mir ihre Geschichte, an die ich mich nicht mehr erinnern kann. An manche erinnere ich mich, die sehr dankbar waren, weil sie von mir menschlich versorgt wurden.

Vor bestimmt 20 Jahren hat mir eine alte Dame einmal gesagt: «Vergelt's Ihnen Gott.» Wir hatten sie damals in ihrer Wohnung aufgesammelt, sie heulte Rotz und Wasser, weil sie ins Krankenhaus musste und dachte, das wird ihr letzter Gang. Ich war damals noch in der Ausbildung, meine männlichen Kollegen haben sie klassisch versorgt. Ich als Frau hatte einen anderen Zugang zu ihr.

Sie gehörte zu einer Generation, die sehr schamhaft war, ältere Damen, die sich wahrscheinlich nicht einmal dem eigenen Partner nackt gezeigt haben. Wenn eine solche Dame plötzlich halbnackt, womöglich eingenässt, in ihrer Wohnung liegt, und dann kommen sechs Feuerwehrstiefel in die Wohnung getrampelt, ist das für die Psyche sehr schlecht. Als Frau habe ich ein Empfinden dafür, dass man dieser Dame ein sauberes Nachthemd anzieht, dass man es zuknöpft und eine Decke über sie legt, bevor man sie rausträgt. So was kann einem Patienten mehr bedeuten als die eigentliche Hilfe. Darauf achte ich heute noch.

Wie erleben Sie Menschen, die in Lebensgefahr sind oder sich dem Tod nahe wähnen?

Die Menschen haben dem Rettungsdienst gegenüber ein Vertrauen, das sie manchmal den eigenen Angehörigen nicht entgegenbringen. Ich hatte mal eine alte Dame bei mir im Krankenwagen. Krankenwagenfahrten dauern meist etwas länger, weil die Patienten in der Regel nicht so schwer erkrankt sind, und da kommt man schon mal ins Gespräch. Ich habe die Dame nach ihrem Leben gefragt, nach ihrer Ehe, ob sie Kinder hat. Sie erwähnte dann ihren Mann, und als ich fragte, wie das Leben mit ihm war, verstummte sie zunächst, aber ein paar Sekunden später brach es aus ihr heraus: «Er hat sich in schamverletzender Weise vor Mädchen gezeigt!»

Das hat sie ihren Nachbarn bestimmt nie erzählt. Sie ist mit diesem Gedanken jahrelang herumgelaufen, konnte es niemandem erzählen, aber es musste einfach mal raus: dass es nicht der tolle Mann war, keine tolle Ehe, und wie sehr sie darunter gelitten hat.

Manche sehr schwer erkrankten Patienten sagen uns auch manchmal: «Ich habe mein Leben gelebt, ich muss nicht unbedingt noch notfallmedizinisch versorgt werden oder ins Krankenhaus. Es ist in Ordnung, wie es ist.» Wir hatten auch schon einen Patienten, den wir ins Krankenhaus gebracht haben, und eine halbe Stunde später war er reanimationspflichtig auf der Intensivstation. Mit diesem Mann hatte ich im Wagen noch gesprochen, es ging ihm ziemlich schlecht mit schweren Herzproblemen. Wir haben ein bisschen über Ernährungsumstellung gequatscht, und wenig später ist er verstorben.

Sie wälzen mit den Patienten nicht die großen Lebensfragen?

Ich mache es davon abhängig, was die Leute sagen. Möchten sie ins Private gehen oder nicht? Wenn sie mit mir sprechen wollen, spreche ich viel und gerne mit ihnen. Wenn sie es nicht wollen, ist es auch gut, dann wird auch nur mal Händchen gehalten. Was Frauen übrigens besser annehmen können als Männer.

Es gibt nicht viele, die die Todesnähe spüren. Dabei spreche nicht von Krebspatienten oder Chronikern. Die wenigsten Menschen sind medizinisch so weit vorgebildet, dass sie erkennen können, wie schlecht es ihnen geht. Oder es geht ihnen so schlecht, dass es ihnen im akuten Notfall egal ist. Viele Patienten haben auch erschreckend wenige Kenntnisse über ihre eigenen Vorerkrankungen. Wir merken das, wenn wir danach fragen und viele es nicht genau wissen.

Viele meinen immer noch, wenn es ins Krankenhaus geht, wird alles wieder gut – auch die Angehörigen. Manche Patienten wollen abgelenkt werden, dann erzähle ich auch mal Privates von mir. Wenn ich spüre, dass ein Thema jemanden aufmuntern könnte, spreche ich es an. Die meisten wollen das Gespräch, weil sie in einer Notsituation sind. Dann erscheinen wir manchen wie Götter. Wir erleben das jeden Tag mehrmals, aber für die Patienten und ihre Angehörigen ist es das ultimative Ereignis.

Was kommt von den Patienten zurück?

Manchmal sehr wenig. Manchmal aber kommt sogar von Angehörigen eines Verstorbenen ein Dankesbrief dafür, dass wir uns gekümmert haben. Das waren dann mit Sicherheit Kollegen, die alles besonnen und langsam abgearbeitet haben. Wenn jemand verstirbt, müssen die Angehörigen versorgt werden. Das ist wichtig.

Sie retten Leben, Sie kämpfen gegen den Tod.
Das klingt sehr pathetisch. Ich kann damit gut leben, denn ich weiß, wenn ich nicht komme, kommt jemand anders. Es ist ein Handwerk, das wir gelernt haben, und wir machen es gut. Ich bin nicht der große Held. Und: Der Tod gehört nun mal zum Leben dazu. Wir müssen mehr und besser mit diesem Thema umgehen. Viele Menschen vergessen einfach, dass es seit Millionen von Jahren so ist: Etwas wird geboren, und etwas anderes stirbt dafür. Man kann die Umstände beeinflussen, aber wir müssen damit leben.

Wenn Ihr Handwerk nicht mehr helfen konnte, was, glauben Sie, kommt danach für einen Patienten?
Ich glaube, es ist einfach aus. Wir denken und wir sehen nichts mehr. Wir sitzen nicht oben auf einer Wolke und gucken runter. Manchmal sage ich mir: Ich möchte nach meinem Tod in einer Auffindesituation sein, die nicht unangenehm ist. Darüber nachzudenken, ist wahrscheinlich auch eine Berufskrankheit: dass ich wenigstens ein aufgeräumtes Haus habe, mein Geschirr gespült habe, meine dreckige Wäsche weggeräumt ist, wenn ich mal plötzlich versterben sollte. Obwohl ich genau weiß, es wird mich dann nicht mehr interessieren. Vielleicht denke ich ja doch, dass ich dabeistehe und den Rettungsassistenten zugucke, die denken: «Meine Güte, die hätte auch mal aufräumen können.» Ich bin da zwiegespalten. Wir Lebenden werden nie herausfinden, was nach dem Tod kommt.

Sie machen sich aber viele Gedanken darüber, wie es eines Tages mit Ihrer Mutter zu Ende gehen könnte.

Seit Jahren schon. Bei meiner Mutter frage ich mich, wie sie sterben wird. Werde ich sie einmal tot im Bett finden, oder wird es ein Sterben sein, wo man danebensteht? Wenn es nach mir geht, kommt sie nicht ins Krankenhaus, es sei denn, es ist dringend nötig und nicht mehr anders machbar. Ich lasse sie deshalb auch ungern aus den Augen, weil ich Angst habe, dass sie ins Krankenhaus kommt, wenn mal etwas ist. Ich habe mit dem Hausarzt gesprochen. Er kommt auf jeden Fall zu Hausbesuchen. Fast alles, was das Krankenhaus macht, kann man auch zu Hause machen, viele Menschen wollen es nur nicht.

Ich habe meiner Mutter auch hoch und heilig versprochen, dass ich sie nicht wiederbeleben werde. Ich werde Händchen halten und warten, bis es vorbei ist. Meine Mutter ist 87 Jahre alt, und ob sie eine Wiederbelebung überhaupt vernünftig überleben würde, ist eine große Frage. Es wird ja einen Grund haben, warum sie eines Tages stirbt. Ob man das unbedingt noch umkehren muss in diesem Alter, ist die Frage, die ich verneine.

Haben Sie über die Jahre einen siebten Sinn entwickelt, der Ihnen schon bei der Ankunft am Einsatzort sagt, dass der Tod wartet?

Ich mache das allein von den medizinischen Fakten abhängig. Bei alten Menschen, die im Sterben liegen, merkt man es schon. Ich schau mir den Menschen genau an und mache mir ein medizinisches Bild. Ganz oben steht das Alter, dann der Eindruck, den wir vom Patienten haben. So was wie einen siebten Sinn habe ich nicht. Wir waren auch schon mit dem Notarzt bei Sterbenden und sind dann wieder gegangen in Absprache mit Pflegepersonal und Angehörigen, um den Patienten in Ruhe gehen zu lassen. Im letzten Fall war die Patientin schon sehr alt, mager, hatte wenig Haar, das Gesicht eingefallen; ein alter, sterbender Mensch. Und es lag eine Patientenverfügung vor. Man sieht es, wenn ein Mensch sein Ende erreicht hat.

Kommen wir noch einmal auf die Frage zurück, was am Ende kommen mag: Wie möchten Sie sterben?

Jeder möchte nachts einschlafen und nicht mehr aufwachen. Ich am Abend, bevor ich senil werde. Ich möchte meine Sachen ordentlich geregelt haben, dass ich weiß, wo mein Kater hingeht, wer meine Enten versorgt, ich möchte meine finanziellen Angelegenheiten geregelt haben, und dass den Kindern meiner Schwester bewusst ist, dass sie etwas erben werden, wenn sie möchten, und dass sie sich dann um meine Beerdigung kümmern müssen.

Wer soll dabei sein?

Das weiß ich noch nicht. Da ich Single bin und keine Kinder habe, ist das eine schwierige Frage. Wahrscheinlich meine Schwester, aber sie ist älter als ich. Alleine sterben wäre nicht so das Wahre.

Woran sollen sich Ihr Neffe und Ihre Nichte erinnern, wenn sie eines Tages von Ihnen sprechen?

An eine coole Tante. Ich habe einen relativ interessanten Beruf, ich fahre schon mein Leben lang Motorrad, und ich denke, dass sie dann sagen: «Das war keine typische Tante, die man irgendwie mit durchzieht. Sie war immer da, wenn etwas war, und hat geholfen.»

Kapitel 14
Wolfgang Bosbach:
Manchmal bin ich stinkesauer

Für die deutsche Presse ist er «Der Unverwüstliche»[20], «Ein Phänomen»[21], «Der Kämpfer»[22]. Unbestritten ist er einer der bekanntesten Spitzenpolitiker Deutschlands ohne Spitzenamt. Keine deutsche Fernsehtalkshow, keine Radiosendung mit Anspruch, kein Politikteil irgendeiner überregionalen Zeitung scheint ohne ihn auszukommen. Bosbach geht immer, wenn eine Redaktion knackige, anregende, sachkundige Kommentare zur aktuellen Bundespolitik braucht.

Einwanderungsfragen? Bosbach ist im Stoff! Innere Sicherheit? Bosbachs Kernkompetenz! Europäische Finanzpolitik? Bosbachs klare Kante! Und wenn es gefällt, redet er auch über den 1. FC Köln, das Familienleben außerhalb der 22 Sitzungswochen in Berlin und über seinen katholischen Glauben.

Zur klaren Kante: Auch die textet er im rheinischen Idiom, das selbst härtesten Aussagen wie denen gegen die sogenannte Homoehe und gegen Abtreibung immer eine gewisse Leichtigkeit zu verleihen scheint. Nur wenige aus der Bundestagsfraktion von CDU und CSU haben es wie er gewagt, ein weiteres Rettungsprogramm für strauchelnde EU-Staaten abzulehnen, das Deutschlands Haushalt schwer kalkulierbare Risiken aufbürdet. Wolfgang Bosbachs berühmtestes «Nein» vom Herbst des Jahres 2011.

Seither gehört zum kollektiven Gedächtnis der Bundesrepublik der Satz, den ihm als Reaktion darauf der damalige Kanzleramtsminister vor Zeugen ins Gesicht geschleudert haben soll.

Ein Parteifreund wohlgemerkt, wenige Tage vor der Abstimmung über den Euro-Rettungsschirm: «Ich kann deine Fresse nicht mehr sehen!» Bosbach hat das nicht vergessen, aber er hat es verziehen, betont er.

Bei der Wahl keine zwei Jahre später honorieren die Menschen im rheinisch-bergischen Wahlkreis Nr. 100 Bosbachs Linie mit dem Direktmandat für den Deutschen Bundestag. 58,5 Prozent der Stimmen bekommt «Wobo», fast 15 Punkte mehr als seine Partei, die CDU.

Ziemlich zentral im Wahlkreis liegt das Städtchen Bergisch-Gladbach. Wolfgang Bosbach erwartet mich in einem Hotelrestaurant. Ich habe etwa 90 Minuten zwischen seinem Gespräch mit einem freundlich aussehenden Herrn mit silbergrauem Haar und der Ankunft eines Kamerateams des ZDF, das anscheinend ein Statement einholen will.

Was Bosbachs Büro wohl zwischen diese beiden Termine in den Kalender geschrieben hat, zwischen den Silbergrauen und das Kamerateam? Vielleicht: «Interview mit Autor von ‹Nur noch *eine* Tür› (Thema Sterben)»? Denn zu Beginn unserer Begegnung schildert er mir sein «kleines Erschrecken» angesichts des Titels.

Es ist unverkennbar in diesem Frühsommer: Der Mann steht voll im Leben, in dem Leben, das er sich aufgebaut hat mit einer Karriere vom Supermarktleiter zum Volljuristen und Vorsitzenden des Innenausschusses. Im Leben an der Seite seiner Frau Sabine und mit den inzwischen erwachsenen Töchtern Caroline, Natalie und Viktoria, «das Beste, was ich in meinem Leben gemacht habe», wie der Mann mit dem anscheinend sonnengegerbten Gesicht sagt.[23]

Er steht mitten in einem Leben als unheilbarer Krebspatient.

In der Prostata muss er begonnen haben, um dann seine Metastasen im Körper zu verteilen. Weder Bestrahlung noch Chemo konnten die Tumore bisher stoppen. Wolfgang Bosbach geht offen damit um. Auch mit seiner eigenen Nachlässigkeit bei den Vorsorgeuntersuchungen, bevor die Diagnose kam.

Dass zudem sein Herz nur noch mit 42 Prozent der ursprünglichen Kraft pumpt, nachdem eine Herzmuskelentzündung ihn 2004 fast umgebracht hätte, erfahren viele erst, als Bosbachs eingebauter Defibrillator ihn bei einer Parteiversammlung mit einer technischen Fehlfunktion umhaut. «Es war, als ob mir Klitschko einen Volltreffer vor die Brust verpasst hätte», erzählt er im Herbst 2013 – in einer Fernsehtalkshow.

Vor seiner Tumoroperation im Frühjahr 2010 hatte er sich aus den Prognosen der Ärzte eine statistische Lebenserwartung von 81 oder 82 Jahren konstruiert. Da war er knapp 58. «Nachdem der erhoffte Heilungserfolg nicht eingetreten ist, muss man diese Frist wohl leider nach unten korrigieren», bilanziert er heute. «Wir alle sollten mehr die Dinge akzeptieren, als dauernd zu debattieren», hat sein Freund Fritz Roth, der damals selbst gegen den Leberkrebs kämpfte, in einem gemeinsamen Zeitungsinterview einmal gesagt.[24]

«Was ist ein erfülltes Leben? Mit 93 im Sessel einschlafen? Wie soll dann eine Mutter mit dem Tod des einjährigen Kindes umgehen? Jedes Leben ist erfüllt, und der Tod öffnet uns dafür die Augen.»[25] Wolfgang hat dazu genickt. Drei Monate später hat er seinen Freund Fritz zu Grabe getragen, und danach weitergemacht mit dem, was seit mehr als vier Jahrzehnten sein Leben bestimmt: Politik.

«Hektischen Frohsinn»[26] bescheinigen dem Karnevalisten manche angesichts seines nach wie vor hohen Arbeitspensums. Es gehe ihm auch nicht besser, wenn er kürzer trete, sagt er selbst. «Der kann nicht anders», meint die Autorin Anna von Bayern, die ihn für ein Buchporträt wochenlang begleitet hat und berichtet, er übernachte nach wie vor wegen seiner Dienstreisen häufiger in Hotels als zu Hause. Der Titel ihrer Biografie: «Wolfgang Bosbach. Jetzt erst recht!»[27]

14 · Wolfgang Bosbach: Manchmal bin ich stinkesauer

Sie sagten vor unserem Gespräch, der Titel des Buches habe Sie etwas erschreckt. «Nicht dass die Leute denken, Bosbach nimmt Abschied», waren ungefähr Ihre Worte. Warum ist Ihnen das wichtig?

Wolfgang Bosbach: Weil ich trotz aller gesundheitlichen Probleme, die ich habe, nicht in erster Linie als leidender Patient wahrgenommen werden möchte, sondern als Mensch und Politiker.

Gehen – vielleicht auch aus falscher Rücksicht – Menschen anders mit Ihnen um, seit Ihre gleich zwei lebensbedrohlichen Befunde bekannt geworden sind?

Das würde mich wirklich sehr belasten, wenn Menschen, Kollegen aus welcher Partei auch immer, glauben würden: «Der Bosbach ist nicht mehr so belastbar, dem können wir nicht mehr so viel zumuten, so viel zutrauen, oder mit dem müssen wir in Zukunft anders umgehen.» Auf mich muss niemand Rücksicht nehmen, ich muss auf mich selbst Rücksicht nehmen, auf meine Gesundheit, auf meinen Körper, aber andere müssen es nicht. Es würde mich wirklich sehr belasten, wenn ich das Gefühl hätte, die Menschen gucken dich jetzt mit anderen Augen an, und sie fassen dich auch anders an als vorher. Nein, das möchte ich nicht.

Wenn wir Ihren Fall verallgemeinern: Meinen Sie, dass wir kranken Menschen vielleicht zu viel Schonung *zumuten*, obwohl sie doch selbstwirksam sein möchten und ihren Beitrag leisten wollen?

Das könnte in vielen Fällen so sein. Aber nicht, weil wir es nicht besser wissen, sondern weil wir unsicher sind, weil wir keinen Fehler machen möchten, weil wir Menschen nicht überfordern möchten, weil wir nicht wissen, was wir ihnen noch zumuten können. Deshalb ist es wichtig, so lange wie möglich unbefangen zu sein und sich möglichst natürlich zu verhalten. Unser Gegenüber wird uns schon mitteilen, wenn es zu viel wird, wenn man etwas verlangt, das der andere leider nicht mehr leisten kann. Das gilt nicht nur für kranke Menschen. Es gibt auch viele Behinderte, die sagen: «Wir sind nicht behindert, man behindert uns.»

Ich schließe aus manchen Ihrer früheren Aussagen in Interviews, dass Sie die naheliegenden Fragen zu Ihren Diagnosen gewälzt haben: «Warum? Warum ich?» Wie weit sind Sie mit diesen Fragen gekommen?

Die Frage beschäftigt mich nach wie vor, und sie wird mich wohl auch weiterhin beschäftigen. Denn ich kann darauf keine überzeugende Antwort finden. Es gibt wohl auch niemanden, der mir diese Frage würde überzeugend beantworten können. Ich habe es mir nicht eingebildet, es ist objektiv so, dass ich ein gesundes Leben führe und geführt habe, sieht man einmal von einer überdurchschnittlichen Arbeitsbelastung ab. Ich habe nie im Leben geraucht, nie zu viel Alkohol getrunken, immer Sport getrieben, hatte nie ein dramatisches Übergewicht. Da fragt man sich natürlich: «Wie kommst du zu zwei so relativ schweren Erkrankungen?»

Dahinter steht die Frage nach dem Sinn.

Ich habe das allerdings schon einmal in meiner Familie erlebt: Der wirklich Gesündeste und Sportlichste in unserer Familie war mein Schwiegervater. Er ist mit 60 Jahren ganz plötzlich und völlig unerwartet verstorben. Auch das unerklärbar. Das war ein wirklicher Schock für die gesamte Familie.

Gerade Menschen mit spirituellem Weltbild neigen dazu zu sagen: «Das könnte mich etwas lehren, das sagt etwas über mein Leben.» Können Sie damit etwas anfangen?

Ja, damit kann ich etwas anfangen. Weil sich natürlich vieles im Leben relativiert, weil Dinge im Leben wichtiger werden, die man vorher vielleicht als gar nicht allzu wichtig angesehen hat. Man glaubte, ständig auf der Überholspur fahren zu müssen, damit es weitergeht. Aber man kann auch auf dem rechten Fahrstreifen gut vorankommen; das heißt, man muss sich nicht unbedingt überfordern beim Versuch, den Erwartungen anderer Menschen gerecht zu werden.

Hat für Sie unter diesen Vorzeichen die Passions- und Osterzeit eine andere Bedeutung, weil der leidende und dann über den Tod triumphierende Christus im Mittelpunkt steht?

Die Botschaft Christi war für mich immer schon eine frohe Botschaft. Ich habe den christlichen Glauben immer schon mehr mit dem Himmel als mit der Hölle assoziiert. Für mich war auch immer das wichtigste christliche Fest nicht Weihnachten, obwohl es traditionell festlicher begangen wird. Für mich war schon immer das Osterfest das entscheidende Datum für meinen christlichen Glauben.

Warum?

Weil vom Osterfest durch die Auferstehung des Herrn das Signal ausgeht: Der Tod ist nicht das Ende, sondern wir leben weiter, unsere Seele wird weiterleben. Es ist meine Hoffnung, dass ich in meinen Kindern weiterlebe. Ich glaube, ich würde das Leben mit anderen Augen sehen, wenn ich keine Kinder hätte.

Im apostolischen Glaubensbekenntnis steht der Satz von der Auferstehung der Toten. Welcher Glaube verbindet sich für Sie damit?

Ich hoffe, dass jetzt mein Pastor nicht zu enttäuscht ist, wenn ich sage: Ich gehe nicht davon aus, dass sich eines Tages die Gräber öffnen werden und wir aus den Särgen aufstehen und das alte Leben fortsetzen. Ich glaube auch nicht daran, dass ich eines Tages nach meinem Tod vor einem älteren Herrn mit einem langen weißen Bart stehe, der mir meine Lebensbilanz vorliest, am Ende mit dem Kopf schüttelt und dann sagt: «Also lieber Wolfgang, mit Rücksicht auf die Eltern kommst du noch so eben in den Himmel.» Für mich ist die Auferstehung ein Wortbild, und dieses Bild sagt für mich: «Verzweifle nicht daran, dass auch du wie alle anderen Menschen sterben wirst, denn die Erinnerung an dich wird weiterleben und auch das, was du deinen Kindern, deiner Familie, deinen Freunden, deiner Umgebung hinterlässt.»

Für dieses Credo bräuchten Sie das Evangelium gar nicht.

Dafür brauche ich nicht die Mitgliedschaft in der katholischen Kirche, das ist richtig. Aber neben dem, was mir meine Eltern mit auf den Weg gegeben haben, wüsste ich nichts, was für mich wichtiger und – um ein populäres Wort zu gebrauchen – *nachhaltiger* ist als die christliche Botschaft.

> «Lehre uns bedenken, dass wir sterben müssen, auf dass wir klug werden.»
> *Psalm 90,12 (Lutherbibel)*

Dieser Psalmvers wirkt auf mich wie ein Anspruch an die Lebenden, sich unbedingt mit der eigenen Endlichkeit zu befas-

sen. Sie sind nun mehr als viele andere dazu gezwungen. Sind Sie dadurch klüger geworden?

(Lacht.) Klüger mit Sicherheit nicht. Gelassener schon. Man sieht einiges im Leben mit anderen Augen. Es gewinnen auch Dinge an Bedeutung, die vorher völlig selbstverständlich waren, die aber nicht selbstverständlich sind. Klug in dem Sinne, dass ich jetzt mehr wüsste als zuvor oder mehr als andere? Nein.

Was im Leben bedeutet Ihnen denn heute mehr als früher?

Die Familie, Freundschaften, dass man sich auch einmal ganz bewusst freie Zeit nimmt, die man nicht verplant. Ich habe mich in den letzten Jahrzehnten oft dabei erwischt, dass ich ein echtes Problem hatte, wenn ich eine Lücke im Terminkalender gesehen habe. Dann habe ich automatisch nachgefragt im Wahlkreisbüro, in der Anwaltskanzlei, im Abgeordnetenbüro in Berlin, ob denn nicht vielleicht irgendwo noch etwas liegt, eine Einladung zu einer Veranstaltung, zu der ich gehen müsste. Wenn ich dann die Nullauskunft bekommen habe, habe ich mich gefragt: «Was machst du jetzt?»

Ich erhalte pro Jahr knapp 10.000 Einladungen zu Veranstaltungen aller Art, mit der Folge, dass man über Monate im Voraus verplant ist. Noch vor drei oder vier Jahren hätte ich mit einer Lücke im Terminplan ein Problem gehabt, heute freue ich mich darauf. Ich lasse die Dinge auch schon mal auf mich zukommen.

Bei 10.000 Einladungen müssen Sie entscheiden, was wirklich wichtig ist. Haben Sie dafür eine Richtschnur?

Die Frage muss jeder für sich selbst beantworten. Ich habe sie für mich vor langer Zeit schon beantwortet: Für mich ist entscheidend, das Vertrauen der Menschen nicht zu enttäuschen. Im Grunde werben wir Politiker bei allen Wahlen um Vertrauen, und die Menschen bringen uns in der Wahlkabine Vertrauen entgegen in der Hoffnung, dass wir es durch unsere Arbeit, aber auch durch unser persönliches Verhalten rechtfertigen. Darum bemühe ich mich wirklich jeden Tag. Ich würde nie behaupten, das gelingt mir täglich, aber es ist für mich ganz wichtig, dass die Menschen am Ende des Tages sagen: «Er hat uns nicht enttäuscht.» Die Menschen wissen, wir können nicht jedem Anliegen Rechnung tragen, wir können nicht jeden Wunsch, jede Bitte erfüllen. Völlig unmöglich. Aber dass wir uns zumindest bemühen, das zu erreichen, was wir tun können, darauf haben die Menschen einen Anspruch.

Wie haben Sie der Versuchung widerstanden, angesichts der begrenzten Zeit und Kraft zu sagen: «Letztlich ist doch alles eitel, es ist ganz gleich, ob ich mich engagiere oder nicht.»

Völlig richtig ist: Die Erde dreht sich auch weiter, wenn ich nicht mehr politisch aktiv bin, wenn ich nicht mehr Abgeordneter im Deutschen Bundestag bin. Ich bin auch nicht mit dem Vorsatz in die Politik gegangen, den Lauf der Welt zu verändern. Es sind ganz kleine Dinge, die man bewegen kann.

Die ersten Erfahrungen habe ich ja in der Kommunalpolitik gemacht. Es gibt bittere Erfahrungen. Max Weber hat einmal gesagt: «Politik ist die Kunst, dicke Bretter zu bohren.» Sie müssen sich durch ganze Wälder durcharbeiten, es dauert unglaublich lange, bis man Änderungen herbeiführt. Aber es klappt.

Meine andere Erfahrung ist die, dass viele Menschen fragen: «Was kann ein Einzelner schon bewirken?» Antwort: Eine ganze Menge, wenn man denn tatsächlich viel Kraft aufwendet, einen langen Atem hat, nicht so schnell kapituliert. Wichtiges Motiv ist für mich, dass man Menschen tatsächlich helfen kann in einer konkreten Situation, bei alltäglichen Problemen. Wenn man das geschafft hat, ist das ein gutes Gefühl.

Sie haben entschieden, Ihre Arbeit als Rechtsanwalt stark einzuschränken oder sogar zu beenden. Warum haben Sie genau an dieser Stelle den Schnitt gesetzt?

Solange der Deutsche Bundestag in Bonn war, konnte ich das Mandat und die Arbeit als Rechtsanwalt noch gut miteinander kombinieren. Ich bin jeden Abend nach Hause gefahren, bin oft um 21 oder 22 Uhr noch in die Kanzlei gegangen und habe dann bis nach Mitternacht gearbeitet. Trotzdem habe ich am nächsten Morgen wieder um acht Uhr in Bonn am Schreibtisch gesessen. Das war kein Problem.

Dann ist der Bundestag nach Berlin umgezogen, und es wurde schon viel schwieriger, weil ich 22 Wochen im Jahr während der Sitzungswochen des Parlaments am Stück in Berlin bin. Damit hat sich die Belastung verlagert aufs Wochenende oder auf die Vormittage in der sitzungsfreien Zeit, und mittlerweile merke ich doch, dass durch die Therapie, die ich seit ungefähr vier Jahren mache, die Kräfte nicht mehr so sind, wie sie einmal waren. Ich brauche auch mehr Schlaf als früher, weil die Therapie sehr kräftezehrend und ermüdend ist. Da muss man sich entscheiden. Und bevor ich halbe Sachen mache, bevor ich Mandanten enttäusche, reduziere ich lieber die anwaltliche Tätigkeit.

> «Inmitten des Lebens
> sind wir vom Tode umfangen.»
> *nach Baseler Plenarium 1514*

Zu diesem Liedvers hat der Mediziner Dietrich Grönemeyer einmal sinngemäß gesagt: «Umgekehrt trifft es doch auch unsere Lebenswirklichkeit: Auch in unserer Endlichkeit sind wir sehr lebendig. Auch als Todgeweihte sind wir befähigt zum Leben. Wir erfahren auch an unseren Gren-

zen, dass noch Vitalität in uns steckt.» **Welcher Gedanke ist Ihnen näher?**

Sympathischer ist mir der zweite. Ehrlicher ist wahrscheinlich der erste. Denn im Grunde gehen wir jeden Tag ein Lebensrisiko ein, wenn wir ins Auto steigen. Wir haben Tausende von Verkehrstoten jedes Jahr, aber wir realisieren dieses Risiko nicht jeden Tag. Wir lesen jeden Tag in den Zeitungen von schweren Verkehrsunfällen und steigen doch ins Auto, aufs Motorrad, aufs Rad, in der Hoffnung, dass es uns nicht erwischen wird. Deshalb sollte jeder bedenken, dass es auch jederzeit zu Ende gehen kann, selbst wenn man *mitten in der Blüte seines Lebens* steht. Das Leben kann sehr schnell zu Ende sein, nicht einmal, weil man selbst einen dramatischen Fehler gemacht hat, sondern weil ein anderer einen dramatischen Fehler gemacht haben kann.

Sie haben bei anderer Gelegenheit erzählt, die Familie Bosbach beschäftige sich nicht ständig mit Ihnen als Patient. Trotzdem kommen Sie regelmäßig mit neuen Befunden nach Hause und besprechen sie mit Ihrer Frau. Was geschieht dann mit und zwischen Ihnen?

Das sind ganz kurze Gespräche. Ich erkläre mal den Zusammenhang: Alle drei Monate muss ich untersucht werden, alle drei Monate bekomme ich ein neues Untersuchungsergebnis. Dann gibt es im Grunde nur zwei Meldungen: Entweder es gibt nichts Neues, oder die Lage hat sich verändert. Das war nach der letzten Untersuchung der Fall. Ich weiß jetzt, dass die bisherige Therapie nicht mehr den gewünschten Erfolg hat. Ich muss eine neue Therapie beginnen, die noch belastender ist als die alte. Deshalb auch die Entscheidung, die rechtsanwaltliche Tätigkeit zu reduzieren.

Und dann ist auch schon das Gespräch mit meiner Frau über

dieses Thema zu Ende, weil wir beide wissen, dass ich keine weiteren Auskünfte geben kann. Selbst mein Arzt kann mir nicht genau sagen, wie der weitere Verlauf der Krankheit sein wird, mit welchen Belastungen und Nebenwirkungen die neue Therapie verbunden sein wird. Verschiedene Patienten, verschiedene Körper, reagieren verschieden darauf.

Ist da manchmal Zorn in Ihnen?

Manchmal bin ich schon stinkesauer, vor allem weil die objektive Lage ganz anders ist als die subjektive. Wenn Sie mich fragen: «Wie geht es Ihnen?», kann ich nur antworten: «Subjektiv geht es mir gut, ich habe keine Schmerzen, ich habe keine Beschwerden, die mich an der Arbeit hindern. Für mich ist jeden Tag das Leben neu und schön.» Für mich ist ganz wichtig, dass ich weiterhin Sport treiben kann im gewohnten Umfang. Ein wichtiger Teil meines Lebens ist, dass ich mich bewegen kann, dass ich noch leistungsfähig bin. Aber der Arzt guckt mich mit traurigen Augen an. Das ist eine große Diskrepanz, mit der ich nur sehr schwer leben kann.

Wie bewältigen Sie diese Diskrepanz, diesen Widerspruch?

Da hilft ein wenig die rheinische Gelassenheit mit den Sprüchen aus dem «Rheinischen Grundgesetz»:

> «Et es, wie et es.»
> [«Es ist, wie es ist.»]
> «Et kütt, wie et kütt.»
> [«Es kommt, wie es kommt.»]
> «Et hätt noch emmer joot jejange.»
> [«Es ist bisher noch immer gut gegangen.»]
> *Quelle unbekannt*

Es heißt, Angst spiele für Sie keine große Rolle. Stimmt das?

Jein. Ich weiß nicht, ob es Verdrängung ist oder Bewältigung. Das ist schon ein großer Unterschied, da sollte man sich selbst nichts vormachen. Vieles relativiert sich wirklich im Leben. Wenn man weiß, dass man mit einer solchen Diagnose belastet ist, und der Arzt sagt: «Machen Sie sich keine falsche Hoffnung. Nach menschlichem Ermessen, nach ärztlicher Erkenntnis geht es nicht um Heilung, sondern um Lebensqualität und um Lebensverlängerung», da würde jeder mal schlucken. Dann merkt man doch, dass man viele Dinge, um die andere Menschen sich Sorgen machen, selber nicht mehr fürchtet.

Zum Beispiel?

«Wie wird es in zehn oder zwanzig Jahren sein?», frage ich mich nicht. Ich denke eher darüber nach, wie es in zwei oder drei Jahren sein wird. «Wie lange kannst du noch dein Leben so weiterführen, wie es jetzt ist?»

Erleben Sie sich auch manchmal mit Ihrem Schicksal verhandelnd? Hören Sie sich als Rheinländer den lieben Gott augenzwinkernd fragen, ob er vielleicht etwas Lebenszeit draufpackt, damit Sie noch Ihre Traumreise machen können oder Enkelkinder heranwachsen sehen?

Für mich ist ein ganz wichtiges Motiv, dass ich noch bestimmte Ziele habe. Manche kann ich noch selbst erreichen, beim Thema Enkelkinder *(lacht)* muss ich passen und ganz auf meine Töchter und ihre Lebensplanung setzen. Aber ich würde schon gerne erleben, dass ich nicht nur Großvater werde, sondern dass ich auch Enkelkinder aufwachsen sehe. Und ich möchte noch einige Punkte auf dieser Erde besuchen, wo ich schon einmal war oder wo ich noch nie war, Thailand zum Beispiel. Das habe ich mir schon vorgenommen.

Und Kalifornien.

Ich bin in den 80er Jahren mal ein kleines Teilstück des berühmten Highway Number 1 gefahren, und zwar von San Francisco bis Monterey, ein wunderschönes Stück Landschaft. Den Highway möchte ich einmal in ganzer Länge befahren. Ich möchte auch gerne noch einmal nach Rom, für mich neben New York die faszinierendste Stadt der Welt unter denen, die ich bisher gesehen habe. Andere schwärmen von Shanghai oder Hongkong, aber da war ich noch nie. Und ich hoffe, dass demnächst unsere Kinder wieder mit uns gemeinsam Urlaub machen.

Sie sind ein großer Anhänger der Palliativmedizin, legen aber auch großen Wert auf die Unterscheidung zwischen Sterbehilfe und Sterbebegleitung.

Ich wundere mich immer wieder über viele Äußerungen, in denen zwei Behauptungen aufgestellt werden, die eigentlich längst widerlegt sein müssten. Die erste Behauptung ist: «Um in Würde sterben zu können, muss man in die Schweiz, da ist die aktive Sterbehilfe erlaubt.» Nein, in der Schweiz ist sie verboten, genauso wie in der Bundesrepublik Deutschland auch. Aktive Sterbehilfe ist Tötung auf Verlangen. Tötung auf Verlangen ist ein Straftatbestand in Deutschland wie in der Schweiz. Anders ist die Rechtslage in den Niederlanden. Trotzdem hält sich hartnäckig der Glaube, dass in der Schweiz etwas erlaubt ist, was in Deutschland verboten ist.

Die zweite Behauptung, die aufgestellt wird: «Es ist unerträglich, dass man in Deutschland nur unter größten Entbehrungen, unter größten Schmerzen, unter größtem Leiden sterben kann. Wer wirklich einen menschenwürdigen Tod ohne unnötiges

Leid möchte, der muss ins Ausland gehen.» Diese Behauptung blendet die Möglichkeit der palliativmedizinischen Versorgung komplett aus. Sie blendet die Möglichkeiten von ambulanter und stationärer Hospizarbeit völlig aus und treibt verzweifelte Menschen in die Arme derjenigen, die aus bitterer Not und aus großer Angst Geschäfte machen. Das bedaure ich sehr.

Haben Sie schon einmal jemanden sterben sehen?

Ja, unter wirklich tragischen Umständen. Und zwar den Bruder meiner Frau. Er ist in sehr jungen Jahren verstorben. Er ist über einen längeren Zeitraum hinweg intensivmedizinisch betreut worden, und ich kann mich deshalb an die letzten Stunden noch so gut erinnern, weil die Ärzte die Familie an das Krankenbett gerufen haben mit der Nachricht, man beabsichtige nunmehr, die intensivmedizinische Versorgung zu beenden. Es bestünde überhaupt keine Chance mehr für die Rückkehr in ein bewusstes Leben. Das ist die schwerste Entscheidung, die Ärzte von Angehörigen verlangen können, also von meinen Schwiegereltern, von meiner Frau und mir.

Selbstverständlich haben meine Schwiegereltern mehrfach gefragt: «Herr Doktor, kann man nicht noch irgendetwas machen?», und die Ärzte im Marienkrankenhaus haben sich unendlich viel Mühe gegeben zu erklären, dass es nur eine Verlängerung des Leidens wäre für den Patienten. Dass es überhaupt keine medizinische Chance gäbe für den jungen Mann – er war damals Mitte 20.

Es war eine prägende Erfahrung, damals zu erleben, wie die Maschinen abgestellt wurden. Wie man dann nur noch auf den Tod des Sohnes, des Bruders, des Schwagers warten konnte. Ich habe es auch deshalb als eine so schwere Entscheidung empfunden für die Ärzte und für die Angehörigen, weil es ein Unterschied ist, ob man einen *jungen* Menschen als Patienten sieht oder einen 90- oder 95-Jährigen, über den man sagt: «Er hatte ein langes und erfülltes Leben und ist am Ende seines Weges angekommen.»

Wie möchten Sie eines Tages sterben?

Zu Hause. Jedenfalls in vertrauter Umgebung. Hoffentlich nicht in einem Krankenhaus, hoffentlich nicht angeschlossen an Apparate und hoffentlich ohne große Leiden und ohne große Schmerzen. Ich kann mich noch gut an die Schlussszene im Film «Der Pate III» erinnern. Irgendwo in Sizilien, irgendwo in einem wunderschönen Garten, allein auf einem Stuhl im Sonnenschein sitzen. Er kippt zur Seite und hat sein Leben beendet. Der Mann hatte wirklich kein vorbildliches Leben geführt, aber das war für mich, was ich unter einem schönen Tod verstehe. So ähnlich hat es meine Großmutter erwischt, die fast 100 Jahre alt geworden ist. Sie ist einfach friedlich eingeschlafen.

Wird Ihnen dann ein Blick auf das helfen, was danach kommt, oder brauchen Sie so etwas nicht?

Um diesen Blick werde ich mich gar nicht erst bemühen, weil ich genau weiß, dass ich ihn nie erhalten werde. Deshalb sprechen wir auch nicht von *Wissen,* sondern von *Glauben.*

Verraten Sie uns Ihren Glauben?

Im Grunde ist es die Hoffnung, dass die Menschen denken: «Eigentlich ist es schade.» Der Liedermacher Reinhard Mey hat in seinem Lied «Mein Testament» den Schlussvers geschrieben:

> «Schreib' auf den Grabstein:
> Hier liegt einer, der nicht gerne,
> aber der zufrieden ging.»
>
> *Reinhard Mey*

Und das passt, es passt jedenfalls für mich.

In meinem Gespräch mit der amerikanischen Palliativmedizinerin Dr. Nannette Bernales hat sie den Satz gesagt: «Wer es versteht zu lieben, versteht auch zu sterben.» Sinngemäß: Ein gutes Leben mündet in ein gutes Sterben. Wie finden Sie das?

Das finde ich gut. Niemand stirbt mit einem guten Gefühl. «Ein guter Tod», das hört sich für mich an wie «ein guter Unfall». Aber wenn jemand sagt: «Dein Leben hat sich gelohnt für dich und für andere. Es war ein gutes Leben, es war ein schönes Leben, viel mehr Licht als Schatten, viel mehr gute als schlechte Erfahrungen», dann schließen wir auch mit einem guten Gefühl die Augen. Nicht mit dem Gefühl: «Gott sei Dank, es ist vorbei», sondern mit dem Gefühl: «Es hat sich gelohnt» – nicht im materiellen Sinne, «es war ein sinnvolles Leben».

Was soll Sie in der Welt überdauern?

Mir würde als Resümee schon völlig genügen, wenn die Menschen denken würden: «Er hat sein Bestes gegeben.» Nicht wie es im Arbeitszeugnis steht: «Er hat sich immer redlich bemüht», und gemeint ist: «Leider war das Bemühen zu selten von Erfolg gekrönt», sondern: «Er hat sich wirklich angestrengt, etwas bewegt, etwas geschafft.»

Was konkret?

Es ist schwierig, in eigener Sache Werbung zu machen, obwohl das eine Paradedisziplin von Politikern sein müsste. Aus vielen Gesprächen, Briefen und Begegnungen weiß ich, dass ich das Talent habe, auch komplizierte politische Sachverhalte so zu erklären, dass sie verstanden werden, und dass die Menschen auch verstehen, warum ich eine bestimmte politische Position einnehme, selbst wenn sie diese Position nicht teilen.

Ich habe das in den Debatten um den Euro-Rettungskurs sehr oft erlebt, dass Menschen auf mich zugekommen sind und gesagt haben: «Herr Bosbach, im Ergebnis nehme ich eine andere Haltung ein als Sie. Aber ich kann verstehen, warum Sie so argumentieren, wie Sie argumentieren, und warum Sie so abstimmen, wie Sie abgestimmt haben.» Es ist für mich wichtig, dass man zumindest überzeugend erklären kann, warum man die *eine* Position einnimmt und nicht die *andere*.

Kapitel 15
Pater Heinrich Bernhard Ketteler:
Ein ganz wunderbarer Augenblick

Kamerun ist seine große Liebe. Seine Mission, seit er 1968 zum ersten Mal einen Fuß in dieses afrikanischste aller afrikanischen Länder gesetzt hat zwischen Kongobecken und Guineaküste. Manche Reiseführer nennen es «Afrika in Miniatur», Heinrich Ketteler spricht voller Leidenschaft, aber ohne solche knackigen Sätze über seine Erinnerungen an Nlongkak und Elat-Minkom. Er hat dort einfach die Arbeit fortgeführt, die seine Pallottiner-Brüder 1890 in Kamerun begonnen hatten, als es noch deutsche Kolonie war.

Die Pallottiner sind eine Gesellschaft apostolischen Lebens, deren weltweit etwa 2500 Mitglieder keine Gelübde vor Gott ablegen wie Ordensbrüder, sondern ihrer Gesellschaft versprechen, in Armut zu leben, ehelos, gehorsam, beharrlich in der Berufung und selbstlos im Dienst. Sie haben Kamerun nicht christianisiert; noch heute folgt etwa jeder Zweite im Land dem Islam oder einer regionalen Glaubenstradition.

«Aus gesundheitlichen Gründen hat er Kamerun verlassen müssen», steht im Jahr 2009 im Rundbrief der Pallottiner neben einem kleinen Foto, das einen freundlich lächelnden älteren Herrn mit Brille und silbergrauem Haar zeigt. «In den letzten Jahren war er aufgrund einer fortschreitenden Krankheit immer wieder in Deutschland, konnte es aber nicht erwarten, wieder nach Kamerun zurückzukehren. Nun wird sein Arbeits- und Lebensbereich wohl Deutschland sein.» So endet die mehr als

40-jährige Liebesgeschichte des Paters, die schon in den späten 1940er Jahren tief im Westen Niedersachsens begann:

Heinrich Bernhard Ketteler lebt als Katholik im protestantisch geprägten Emsland, in Schüttorf. Die Eltern erziehen ihren Sohn «sehr christlich» in einer Zeit, da die Nazis das Christentum auszumerzen versuchen. So ist er gerüstet, für seinen Glauben einzustehen. «Es ging so weit, dass in Kamerun mein Leben hin und wieder bedroht war.»

Pater Ketteler bringt Unruhe in seine afrikanische Umgebung, denn er wendet sich gegen manche lebensfeindlichen Sitten auf dem Land. «Eine dieser alten Sitten ist zum Beispiel, wenn jemand stirbt, die Frage zu stellen: ‹Wer hat den Tod verschuldet?› Dann geht man zu einem Zauberer, der behauptet: ‹Dieser oder jener hat ihn umgebracht.›» Um Strafe von den vermeintlich Schuldigen abzuwenden, zieht der Pater als Verteidiger vor Gericht. Freunde warnen ihn davor, weil sie von Todesdrohungen wissen: «Wenn der Pater sich wieder einmischt, bringen wir ihn um», aber der lässt sich nicht abschrecken.

Zum Abschluss von 16 Jahren Buschmission wird der Generalvikar ihm sagen: «Ihr Leben war nicht mehr in Sicherheit. Deshalb wurden Sie abberufen.» Also stürzt sich Ketteler danach in die Jugend- und Erwachsenenarbeit der Millionenstadt Yaoundé (dt. Jaunde). «Spirituelle Bildung», nennt er das.

Die Jugendarbeit stand am Anfang seines Weges ins Herz von Afrika. Der Bauernsohn leitet die Landjugend in Schüttorf und spürt bald: «Da ist noch mehr zu machen für Christus.» Priester sein genügt ihm nicht, Missionar will er werden. Doch die Pallottiner lassen ihn warten. Nach Jahren in der Jugendarbeit und als Religionslehrer an der Berufsschule in Oberhausen kommt endlich der Anruf: «‹Pater Ketteler, würden Sie in die Mission gehen?› Ich habe sofort Ja gesagt und es nie bereut.» Obwohl der Weg nicht in seine Wunschregion Südamerika führt ...

Vier Jahrzehnte später zwingt ihn der Prostatakrebs, nach

Deutschland zurückzukehren. Die Blutungen wollten nicht aufhören, haben bis heute nicht aufgehört. Nebenwirkung der Bestrahlung, die das Nachbargewebe beschädigt hat. Er lächelt ein wenig, als er davon spricht, wie einer, dem ein Kunststück nicht perfekt gelungen ist. Da ist keine Resignation, da ist heitere Gelassenheit.

Vor dem Tor des Seniorenstifts der Pallottiner in Limburg empfängt mich ein schlanker Mann, um mich zu seinem überschaubaren Zimmer zu führen, mit einem farbenfrohen Bild an der Wand, wie es in Kamerun verbreitet sein dürfte, und mit ein paar kleinen Holzskulpturen aus demselben Kulturkreis.

Etwas gebeugt, etwas langsameren Schrittes als ich, mit etwas mattem, aber wachem Blick, wird er mich später noch in die Marienkirche mit ihrer nüchtern wirkenden Architektur aus den späten 1920ern führen. Wie er dann das Knie bis zum Boden beugt und sich sanft bekreuzigt, lässt mich ahnen, wie herzlich die Beziehung dieses Mannes zu seinem Herrn sein muss.

Pater Kettelers Herz ist schwach geworden in den letzten Jahren, nach zwei Infarkten und Bypass-Operationen mit wechselndem Erfolg. «Ein Kardiologe hat mir gesagt: ‹Ich gratuliere Ihnen, dass Sie überhaupt noch leben nach allem, was Sie hatten.» Der Pater klingt dabei, als erzähle er eine fröhliche Anekdote. Er glaubt nicht, dass er bald sterben wird mit seinen inzwischen 83 Jahren. «Andererseits könnte es jeden Tag passieren.»

Die Stent-Implantation im vorigen Jahr und die Herzschwäche haben ihm Kraft geraubt. Inzwischen hat sich ein neuer Krebs gebildet, Hautkrebs, «nicht so gefährlich», aber wieder eine OP, kurz vor Weihnachten 2013. Ein Leben unter medizinischer Beobachtung, aber ohne Anspannung für den alten Mann. «Wenn der Tag kommt, dann kommt er», sagt er mit einer Stimme, die ein wenig an die des letzten Papsts, Benedikt, erinnert. Etwas brüchig, aber so fest, dass jeder seiner Sätze zum Ziel findet.

Sie waren mit Ende 30, Anfang 40 bereit, ein Märtyrer zu sein in Kamerun?

Ja. Ich erinnere mich, dass ich in dieser Zeit mal gesagt habe: «Es ist doch schön, wenn das Wort für einen gilt: ‹Selig seid ihr, wenn ihr um meines Namens willen verfolgt werdet.›»

Und Sie hatten keine Furcht vor Grausamkeiten, vor Qualen, die damit hätten verbunden sein können?

Ich glaube nicht. Ich hätte das angenommen.

Sie haben einen Wunsch für Ihren eigenen Todestag. Erzählen Sie.

Das bestimmt sehr mein Leben seit 1989. Damals hatte ich gerade die Buschmission in Kamerun verlassen, wusste aber nicht, dass man mich aus dem Busch in die Hauptstadt versetzt hatte, weil mein Leben in Gefahr war. Es war in der Nacht zum Sonntag Gaudete. Dieser Sonntag war für mich schon immer ein Tag, an dem ich mir gesagt habe: «Diesen Tag lasse ich mir von keinem verderben!» In dieser Nacht kommt der Traum mit der Frage: «Sag mal, Pater Heinrich, an welchem Tag möchtest du gerne sterben?» Und ich sage spontan: «Am Sonntag Gaudete.» Hinter diesem Traum steht nach meiner Meinung die Überzeugung: Der Tod muss so etwas Schönes sein, der Augenblick unseres Todes, Christus zu begegnen, wie er leibt und lebt, dass ich mir nichts Schöneres vorstellen kann.

> Der dritte Sonntag im Advent trägt in der lutherischen wie in der katholischen Liturgie den Namen Gaudete, abgeleitet vom Eingangswort zum Gottesdienst: «Gaudete in Domino semper» («Freut euch im Herrn allezeit»; Philipper 4,4).

Hat Sie dieser Traum mit Ende 50 nicht auch irritiert?

Nein.

Warum haben Sie diesen Traum geschenkt bekommen?

Damit ich mein Leben danach einrichte.

Was hat der Traum in Ihrem Leben verändert?

Meine allgemeine Einstellung zum Tod. Ganz gleich, an welchem Tage ich sterbe, es ist immer Gaudete.

Waren Ihre beiden Herzinfarkte Momente der Todesnähe?

Beim ersten Herzinfarkt habe ich wohl gedacht, ich könnte sterben, aber Angst hatte ich keine. Beim zweiten Herzinfarkt war ich selbst erstaunt, dass man mir in der Arztpraxis sagte: «Sie haben einen Herzinfarkt.» Der Infarkt war nicht dramatisch.

Und als die Blutungen nach der Krebsbestrahlung auftraten, hatten Sie da nicht das Gefühl, es wird eng, jetzt weicht das Leben?

Nein, ich habe nur gesagt: «Die Ärzte müssen sehen, dass es aufhört.» Aber es hörte nicht auf. Gegen diese Art innerer Blutungen gibt es keine Medikamente, die wirklich helfen. Die Blutungen haben bis heute nicht ganz aufgehört.

Warum ist Ihnen der Märtyrertod versagt geblieben, und stattdessen ist zum Beispiel eine Herzinsuffizienz oder ein Krebsleiden als Todesursache möglich?

Weil das so vorgesehen ist.

Gott weiß, welcher Tod für Sie gut ist?

Sehr richtig. Wenn man mich während der akuten Krankheitsphasen gefragt hat: «Wie geht es Ihnen?», habe ich oft gesagt: «Wie vorgesehen.»

Viele bewegt die Frage: «Warum soll ich diese Art von Leid erfahren, was will mir Gott damit?» Sie nicht?

Nein, ich stelle mir vielmehr die Frage: «Was kann ich noch tun mit dieser verminderten Kraft?» Die Antwort ist: Christus in mir beten zu lassen in den großen Anliegen Christi. Was zugleich die Anliegen der Welt sind.

Wie konkret sind diese Anliegen?

Christus will, dass Frieden ist überall auf der Welt.

Ihre Kraft geht ins Gebet.

Ja, die geht ins Gebet, und sie kommt durch die Eucharistie [das Abendmahl]. Ich habe in Kamerun erlebt: Wenn man Christus in der Eucharistie sehr schätzt, dann wird man stark. Deshalb auch hier, wo ich spüre, dass ich nicht mehr viel tun kann. Ich lege jeden Tag Wert darauf, vor Christus zu knien, mindestens eine gute halbe Stunde lang, und im Kontakt zu sein. Da hole ich mir Kraft. Ich weiß, wenn man oft in der Nähe Jesu ist, überträgt sich das Wesen Christi.

Warum begegnen Sie ihm auf Knien?

Ich liebe das.

Haben Sie Sterbende begleitet in Kamerun?

Ja, ich bin dort oft zu den Kranken gegangen.

Haben Sie da auch Gaudete erlebt?

Vor allem bei Aids-Kranken habe ich erlebt, wie sie aufgeatmet haben und froh waren: «So, jetzt kann ich zu Gott gehen.» Das habe ich häufiger erlebt. Ich habe ihnen, wie man sagt, die Sakramente verabreicht, und dann habe ich gemerkt, wie froh sie waren. Die starben dann meist sehr schnell.

Warum ist die Beichte vor dem Sterben wichtig?

Weil sie uns die Verzeihung der Sünden gewährt durch die Barmherzigkeit Christi.

Was, wenn ich das versäumt habe?

Christus kennt die mildernden Umstände.

Wie hat die Sterbebegleitung Ihre eigenen Vorstellungen vom Sterben beeinflusst?

Nicht sehr viel. Ich hatte meine Vorstellungen, und die sind so geblieben.

Diese Vorstellung heißt Gaudete.

Ja.

Sind Sie schon Zweifeln begegnet an dem, was nach dem Tod kommt?

Ja, ich erinnere mich sehr gut, ich habe jeden Morgen hier einen über 90-jährigen Mitbruder im Rollstuhl zur Messe geschoben und nach der Messe wieder zurück auf sein Zimmer gebracht. Er liebte es, Schwätzchen zu halten. Wir passten gut zueinander. Er hatte immer Zweifel: «Was kommt nach dem Tod?» Ich habe ihm natürlich meine Ansicht mitgeteilt, aber ich merkte, dass bei ihm immer eine Ungewissheit blieb.

Bis in den Tod?

Ich war nicht dabei, aber ich könnte mir vorstellen, dass ihn diese Ungewissheit bis in die letzten Stunden begleitet hat.

Ist solcher Zweifel ein Zeichen, dass noch nicht alles recht geworden ist?

Ich würde es so deuten: Da fehlt was am Vertrauen zu Christus. Ich meine, wenn wir Christus ernst nehmen, alles, was er gesagt hat, gelebt hat, getan hat, dann können wir ja gar nicht anders als glauben, dass er es in jedem Fall gut mit uns meint.

Das gilt dann auch für den Bruder, nur dass er es nicht erkennen konnte.

Ja.

Haben Sie eine Vorstellung, was Sie nach dem Tod erwartet?

Ich habe die Vorstellung, dass es ein ganz wunderbarer Augenblick sein wird. Ich rechne damit, dass ich Christus, der mich geliebt hat und sich für mich hingegeben hat, dass ich ihm wirklich begegne.

Glauben Sie an die individuelle Auferstehung?

Ja.

Das könnte bedeuten, Sie treffen Seelen wieder, von denen Sie sich schon verabschieden mussten. Und dann?

Dann feiern wir.

Sie kennen Karikaturen, bei denen es sehr langweilig wird, ewig auf der Wolke zu sitzen und zu frohlocken.

Die Angst habe ich nicht. Langeweile gibt es dort nicht. Das tut Er uns nicht an.

Sondern?

Die Freude.

Glauben Sie, es gibt ein Reif-Werden für den Tod? Kommt der Tod für jeden zur rechten Zeit?

Ich würde da zurückgreifen: Alles geschieht nach Vorsehung, und dahinter steckt immer Liebe.

Sie verzweifeln also nicht am Tod eines Kindes?

Im Grunde nicht. Aber ich verstehe sehr gut, dass es sehr weh tut. Schmerz und Verzweifeln sind zwei verschiedene Dinge. Es ist sehr schwierig, wenn plötzlich ein Kind stirbt, die Mutter zu trösten.

… was Sie ja in Kamerun erlebt haben. Was sagt nach einem solchen Verlust der Pater?

Der Pater sagt: «Ich bete für Sie.»

Der Pater würde nicht versuchen, den Sinn eines solchen Todes zu erklären?

Am liebsten nicht.

Wie soll dann Ihr Tod aussehen?

Zunächst einmal hätte ich sehr gern, dass ich voll dabei bin. Das ist notwendig, wenn man etwas freudig erleben will. Und ich möchte gern, dass die, die dabei sind, etwas von meiner Freude spüren.

Kapitel 16
Franziska Zirpoli-Rehbein:
Sophia lehrt die Liebe

Der Moment, den ich mir gewünscht, den ich gleichzeitig gefürchtet habe, kommt ganz leise. Sophia schaut mich an, unverwandt mit dunklen Augen, hinter denen sich eine ganze Galaxie ausdehnt. Sophia sitzt auf dem Schoß ihrer Mutter und schaut und schaut und schaut mich an, bis ich mich fühle wie zuletzt unterm Sternenhimmel am Uluru und nicht aufhören kann zu staunen.

Sophia kann nicht sprechen, wird es nie können, aber in diesem Moment ist das ganz gleich. Ihre durchgestreckten Beinchen, in Leggins gehüllt, die in dicke Söckchen münden, lassen ahnen, wie ihr Körper vier Jahre lang jeden Schritt verweigert hat. Sophia kann nicht laufen.

«Als ich drei Monate nach der Geburt endlich mein Kind aus dem Krankenhaus mitnehmen durfte, dachte ich noch, Sophia wird später laufen lernen als andere, weil sie ein Frühchen ist», erzählt mir Franziska Zirpoli, ihre Mutter. «Vorgestern war ich joggen und habe mittendrin angefangen zu weinen, weil mir auffiel, dass sie nie wird laufen können.»

Victoria, Sophias große Schwester, hat mir aufs Klingeln die Tür zur Wohnung im Dachgeschoss geöffnet, «Guten Tag» gesagt, mich zur Sitzecke geleitet, kurz taxiert, festgestellt, dass ich weder eine Gefahr für ihre Mama noch eine große Abwechslung für sie selbst darstellte, und sich dann flink ins Kinderzimmer zurückgezogen, um weiter Musik zu hören. Sie wird bald eingeschult.

Wer weiß, was Sophia tun wird, wenn sie sechs ist. Falls sie sechs wird. Die Ärzte wissen nicht, welche Prognose sie stellen sollen, oder sie sagen es nicht. Hirnschäden sind schwer zu analysieren. «Wir wissen, dass eine einfache Krankheit Sophia umhauen kann und sie auch daran versterben kann», sagt Franziska. Sie wählt immer diesen Begriff «versterben», wenn es um das mögliche Ende geht. Einen Begriff, den der Duden der «gehobenen» Sprache zurechnet. Als wollte die Mutter den Tod auch sprachlich möglichst auf Distanz halten. «Wir leben tagtäglich mit dieser Angst. Jeder Husten und jeder Schnupfen ist schon eine Herausforderung. Aber wir versuchen trotzdem, im Alltag locker zu bleiben.»

Die Angst ist in der 34. Schwangerschaftswoche über diese kleine Familie hergefallen im Städtchen Hilden, zwischen Rheinland und Bergischem Land gelegen. Plötzlich spürt Franziska keine Bewegungen mehr in ihrem Bauch. Im Krankenhaus holen die Ärzte Sophia vor der Zeit auf die Welt. Noch im OP reanimieren sie das Frühgeborene, beginnen mit der künstlichen Beatmung und stellen später fest, dass im Kleinhirn eine Blutung entstanden ist. Intrazerebrale Blutungen gehören zu den großen Risiken im zerbrechlichen Leben von «Frühchen». Ab einer so genannten «Grad-3-Blutung» verschlechtern sich ihre Chancen fürs Leben. «Als sie durchgekommen war, sagte man uns zunächst nur: ‹Das Gehirn ist betroffen, es ist alles sehr komplex.› Nach zehn Monaten standen wir in einem Aufzug in einer Reha-Klinik, und wussten: Unser Kind ist mehrfach schwerstbehindert.»

Bis dahin hatten Franziska und ihr Mann ihre Tochter ausschließlich als Patientin erlebt, als winzigen Pflegefall, der mehr von Ärzten und Krankenschwestern berührt wurde als von den Eltern, die Sophia so herbeigesehnt hatten. «Wir standen immer daneben und haben nur alles abgesegnet, weil wir Hilfe wollten.» Sophia bekommt eine dauerhafte Magensonde und Medikamente gegen ihre Krampfanfälle.

Die Reha soll endlich den Weg ebnen in ein gemeinsames Leben als Familie: Papa, Mama, Victoria, Sophia. Die Jüngste beginnt, sich zu entwickeln. «Sie fing an, nach Sachen zu greifen, das Füttern klappte auch viel besser», denkt Franziska an die Zeit vor Sophias erstem Geburtstag zurück. Kurz darauf reißt die Influenzawelle den geschwächten Organismus mit. H1N1, in der Presse seit 2009 berüchtigt als «Schweinegrippe», löst eine schwere Lungenentzündung aus. «Die hat Sophia so umgehauen, dass sie drei Monate im Koma lag und beatmet werden musste. Ohne Luftröhrenschnitt hätte sie wahrscheinlich nicht überlebt. Seither greift Sophia nicht mehr bewusst nach irgendetwas.»

Sie kann wieder selbständig atmen, sie kann sehen und schlafen. Sie kann einzelne Laute von sich geben wie Erstklässler, die das Buchstabieren lernen. Und, für ihre Eltern besonders wichtig, Sophia kann mit Lachen oder Weinen äußern, ob ihr etwas gefällt oder nicht. Ihre Mutter spürt dann einfach, ob die Tochter fröhlich oder sauer ist.

Sophia braucht jemanden, der sie zu füttern versteht. Sie kann sich nicht kontrolliert bewegen, sich nicht in ihrem Bettchen umdrehen. Sie kann auch den Kopf nur ganz kurz aufrecht halten, wenn sie jemand im Arm hält. Und selbst das mussten ihre Eltern lernen, «das Handling allgemein. Man muss Sophia richtig halten, damit der Körper nicht in die Überstreckung gerät».

Die Krankenschwester, die gerade Sophia aus dem heilpädagogischen Kindergarten zurückgebracht hat, weiß diesen zarten Körper zu tragen, der in ihren Armen liegt, langgestreckt wie der einer Turmspringerin beim Wiederauftauchen aus dem Wasser. In der Nachbarstadt hat sich eine heilpädagogische Gruppe für die Vierjährige gefunden, acht Kinder, drei Erzieher, «und Sophia ist nicht das einzige Kind mit Krankenschwester». Ein Stückchen Normalität.

Der offene Blick, den Sophia bei unserer ersten Begegnung zeigt, ist ein Geschenk. Immer wieder durchziehen Spasmen ihren Körper, zwingen ihr Grimassen ins Gesicht, lassen Arme und Hände verkrampfen. Sie hat am Tag Dutzende solcher Krämpfe, unter denen ihre Gliedmaßen nach vorne schießen, Kopf, Beine, Arme. «Sie scheint dann gar nicht da zu sein», sagt ihre Mutter mit einer Stimme, die zärtlich und sachlich zugleich klingt. Sophia braucht nach solchen Anfällen oft mehrere Sekunden, bis sie wieder zu sich kommt.

Sophia ist ein Kind, das eine eigene Welt zu bewohnen scheint. Ein Reich zwischen Leben und Tod, dem sie schon mehrmals getrotzt hat, zwischen Himmel und Erde. Es ist ein Leben in der Schwebe. Ihre Mutter muss jederzeit bereit sein, dieses außergewöhnliche Leben loszulassen, das ständigen Halt braucht.

«Eure Kinder sind nicht eure Kinder», hat Khalil Gibran einmal gedichtet, aber nur wenige Mütter werden den Sinn seiner Verse so abgrundtief erfassen wie Franziska:

> Sie kommen durch euch, aber nicht von euch.
> Und obwohl sie mit euch sind, gehören sie euch doch nicht.
> Ihr dürft ihren Körpern ein Haus geben, aber nicht ihren Seelen.
> Denn ihre Seelen wohnen im Haus von morgen, das ihr nicht besuchen könnt, nicht einmal in euren Träumen.
>
> *aus: Khalil Gibran:*
> *«Eure Kinder sind nicht eure Kinder»*[28]

Franziska war noch keine 28, als ihre Geschichte mit Sophia begann. Inzwischen geht sie davon aus, dass am Anfang ein Behandlungsfehler stand: Eine Vorsorgeuntersuchung ergibt, dass sich Franziskas Blutgruppe Null negativ nicht mit der ihres heranreifenden Kindes verträgt. Konsequente Rhesus-Prophylaxe in der Schwangerschaft verhindert, dass die mütterlichen Antikörper die roten Blutkörperchen des Kindes zerstören und schwere Schäden anrichten. Doch einmal wird diese Prophylaxe-Behandlung mit Immunglobulinen anscheinend vergessen.

Die gut vier Jahre seither haben alles verändert, auch Franziskas Sicht aufs Leben. Sie kann dafür ganz alltägliche Beispiele nennen wie dieses: «Als ich selbst noch kein behindertes Kind hatte, habe ich manche Behinderte angestarrt. Wir haben das Glück, dass Sophia klein ist und recht süß aussieht. Aber es gab Momente, wo sie einen Sauerstoffschlauch in der Nase hatte, und dann trafen uns Blicke so schlimm, dass ich hätte explodieren können.» Es klingt wie das unaufhörliche Ringen um einen sicheren Platz für dieses unsichere Leben.

Es gab Momente in Sophias Leben, da erschien Ihnen der Tod wie eine Erlösung. Die Zeit nach der Infektion mit der sogenannten Schweinegrippe und allen Komplikationen, die daraus entstanden.

Franziska Zirpoli-Rehbein: Sophias Zustand war vor drei Jahren über einen langen Zeitraum hinweg sehr schlecht. Die Ärzte konnten uns nicht sagen, ob sie es schafft, denn sie war an eine spezielle Beatmungsmaschine angeschlossen, eine Hochfrequenz-Beatmungsmaschine. Laut Studien war kein Patient zuvor länger als zwei Wochen an dieser Maschine. Entweder er verstarb, oder es wurde besser.

Sophia war neun Wochen lang an dieser Beatmung, und wir sind öfters angerufen worden: «Kommen Sie ins Krankenhaus.

Die Werte sind schlecht, und es kann sein, dass es jetzt zu Ende geht.»

Wir hatten uns schon damit auseinandergesetzt, wie wir sie bestatten. Wir haben sie nottaufen lassen, das war sehr wichtig für uns. Es war schon extrem, weil der Zustand drei Monate lang immer zwischen Leben und Tod schwankte: Lässt man das Kind gehen, kann man das? Wenn man das Kind da liegen sieht, und es ist einfach nicht mehr rosig, sondern blass und gräulich ... Wenn man gar keinen Bezug mehr zu diesem Kind hat, weil es da abgeschirmt liegt und befremdlich aussieht ... Ich habe damals manchmal gehofft, dass sie gehen kann. Aber sie wollte nicht. Letztendlich hat sie entschieden, dass sie nicht gehen möchte.

Was haben Sie in diesen düstersten Phasen gebetet?

Ich habe gebetet: «Gott, wenn es sein soll, dann bin ich bereit, sie gehen zu lassen, aber dann nimm sie bitte jetzt.» Ich war bereit loszulassen.

Wie verstehen Sie die Antwort?

Ich denke, Dinge – ob sie gut oder schlecht sind – passieren, damit wir etwas daraus lernen. Sophia ist meine größte Lehrerin. Sie lehrt mich alles Wichtige im Leben, die Prioritäten wieder richtig zu setzen. Man jagt der nächsten Handtasche hinterher, dem neusten Fernseher, dem tollsten Auto, man rennt und rennt Sachen hinterher, die gar nicht wichtig sind. Durch Sophia habe ich Nächstenliebe wieder kennen gelernt. Das Kinderhospiz[29] hilft uns auch sehr.

Es gibt ein Erlebnis, da kommen wir von der Weihnachtsfeier des Hospizes, und einige junge Frauen überreichen uns Gebäck, total schön verpackt, und erklären uns: «Wir sind Konditoren-Auszubildende. Wir haben uns nach Feierabend hingestellt und das für Sie gebacken.» Das hat mich sehr gerührt. Die machen das einfach so, ohne etwas dafür haben zu wollen. Das ist in unserem Alltag nicht so verbreitet: Menschen, die sich freuen, weil sich andere freuen.

Sophia hat mich gelehrt, wie wichtig Liebe ist, bedingungslos, ohne etwas zu erwarten. Sophia kann mir später keinen Kaffee kochen, kann mir nicht eines Tages den Frühstückstisch decken, aber ich liebe sie, einfach weil sie da ist und mich anlächelt. Ich glaube, das hat etwas zu tun mit Gottes Art zu lieben. Ich arbeite jeden Tag an mir, und es gibt Sachen, da brauche ich eine Lektion, um es wirklich durchzuziehen. Das Leben mit Sophia hat mich gravierende Sachen gelehrt. *(Weint.)*

Aber diese Erfahrungen tun auch weh.

Mein Mann und ich haben durch die Geschichte mit Sophia auch eine sehr schwere Krise durchlebt. Aber wir sagen: «Wir arbeiten daran, wir können daran wachsen, zusammen wachsen als Familie.»

> In Deutschland leben mehr als 20.000 Kinder und Jugendliche, die wegen einer unheilbaren Erkrankung oder einer schweren Behinderung nur eine eingeschränkte Lebenserwartung haben. Jährlich sterben etwa 5000 Kinder, Jugendliche und junge Erwachsene an einer solchen Erkrankung oder an den Folgen einer Behinderung.[30]
>
> Ambulante Kinderhospizdienste helfen den Familien, ihr Leben zu meistern und die angemessene medizinische Betreuung zu Hause zu sichern. Gut ein Dutzend stationärer Kinderhospize in Deutschland helfen Familien dabei, der Zeit mehr Leben zu geben, wo dem Leben nicht viel Zeit bleibt.

Das Hospiz ist für viele betroffene Kinder und Jugendliche ein zweites Zuhause. Um die Familie zu entlasten, beherbergen Hospize Kinder und Angehörige während gemeinsamer Urlaubstage. So versorgen und betreuen Fachkräfte bei Bedarf und zeitlich befristet komplette Familien. Sophia und ihre Angehörigen finden Unterstützung im Kinder- und Jugendhospiz Regenbogenland in Düsseldorf.

Sie haben seit dieser düsteren Zeit im Krankenhaus nie wieder gedacht, es wäre besser, wenn Sophia gehen könnte?

Nein. Meine Bindung an Sophia wächst mit jedem Tag. Der Gedanke, dass sie versterben könnte, trifft mich heute sehr viel härter als beispielsweise vor zwei Jahren, als ich vielleicht auch überlastet und überfordert war – vielleicht auch egoistisch.

Warum war Ihnen die Nottaufe wichtig?

Ich glaube an Gott. Mir war es wichtig, dass Sophia getauft ist, falls sie gehen muss. Ich bin mit 16 getauft worden, fünf Minuten vor meiner Konfirmation, denn meine Eltern wollten, dass ich selbst entscheide. Ich fand das schön, weil ich ganz bewusst gewählt hatte, und das in einem Alter, in dem man vielleicht gar nicht so viel mit Gott am Hut hat. Für mich ist Gott mein bester Freund, und für mich war wichtig, dass er den Segen mit auf den Weg gibt, falls Sophia stirbt – oder auch, wenn sie weiterlebt. Dass sie von Gott begleitet wird.

Wie war diese Taufe für Sie?

Wir hatten leider zunächst nicht so viel Glück. Mein Mann ist katholisch, und der katholische Klinikseelsorger sagte, es sei nicht so einfach, wenn die Taufpaten und die Mutter evangelisch sind, Sophia katholisch zu taufen. Also haben wir sie evangelisch taufen lassen.

Im Krankenhaus war eine ganz nette Pfarrerin, die sofort gekommen ist, und die Taufe hat alle meine Erwartungen übertroffen. Während der Taufe hatte ich ein Geborgenheitsgefühl. Es war schön. Ich hätte nicht gedacht, dass das in diesem Rahmen möglich ist – im Winter unter diesen Umständen, mit dieser merkwürdigen Beleuchtung in einem Krankenhaus.

Wir haben Fotos davon, wie wir alle in Schutzkleidung dastehen wegen der Grippe. Mit der Taufpatin spreche ich noch manchmal darüber, und wir müssen dann lachen, weil wir auf den Fotos aussehen wie auf einer Beerdigung.

Die Pfarrerin hat sich vor der Taufe noch für eine Stunde mit uns hingesetzt und es wirklich persönlich gestaltet. Sie wollte vorher ganz viel über Sophia wissen, und mir hat auch sehr gut gefallen, dass sie uns fast jeden Tag während der gesamten drei Monate besucht hat. Sie hat uns gesegnet zu dritt, wenn mein Mann und ich am Bett standen, und sie hat uns erklärt, dass wir auch einander segnen können und unsere Kinder.

Hat Sophia erkennbar auf die Taufe reagiert?

Das war nicht möglich, sie war sediert. Das war zu einer Zeit, da es sehr schnell bergab ging mit ihrem Gesundheitszustand. Es war schon außergewöhnlich.

Wie können Sie für sich das Vertrauen auf Gott vereinbaren mit der Last, die Sie nun aufgebürdet bekommen?

Mit der Geschichte von Sophia hat auch die größte Krise begonnen, die ich mit Gott hatte. Ich habe mich zwar nie gefragt: «Warum *wir*, warum passiert es *uns*?», weil ich glaube, darauf gibt es gar keine Antwort. So ist das Leben. Menschen machen Fehler, und die haben Konsequenzen. Ich glaube nicht, dass man auf die

Warum-Frage eine Antwort finden kann. Man kann nur die Antwort finden auf die Frage: «Wie schaffe ich das?» Meiner Meinung nach.

Ich habe mich Gott immer sehr nahe gefühlt, habe ihn immer als meinen besten Freund bezeichnet. Wir hatten eine lockere Beziehung, er war stetig mein Begleiter. Aber als das mit Sophia war, hatte ich das Gefühl, er ist weg. Mir ging es nach einigen Monaten körperlich und seelisch nicht so gut. Ich habe gesucht: Wo ist er, wann hilft er mir, wo ist der Halt? Ich habe mich oft gefragt: «Wieso habe ich das Gefühl, dass da nichts mehr ist?» Es hat sehr lange gedauert, es war schwierig, aber irgendwann habe ich Gott wieder gefunden, nicht von heute auf morgen, es war ein längerer Prozess. Dann kam das Gefühl der Geborgenheit zurück.

Wo ist Gott heute?

Neben mir. Er ist jeden Tag da. Ich spreche oft in Gedanken mit Gott und sage: «Das ist super, da freue ich mich», oder: «Ich habe Mist gebaut». Ich weiß, er kennt mich sowieso wie kein anderer, ich brauche ihm nichts vorzuspielen. Ich spüre ihn den ganzen Tag, und dieses Gefühl hat mir damals so gefehlt. Manchmal, wenn ich ein bisschen hilflos bin, versuche ich kleine Zeichen zu deuten, die mir bei gewissen Entscheidungen helfen sollen. Es gab früher in meinem Leben ein paar größere Entscheidungen, in denen das wichtig war, aber die möchte ich nicht preisgeben.

Seit der 34. Schwangerschaftswoche hängt der Tod wie ein Schatten über Sophias Leben. Was bedeutet das heute für Sie?

Ich habe Angst vor dem Tod, was mich selbst betrifft. Die Angst, dass ich nicht für meine Kinder da sein kann, wenn ich sterbe.

Wer ist dann für meine Kinder da? Wer kümmert sich? Wer könnte das so gut wie ich? Bei Sophia male ich mir oft aus, wie es wäre, wenn sie sterben müsste. Es ist so eine Art Selbstschutz, um mich darauf vorzubereiten, denn ich weiß, Sophia ist sehr krank, und es kann sehr schnell gehen. Ich versuche mich gedanklich darauf vorzubereiten, und spätestens, wenn ich in Tränen aufgelöst dasitze, weiß ich, dass das gar nicht möglich ist.

Im letzten Jahr habe ich eine nette Mutter im Hospiz kennen gelernt. Ihre Tochter und Sophia sahen sich sogar etwas ähnlich. Diese Mutter hat mir ein paar Monate später mitgeteilt, dass ihre Tochter verstorben ist, und hat mich gebeten zu kommen. Ich bin hingefahren mit einer Riesenangst: Was, wenn ich mit in den Abschiedsraum soll? Ich wollte auf keinen Fall dort rein, wenn das Kind da liegt, weil ich nicht wusste, ob ich das verarbeiten könnte.

Ich war keine fünf Minuten dort, da sagte man mir: «Kommen Sie doch mit in den Abschiedsraum.» Also bin ich mit, denn ich wollte niemanden vor den Kopf stoßen. Und kaum hatte ich die Türschwelle überschritten, war alles total friedlich. Wir standen am Bett, haben uns unterhalten, haben sie gestreichelt, und alle Horrorvorstellungen, die ich hatte, waren weg. Sie lag ganz friedlich da, in dem Raum war nichts Gruseliges, Kaltes – außer dem Kühlbett. Für mich war es eine unwahrscheinliche Bereicherung. Das schönste Erlebnis, das ich mit dem Tod hatte.

Sie haben überlegt, wie ein schöner Abschied für Sophia aussehen könnte.

Ja, dafür ist das Hospiz super. Es beruhigt mich, denn da gibt es Zeit und Raum für das Abschiednehmen und auch für den Tod. Man kann sein Kind waschen, man kann es anziehen mit seinen Lieblingskleidern. Man kann eine Woche lang Abschied nehmen in diesem Raum. Es ist unwahrscheinlich befreiend und erleichternd zu wissen, dass es diesen Ort gibt. Auch wenn Sophia mal im Krankenhaus oder zu Hause versterben sollte, wir können noch ins Hospiz, um da Abschied zu nehmen.

Wie stellen Sie sich Sophias Tod vor?

Natürlich friedlich einschlafen, falls es einmal sein muss. Es ist mein Wunsch, dass es für sie nicht schmerzhaft sein wird.

Und welche Vorstellungen haben Sie von Sophias Leben nach dem Tod?

Ich glaube, wenn sie stirbt, wird ihre Seele in einem anderen Körper wiedergeboren.

Ist Sterben in Ihrer Familie häufiger ein Thema als in anderen Familien?

Ja, ich denke, das Thema ist bei uns immer präsent, weil wir wissen, dass es sehr schnell passieren kann. Aber auch wir gesunden Menschen können ganz plötzlich ableben, nur sind die wenigsten darauf gefasst oder vorbereitet. Wenn ich mir die Zeit nehme, um abzuschalten, befasse ich mich auch mit dem Tod und spüre, dass sehr starke Emotionen hervorkommen. Dafür bin ich wiederum sehr dankbar, weil ich diese Emotionen vor ein paar Jahren nicht kannte. Auch wenn es Weinen ist, bin ich dankbar, dass ich diese Gefühle entwickelt habe.

Reden wir über das Leben mit Sophia.

Wir haben vor kurzem zu dritt Urlaub gemacht an der Nordsee – ohne Sophia –, und haben sie sehr vermisst. Manchmal, wenn der Wind stark weht, schnappt Sophia nach Luft und fängt an zu lachen. Als wir ohne sie am Strand saßen und der Wind pfiff, habe ich gesagt: «Wenn Sophia jetzt hier wäre, würde sie sich kaputtlachen.» Sie hat uns gefehlt. Wir genießen jeden Tag mit ihr und nehmen alles mit, was kommt. Ich setze mich mit ihr auf ein Kinderkarussell. Wir wissen nicht, ob sie Spaß dabei hat, aber ich kann später sagen: «Ich habe es mit ihr gemacht.» Das ist mir wichtig. Ich bin ein Mensch, der sein Glas halbvoll sieht. Sie werden nie von mir hören: «Wir haben es so schwer mit unserer Tochter.» Ich sehe immer das Positive.

Hilft der Blick auf Christus als Schmerzensmann?

Ich denke, das Sophia und wir als Familie sehr stark gelitten haben in gewissen Momenten. Aber man weiß in diesen Augenblicken, wenn es ganz schlimm ist, es wird besser. Es kommt auch darauf an, wie man es annimmt, wie man es sieht. Es gibt Menschen, die werden nie zufrieden sein, für die wird immer alles schlecht sein. Man kann aber auch mit ganz wenig zufrieden sein. Bei Sophia ist es sehr wenig, aber wir freuen uns riesig darüber. Wir freuen uns, wenn der Frühling kommt, genauso freue ich mich auf den Sommer, wir leben das einfach bewusster.

Ich denke, dass selbst dieses schlimme Leiden etwas Positives hat. Man hält zusammen, irgendwann ist das Gewitter vorüber und man sitzt trotzdem noch als Familie zusammen. Wir wissen von Paaren mit behinderten Kindern, die leider nicht mehr zusammenleben. Sehr oft können Familien dem Druck und dem Leiden nicht standhalten. Männer und Frauen gehen sehr unterschiedlich damit um.

Wie nimmt wohl Sophia ihr eigenes Leben wahr?

Ich hoffe, sie findet es schön. Wir geben alle unser Bestes, um es ihr so schön und angenehm und kindlich wie möglich zu gestalten. Ich versuche oft, mich in sie hineinzuversetzen: Was mag ein vierjähriges Kind? Zum Beispiel Karussellfahren. Manche fragen dann: «Warum setzt du dich mit ihr aufs Karussell?» Und ich antworte: «Sie ist vier, sie ist ein Kind.» Ich kann nicht in sie hineinblicken und sagen, ob sie es unwahrscheinlich toll findet, aber ich kann es ihr zumindest anbieten. Sie hat ein Recht darauf, wie ein vierjähriges Kind zu leben.

Welche Erkenntnisse hat Victoria gewonnen aus dem Leben mit ihrer kleinen Schwester?

Sophias ersten Geburtstag haben wir auf der Intensivstation gefeiert. Wir standen am Bett und haben Happy Birthday gesungen mit Luftballon in der Hand, das volle Programm durchgezogen, und ich habe Victoria versucht zu erklären, dass Sophia vielleicht sterben könnte. Victoria war damals drei Jahre alt und hat es nicht verstanden. Jetzt sind die Gespräche mit ihr schon komplex. Sie fragt: «Was passiert, wenn wir sterben?» Und ich sage: «Ich glaube, wir werden wiedergeboren.» Victoria will als Einhorn wiedergeboren werden, aber in einer Einhornfamilie, damit wir alle zusammenbleiben. Sie sagt auch: «Es wäre ja schade, wenn Sophia sterben würde. Gut, dass der liebe Gott sie beschützt.»

Einige von Sophias Äußerungen verstehen Sie. Die Schönste ist ...

... wenn sie lacht. Wenn Sophia lacht, müssen alle mitlachen. Das sagen mir auch die betreuenden Krankenschwestern oder die Heilpädagoginnen im Kindergarten: Sophia strahlt!

Kapitel 17
Maria Langstroff:
«Ich wollte die Welt ein bisschen verändern»

Hinter der Tür wartet die Verwandlung. Ich wusste es, bevor ich herkam. Manche, die vor mir diese Schwelle überschreiten durften, haben ihre eigene Metamorphose beschrieben; wie sie mit jedem Schritt hinein aufgeben mussten, worauf sie sich sonst verlassen. Deine Augen leiten dich nicht mehr in der Finsternis, deine Schritte werden tastend, deine Hände zu Fühlern. Meine Ohren leiten mich. Eine Uhr tickt, jedes «Klick» eine Sekunde. Leises mechanisches Zischeln von rechts gibt die Richtung vor; das muss ihre Sauerstoffversorgung sein.

Ich spüre, was ich weiß, bevor ich es sehe: Maria ist hier. Und dann, lange nach ihrem hellen «Hallo» aus der Ferne, wie ein Rettungsring noch einmal ihre leise, klare Stimme, jetzt aus der Nähe: «Hier ist meine Hand.» Endlich. Sehr schmal, weich wie eine Babywange, mit leichtem Druck, so wie man einen Pfirsich auf seine Reife prüft. Ich bin angekommen in der Fremde.

Schon jetzt beginnt sich die Zeit zu dehnen. Eine Ewigkeit, bis die Fotorezeptoren im Auge Bilder liefern, eine Skizze des Raums, grau und dunkelgrau und schwarz. Später wird das Auge gierig die wenigen blassen Töne aufsaugen, die von der Wand gegenüber dem Fußende herüberdämmern, bis sie schmerzen. Von dort, wohin sich ein gelblichweißer Schein durch den Spalt der Schiebetür zum Bad ergießt, nachdem Maria mir gestattet hat, dort den Lichtschalter zu drücken.

So viel Helligkeit wird sie ihrem Körper zumuten während meines Besuchs. «Damit ich nicht einschlafe», sagt sie. Eine der Nebenwirkungen der drei Pflaster, die das extrem starke Schmerzmittel Fentanyl über die Haut in den Körper schleusen: Schläfrigkeit.

Maria wird in unserem Gespräch immer wieder Pausen einlegen, viele ruhige Atemzüge lang, während derer ich nicht weiß, ob sie noch bei mir ist, noch bei sich. Nur der feine Nebelhauch, der sich auf der Innenseite ihrer transparenten Atemmaske niederschlägt und sich bald darauf wieder auflöst, verrät, dass ihr Zwerchfell noch tut, wofür es einst bestimmt war. Luft in ihren Körper zu saugen.

Mehrfach schon hat in den letzten Jahren ihr Atem völlig ausgesetzt. Alarm! Jedes Mal konnten Pflegekräfte und Ärzte sie zurückholen. Der Tag wird kommen, da ihre Lungen nicht mehr selbständig frischen Sauerstoff heranschaffen können. Ateminsuffizienz gilt als häufigste Todesursache bei progressiver Muskeldystrophie.

Schon 1988, im Alter von zwei Jahren, wird bei Maria Langstroff eine Krümmung der Wirbelsäule diagnostiziert, eine Skoliose. Mit 13 muss sie die Leichtathletik aufgeben, die sie als Leistungssport betrieben hat. Mit 15 erhält sie ein Korsett. Nach zwei schweren Wirbelsäulenoperationen mit 17, bei denen unter anderem Titanstäbe zur Begradigung der Wirbelsäule fixiert werden, verschlechtert sich ihr Zustand. Mit 19 wird Maria Langstroff noch zweimal operiert, ist fortan auf den Rollstuhl angewiesen, nach einer schweren Lungenembolie und weiteren Lähmungserscheinungen im Jahr 2010 dann vom Hals abwärts bewegungsunfähig. Lediglich ihren Kopf und den rechten Arm kann sie bewegen.

Im Mai 2012 veröffentlicht Maria ihr erstes Buch: «Mundtot?! Wie ich lernte, meine Stimme zu erheben. Eine sterbenskranke junge Frau erzählt»[31], und landet in der Bestseller-Liste. Inzwischen plant sie ihre dritte Buchveröffentlichung.

Manchmal in unserem Gespräch senken sich ihre Augenlider halb, schieben sich vor die großen Pupillen, die sonst so wach auf mein Gesicht gerichtet sind. Zuletzt haben mich so die Augen eines jungen Springbocks angeschaut in der Abenddämmerung am Rand der Namib-Wüste. Eine Antilope, die wusste, dass überall Jäger lauern, und die doch in Ruhe die Knospen vom Akazienbusch knabberte.

Fentanyl kann schon in geringer Dosis Schwindel verursachen, Übelkeit, Erbrechen, aber ohne das synthetische Opioid würde Maria im Schmerz versinken. Jenseits ihrer Dosis raten Schmerzmediziner, über Alternativen nachzudenken, eine Schmerzmittelpumpe vielleicht. Aber sie will sich nicht von noch einem Katheter durchbohren lassen. Ich ahne nur die Magensonde, die durch ihre Bauchdecke führt, schaue nicht dorthin, wo ich am Fußende des Bettes einen Harnbeutel vermute.

Einer der Schläuche, die irgendwo in ihr Bett münden, gehört zu einem «Epi-Care»: ein Gerät, wie ich nach Marias Hinweis recherchiere, dessen Sensor unter der Matratze Aktivität registriert. Misst die elektronische Basiseinheit «epileptisch motivierte Körperbewegungen», löst der handgroße Kasten auf dem Schränkchen neben ihrem Kopf Alarm aus. Ein 2300-Euro-Gerät, unscheinbar wie ein Anrufbeantworter, gehütet wie ein Schatz.

Der einzige intensive Farbklecks in der Finsternis ist ein roter Punkt, der unablässig glimmt, am Galgen neben dem kleinen hölzernen Kreuz hängend, keinen halben Meter von ihrem schmalen Gesichtsoval entfernt. Der Knopf für den Alarmruf ins Schwesternzimmer. Ihre Lebensversicherung, sollten plötzlich die Krämpfe wiederkommen. Auch sie treten häufig auf bei Patienten mit ihrer Diagnose.

Zwei- oder dreimal während unser gemeinsamen Zeit wird sie aus weniger dramatischem Grund diesen Knopf drücken, mit der rechten Hand, die ihr nach mehr als acht Jahren fortschreitender Lähmung zur Verfügung blieb. Perfekt manikürt und dunkel lackiert die Nägel an den sehr hellen, sehr langen Fingern. Das Rot von Sauerkirschen vielleicht; wer will in dieser endlosen Nacht Farben beschreiben? Ich sehe eine junge Frau, die sich hübsch zurechtgemacht hat, das Haar sorgfältig geordnet und zurückgesteckt, eine kurzärmlige Sommerbluse, halb verhüllt von der Zudecke.

Sie muss mit diesem roten Knopf die Schwestern rufen, um sich im Bett neu lagern zu lassen, den Kopf etwas höher ins Kissen, damit sie mich besser sehen kann mit diesen Augen, denen sie nie ganz trauen darf. Trifft zu viel Licht auf ihre Netzhaut, kann das einen epileptischen Anfall auslösen. Der letzte schwere liegt vielleicht zwei Wochen zurück. Eine Raumpflegerin hatte nicht bedacht, dass Licht seit Jahren zu Marias natürlichen Feinden zählt. Genauso wie Geräusche, die unvermittelt an ihr Ohr dringen. Deshalb ihr Hinweis, als ich den Besuchersessel neben das Bett stelle: «Bitte schieb ihn nicht über den Boden.» Wir sind schnell per Du. Ein Sie wäre jetzt absurd.

Als ich herkam in diese Nacht, schien draußen noch die Sonne. Jetzt lässt nur ein schmaler Lichtspalt an den Rändern der Jalousie vor dem Fenster erahnen, dass noch Tag ist.

Das Licht meines Handy-Displays genügt ihr, um einen Eindruck von meinem Gesicht zu bekommen. Zwei Stunden später wird sie sich sogar einmal meine Brille reichen lassen, um sie sich auf die Nase zu setzen und fünfeinhalb Dioptrien zu testen beim Blick auf ihr eigenes Handy. Darin ein Foto des Labradors, der sie gelegentlich mit seinem Frauchen besucht, um Maria aufzumuntern; und Bilder zweier Mädchen aus dem Freundeskreis: «Die Kinder konnten früher meinen Namen nicht aussprechen, haben mich immer ‹Ma-Ia› gerufen.» Ein Musikvideo von Xavier Naidoo. Es tut gut, etwas mit ihr zu erleben, das ich mit jeder anderen unbefangenen 27-Jährigen wohl auch täte, wenn ich ihr so vertraute: Musik hören (sehr leise), Fotos betrachten, die Brille checken. Etwas, das diese 16 Quadratmeter Lebensraum weitet, in denen Maria bisher schon mehr als vier Jahre verbracht hat.

Ich nutze die Zeit, bis das Fentanyl-Nasenspray ihre Schmerzen gedämpft hat, die trotz der Pflaster auf ihrem Brustkorb noch geblieben sind, und taste mich weiter im Zimmer vor, betrachte im Schein meines Handy-Displays Postkarten an den Wänden, einen Plüschhasen im anderen Besuchersessel, Fotos von Menschen, unter die jemand Namen geschrieben hat. «Stefan». Ich erkenne eine fingerlange Eiffelturmnachbildung in der Vitrine der kleinen Schrankwand, Bücher auf dem Regalboden, einen Duden. An der Wand überm Kopfende die Worte in großer Schmuckschrift: «Glaube – Hoffnung – Wünsche». Schließlich die Asthmasprays auf dem Beistellwagen am Bett, das Telefon, ein Rayban-Etui. «Hier spielt mein Leben», sagt Maria.

Ich sitze am Bett einer Tetraplegikerin. Nur ihr Kopf und der rechte Arm sind beweglich. Ich spreche mit einer Lehramtsstudentin der Fächer Anglistik, Germanistik und Pädagogik, Nebenfach Psychologie. Ich erkunde die Werkstatt einer Bestseller-Autorin.

Im Frühjahr 2012 hat Maria Langstroff in ganz Deutschland Aufsehen erregt mit ihrem Erstling: «Mundtot!¿». 256 Seiten, die sie sich über zwei Jahre hinweg von der Seele gesprochen, geschrieben, diktiert hat, weil «das Maß voll» war «und die Intoleranz der Menschen oft unerträglich».

Sie erlebt diese Intoleranz, als sie im Rollstuhl sitzt mit knapp 20. Nach vier schweren Rückenoperationen das deutliche Zeichen im Jahr 2006, dass sie ein böses genetisches Erbe in sich trägt. Sie schildert im Buch Kommentare wie den eines Alten: «Dass so etwas überhaupt eine Daseinsberechtigung hat.» Sie dokumentiert Taten wie die des Busfahrers, der die Rollstuhlrampe nicht einhängen will und ohne Maria abfährt. Sie macht ihre Leser zu Zeugen von Angriffen wie dem der Jungs, die sie mit Schneebällen bewerfen, bis sie aus dem Rollstuhl kippt, und die sie dann liegen lassen in der Kälte. Sie, die nicht mehr stehen kann, erhebt sich in diesem Buch gegen Worte wie die einer Mutter, die ihr Kind von Maria wegreißt: «Sonst holst du dir noch was.»

Im Foyer des Pflegeheims, in dem ich Maria treffe, hängt das Plakat zum Buch. Das Cover zeigt eine blonde junge Frau, schlank, mit einem Blick, der den Betrachter zu einem Gespräch einzuladen scheint. Im Anschnitt am unteren Bildrand ist ein Halbrund in Metallicblau zu sehen, der Rollstuhl. Der nächste Schlag wird ihr auch diese begrenzte Bewegungsfreiheit nehmen: Maria erleidet 2009 eine schwere Lungenembolie. Beidseitig.

Als danach weitere Lähmungserscheinungen auftreten, die nicht zu erklären sind, erkennen die Ärzte, dass sie es mit einer fortschreitenden Muskelerkrankung zu tun haben. Maria ist vom Hals abwärts nahezu bewegungsunfähig und bettlägerig. Ihr Leiden ist unerforscht und unaufhaltsam.

Fast eine Autostunde trennt Zimmer 0.10 im Gießener Pflegeheim vom Elternhaus. Eine Pflege dort wäre nicht zu bezahlen. Maria möchte auch nicht, dass die Eltern einmal vielleicht mit ansehen müssen, wie ihre Tochter reanimiert wird nach einem Atem- und Herzstillstand. Was ihr hier von zu Hause bleibt, sind Souvenirs im Regal, Fotos an der Wand und der Duft der frisch gewaschenen Kleidung, die ihre Eltern bei den regelmäßigen Besuchen mitbringen.

Marias Bruder hält bis heute im Heimatort eine Wohnung für sie frei. Ein Zeichen der Hoffnung, dass die Ärzte vielleicht doch noch den Kampf gewinnen. Marias Krankheit verläuft in Schüben; fast jeder hat ihr etwas genommen. Inzwischen kann sie nur noch mit Mühe schlucken. Eines Tages wird die Lähmung das Zwerchfell erreichen, den Herzmuskel.

Maria warnt mich milde, wie man den Besucher eines fernen Landes auf exotische Landessitten vorbereitet: dass ihr Magen vielleicht krampfen könnte, weil er mit der Sondennahrung und dem Fentanyl oft nicht zurechtkommt. Dass ihr Körper plötzlich zu zittern und zu rütteln beginnen könnte. «Dann bleibt dir nur noch, den Alarm zu drücken», sagt sie und klingt dabei ganz ruhig. Für unsere gemeinsamen drei Stunden wird uns ihr schlanker, langer, bleicher Leib verschonen.

Diesem Dunkel, dieser Krankheit hat Maria alles abgetrotzt, was wir von ihr wissen: ihr Studium, ihr erstes Staatsexamen, das sie bald ablegen will. Ihre DVD, ihr Hörbuch. Ihre Bücher, anfangs mit einer Software zur Spracherkennung getextet. Dann, nachdem ein Krampfanfall ihr für Monate die Sprache geraubt hat, als SMS-Notizen an den Vater. Und als nach und nach ihr Sehvermögen nachlässt, die Sprache aber wiederkehrt, diktiert sie dem Vater am Telefon, oft spät nach seinem Schichtdienst. Im März 2013 erscheint ihr zweites Buch: «Jetzt bin ich nicht mehr mundtot!»

Gegen ärztlichen Rat verlässt sie sogar wenige Male ihr Zimmer: einmal für eine Lesung im abgedunkelten Hörsaal 0020 der Uni Marburg, vom Bett aus, begleitet von Notfallmedizinern. Ein anderes Mal für einen Besuch im Elternhaus unter genauso riskanten Umständen, mit Sonnenbrille und Ohrstöpseln ein wenig geschützt vor den intensiven Reizen der Welt vor ihrer Tür.

Später erfüllt ihr ein Kaufhauseigner den Wunsch, einmal noch «shoppen» zu dürfen. Im Schein der Notbeleuchtung lässt Maria sich Blusen zeigen, T-Shirts und Schmuck – in der Buchabteilung auch das Bord, auf dem ihr Bestseller steht.

Im Herbst 2013 gelingt es Maria sogar, ans Meer zu fahren. Stefan hat es mit möglich gemacht, der Feuerwehrmann aus Kassel. Stefan, mit dem sie heimlich rumgeknutscht hat, als sie beide noch halbe Kinder waren und außer einer gekrümmten Wirbelsäule in Marias Leben alles in Ordnung zu sein schien.

Eine schwere Skoliose kann den Beginn eines fortschreitenden Muskelversagens markieren. Stefan bringt das Team freiwilliger Helfer zusammen, Feuerwehrmänner, Sanitäter, Rettungsassistenten und einen Notarzt, damit sein Mädchen noch einmal das Meer sehen kann, begleitet von Mutter, Vater, Bruder, Schwägerin und Krankenschwestern.

Dokumentaraufnahmen zeigen, wie Maria daliegt nach acht Stunden Fahrt im Rettungswagen auf einer Trage im Sand des Timmendorfer Strandes. Lächelnd und weinend und still, während die Sonne in der Ostsee versinkt. Mitten in die Stille hinein sagt sie damals: «Jeder sollte sich eine Liste machen von Dingen, die er noch erleben will.» In der darauffolgenden Nacht suchen wieder schwere Krampfanfälle ihren erschöpften Körper heim. Auch diese Flucht über mehr als 500 Kilometer endet, wo sie begann, in der Dunkelheit ihres Zimmers.

Es gibt Interviews, in denen Maria ganz mit sich selbst im Reinen zu sein scheint. Wenn sie mit ihrer sanften, klaren Stimme Sätze sagt wie: «Ich werde nie wieder gesunden», und über den Tod: «Solange ich da bin, bin ich da.» Und es gibt Sätze, die etwas von ihrer Power ausdrücken, von dem, was sie bedrängt, womit sie ringt. Wenn sie die wirren Fragen eines Hotliners zitiert, bei dem sie ein medizinisches Ersatzgerät bestellt. Wenn sie einer Schwester zu erklären versucht, wo der Becher mit dem Rest Eiscreme zu verstauen sei, die ich aus der Cafeteria geholt habe – bezahlt mit Marias Geld («Ich lade dich ein»). Wenn sie fragt: «Findest du dieses Zimmer nicht einengend?» Dann ist sie eine junge Frau, die versucht, mit dem Leben klarzukommen. Maria versteht es, ihre Worte zu setzen.

Besonders nah fühle ich mich ihr, als wir beide schließlich schweigen, als nicht meine Worte an ihrem Verstand herumzerren. Keine Frage, der ich nachlausche, wie sie tief in Marias Geist hinabsinkt. Keine Reflexion, kein Credo. Nur ihr leiser Atem hinter der transparenten Maske, die geschlossenen Lider. Und von draußen wie aus weiter Ferne das sanfte Murmeln eines verebbenden Sommers.

«Ich bin ein Beziehungstyp», hat sie einmal gesagt. Nach fast drei Stunden an ihrem Bett bin ich froh, dass sie mich nicht alleinlässt in der Dunkelheit. Für diesen Moment fürchte ich kein Unglück.

Um vier Uhr am Nachmittag trete ich wieder auf den Flur, gehe vorbei am Schwesternzimmer neben dem Aufenthaltsraum mit vier oder fünf Wachkoma-Patienten in ihren Rollstühlen, die Köpfe zur Seite gekippt; «wie eine Partygesellschaft, der man den Stecker kurz rausgezogen hat», so formulierte es einmal die Journalistin Karin Steinberger.

Vor der Tür empfängt mich ein Sommertag, schwülheiß und hell und laut. Meine Augen brauchen eine Weile, um sich daran zu gewöhnen. Und schon bevor sie es schaffen, weiß ich, dass die Welt nicht mehr dieselbe ist.

> Fortschreitende Muskelkrankheiten zählen zu den vererbbaren neuromuskulären Erkrankungen und äußern sich bei einem von 3500 Menschen in Deutschland von Geburt an oder im Verlauf des späteren Lebens. Sie sind bis heute medizinisch nicht heilbar. In einem typischen Verlauf verkrümmt sich nach dem 10. Lebensjahr das Rückgrat, ab dem 20. Lebensjahr lässt nach der Muskulatur des Rumpfes und der Gliedmaßen auch die Muskulatur von Hals und Gesicht nach. Es entwickeln sich Kauschwäche, Schluckstörungen und eine Schwäche der Atemmuskulatur sowie der Herzmuskulatur. Allein durch die sogenannte chronische respiratorische Insuffizienz leiden viele Patienten an Schlafstörungen, Alpträumen, Abgeschlagenheit, Konzentrationsstörungen, Depressionen und Angstzuständen.

Was hat für dich heute Qualität? Was an diesem Tag erscheint dir lebenswert und gut?

Maria Langstroff: Früher hätte ich wahrscheinlich gedacht: «Allein ans Bett gefesselt zu sein, das kann ich mir nicht vorstellen.» Es war schon nach Operationen eine Hölle für mich, nur fünf oder sechs Tage liegen zu müssen. Heute ist für mich Qualität, noch denken zu können; dass ich sagen kann: «Ich will jetzt mein drittes Buch schreiben»; dass ich sagen kann: «Ich mache zwei Studiengänge auf einmal. Ich mache mit als Rettungsassistentin.» Deshalb habe ich letzte Woche beim Roten Kreuz angerufen.

Manchmal habe ich auch Tage, an denen ich denke: «Scheiß drauf, ich kann nicht mehr, ich habe keinen Bock mehr.» Ich war vor ungefähr einer Woche an einem Punkt, an dem ich sagte: «Bitte setzt einen Schrieb auf; ‹Medikamente alle absetzen, bis auf mein Fentanyl-Nasenspray, keine Verbandswechsel, kein Lagernlassen, keine Kontrollen, gar nichts davon. Nur noch waschen!›»

Um Autonomie zu gewinnen, trotz der Risiken.

Ja, klar. Es ging um Autonomiegewinn. Es war aber vor allem das Gefühl: Ich will es nicht mehr, ich schaffe es nicht mehr, und ich kann es mir nicht mehr vorstellen.

Wie findest du aus solch einer Phase heraus, so dass du diesen Schrieb nicht aufgesetzt hast?

Ich habe diesen Text aufsetzen lassen letzte Woche. Ich habe ihn auch unterzeichnet. Dann habe ich Entzugserscheinungen bekommen. Bald darauf hat meine Lieblingsärztin gefragt, haben Leute hier auf mich eingeredet: «Hör mal, Maria, was soll das?»

Andere mussten dir helfen, umzudenken?

Vor allem meine Familie. Sie ist für mich das A und O. Und meine Freunde. Ich habe so viele Freunde, die immer für mich da sind. Oftmals schaffe ich es alleine hinaus. Manchmal denke ich aber einfach nur: «Ich will jetzt nicht mehr.» Es kommt nicht häufig vor, dass ich wirklich so etwas unterschreibe.

Das war ein Tiefpunkt.

Ja. Das war eine Krise.

Vielleicht sogar *der* Tiefpunkt?

In diesem Jahr bestimmt. Ich bin zwölf Mal operiert worden allein an der PEG, das ist der Magenzugang, über den ich künstlich ernährt werde. [Anm.: Die Sonde führt durch Haut und Bauchwand in den Magen.]

Das hat dich sehr strapaziert.

Ja, sehr.

Wann bist du glücklich?

Glücklich bin ich immer, wenn ich mit meinen Eltern, ehemaligen Lehrern, Freunden, Dozenten telefoniere. Oder auch, wenn ich selbständig etwas organisieren kann. Mein defektes medizinisches Gerät austauschen zu lassen, zum Beispiel. Anstatt die Pflege damit zu beauftragen, konnte ich sagen: «Das mache ich.»

Das Gefühl tut dir gut: «Ich kann das.»

Ja, absolut.

Etwas nicht passiv zu erleben: gewaschen zu werden, gelagert, medizinisch versorgt zu werden, sondern aktiv und selbständig das Päckchen an den Hersteller zu schicken?

Ja. Natürlich brauche ich dann wieder Hilfe, wenn's ans Verpacken geht und darum, das Päckchen in die Post zu geben. Mein Kopf ist aktiv; passiv bin ich, wenn es ans praktische Handeln geht.

Du hast einmal gesagt, dass du manchmal allein mit Gott in diesem Zimmer bist. Wie sind diese Zeiten?

Manchmal denke ich: «Gott, du bist mir so extrem fremd! Warum bringst du mich in diese Situation?» Und dann denke ich wieder: «Es gibt Menschen, die sind noch viel jünger als ich.» Warum bringt Er Kinder in so eine Situation? Es kann mir niemand erzählen – auch wenn ich sonst diese These vertrete, es sei für uns die Aufgabe, die Prüfung. Ich hätte gerne Kinder, aber wenn ich mir vorstelle, dass ich meine Krankheit an sie weitergebe, würde ich mich erschießen. Das soll nicht suizidal klingen, aber ich hätte die Kraft nicht; ich würde denken, ich habe die Schuld, weil ich es ja vorher wusste.

Nimmst du eine Antwort von Gott wahr?

Ja. Dass Er mir wieder einen Lichtblick gibt: «Guck mal, Maria, trotz allem, was passiert ist, neben allen Tälern, durch die du körperlich gehst, trotz aller Rückschläge, hast du auch deine hohen Phasen.» Und diese Phasen überwiegen, in denen ich hoffnungsvoll nach vorne gucken kann. Sie sind zu 90 Prozent da. Das zeigt mir schon, dass Er da ist. Ich glaube, dass Gott mir Zeichen gibt.

Welche?

Darüber muss ich nachdenken. *(Lange Pause.)* Mir erscheint kein helles Licht oder Gott in Person. Manchmal denke ich: «Danke, Gott!» Zum Beispiel, wenn ich mein Fentanyl-Nasenspray bekomme und meine Schmerzen etwas weniger werden.

Das Nasenspray als Gottesgeschenk?

Ja. – Aber auch Menschen, die hinter mir stehen.

Ein Seelsorger hat dir einmal gesagt: «Maria, wir alle sind sterblich, du auch.» Das hat dich im Umgang mit dem Sterben ruhiger gemacht. Wie das?

Ich hatte immer starke Angst vor dem Tod. Selbst als ich noch glaubte, gesund zu sein. Ich habe schon noch Respekt vor dem Wie: Werde ich Schmerzen dabei haben oder sonst irgendetwas? Aber ich habe keine Angst mehr vor dem, was danach kommt. Denn ich bin mir sicher, dass etwas danach kommt. Ich kann nicht genau beschreiben, warum mich der Satz des Seelsorgers so gefestigt hat.

Dabei hast du schon mehr Ahnung vom Wie als die meisten von uns, denn du musstest ja schon mehrfach reanimiert werden.

Nach meinem letzten Anfall vor ungefähr zwei Wochen sagte eine Schwester: «Maria, bitte tu nie wieder so etwas. Du hast mich so erschreckt.» Sie weiß, dass ich auf diese Krisen keinen Einfluss habe, war aber zutiefst erschüttert. Ich kann mich an nichts vom jüngsten Anfall erinnern.

Ich erinnere mich, dass, als ich 2011 wiederbelebt werden musste, mein Gehör als Letztes aussetzte. Ich habe noch das Piepsen des Überwachungsgeräts gehört, konnte mich aber nicht mehr bewegen – also meinen rechten Arm, der damals noch besser funktionierte, nicht mehr bewegen. Ich konnte auch die Augen nicht öffnen, konnte nicht mehr reden, habe aber trotzdem Leute gesehen und dass meine Familie sich verabschieden musste. Ich hatte den Eindruck, als hinge ich oben im Raum und blickte auf die Helfer herunter, die sich über meinen Körper beugten. Dann hörte ich einen der Ärzte sagen – ich konnte nicht erkennen, wer es war: «Wäre ich mit 24 schon so krank, ich würde mich erschießen.» Als ich wieder zurück war, habe ich gefragt: «Welcher Arzt hat denn gerade diesen Satz gesagt?» Der Betreffende bekam einen knallroten Kopf und ging raus.

Du weißt also, wie es ist, wenn alle Lichter ausgehen. Wovor hast du noch Angst? Du bist schmerzmedizinisch gut versorgt.

Das Problem ist, ich bekomme im Moment eine 275er Dosis Fentanyl über drei Pflaster verabreicht, dazu einen Pumpstoß Fentanyl-Nasenspray alle zwei Stunden. Und trotzdem habe ich immer noch Schmerzen.

Meine andere Sorge ist die: Eigentlich gilt meine Patientenverfügung, in der steht: «Bitte nicht reanimieren.» Nach einem Herzstillstand hier im Pflegeheim haben sie es trotzdem getan, weil sie meines Wissens dazu verpflichtet sind, solange noch kein Notarzt beim Patienten ist; und im Nachhinein bin ich froh, dass man das gemacht hat.

Später habe ich mich gefragt, ob ich die Patientenverfügung vielleicht wieder zurückziehen sollte. Andererseits habe ich die Angst, ich könnte einen Hirnschlag bekommen, wenn sie mich auf Biegen und Brechen reanimieren. Ich liege hier auf einer Station mit Wachkoma-Patienten – und ich möchte nicht dasselbe erleben wie sie. Ich habe Angst, dass bei der Wiederbelebung etwas schiefgeht. Die Patientenverfügung habe ich aber vor allem geschrieben, damit meine Familie diese Entscheidung nicht treffen muss.

Nach dem Tod wird alles gut, glaubst du?

Das ist mein Denken. Ich glaube, es ist gut, dass ich diese Vorstellung habe, denn ansonsten würde ich wahrscheinlich kirre werden. Ich glaube einfach, dass ich sonst zu große Angst hätte und nicht mehr könnte.

Als ich im Rollstuhl saß, bin ich durch die Klinik gedüst und landete zufällig vor einem Andachtsraum. Ich bin einfach rein, jemand klopfte mir von hinten auf die Schulter – das war ein Pfarrer – und lud mich zu einer Andacht ein. Es kam mir so vor, als wäre diese Andacht nur für mich bestimmt, obwohl noch andere im Raum waren. Es ging darum, dass Gott alle Menschen liebt, auch wenn sie krank sind, auch wenn sie vielleicht im Rollstuhl sitzen mögen.

Das war der Anstoß, mich mit der Frage zu befassen, was nach dem Tod kommt. Ich glaube, es wird weitergehen, du wirst in den Himmel aufsteigen. Ich hoffe, dass Gott mich aufnimmt und dass ich da die Menschen treffe, die ich liebe.

Eine Maria, die alle Gliedmaßen benutzen kann!

Richtig.

Magst du dich so, wie du bist?

(Lacht.) Jein. Ich habe schon manchmal Probleme mit mir selbst. Viele sagen, ich sei hübsch. Das finde ich überhaupt nicht.

Magst du dein Wesen?

Manchmal nicht.

Die Benediktiner-Schwester Agnella hat mir im Interview gesagt, sie glaubt, jeder von uns ist ein Gedanke Gottes. Was hat sich Gott wohl bei Maria gedacht?

Das ist eine gute Frage. – Dass die Maria ganz viele verschiedene Charaktereigenschaften hat. Herzlichkeit zum Beispiel – und manchmal die, übers Ziel hinaus zu schießen. Maria hat bestimmt eine Aufgabe zu erfüllen. Eventuell auch die Aufgabe, Menschen zu zeigen: «Hey, rafft euch auf, auch wenn es gerade schwierig ist!» Wie oft haben mir Menschen schon gesagt: «Maria, wir sollten uns eine Scheibe abschneiden von dir.» Das könnte der Sinn sein. Natürlich weiß ich es nicht genau; es ist eine schwierige Frage.

Wann wäre dein Leben erfüllt?

Mein Leben wird erfüllt sein, wenn die Aufgaben erfüllt sind, die ich mir gesetzt habe; wenn die Ziele, die ich mir gesetzt habe, erreicht sind. Ich kann natürlich nicht das Referendariat ausüben, ich werde nur mein erstes Staatsexamen machen können. Wenn ich dann gehen muss, ist es okay. Falls sich aber die Möglichkeit ergeben würde, doch weiterzumachen, wenn mich eine Schule annehmen würde, und zum Beispiel jemand für mich an die Tafel schreibt, werde ich auch mein zweites Staatsexamen noch machen.

Deine Talente sollen zum vollen Ausdruck kommen.

Ja, so denke ich. Ich will damit aber nicht eingebildet klingen. Ich habe auch gesagt: «Wenn ich an der Ostsee war, dann kann Gott mich zu sich holen.» Denn das war einer meiner größten Träume zusätzlich zu den Buchveröffentlichungen. Ich war schon immer sehr verliebt ins Meer und wollte noch einmal mit meiner Familie in den Urlaub fahren. Meine Familie gönnt sich selbst keinen Urlaub, weil sie nicht weit entfernt sein will, sollte mir etwas passieren. Das Meer hat so viel Ruhe und Entspannung. Wenn mich Gott da abgeholt hätte … Ich habe so viele Monate darauf hingearbeitet, es waren so viele Menschen daran beteiligt, es möglich zu machen. Und dann war es plötzlich vor mir …

Ich habe die Fernsehbilder dazu gesehen. Du warst völlig überwältigt. Wirst du irgendwann einmal aufhören, dir Ziele zu setzen?

Nein, niemals. Wenn du aufhörst, dir Ziele zu setzen, stirbst du im Inneren. Wenn du dir vorstellst, Uwe: «Ich muss jetzt Monate vorbereiten, um für ein oder zwei Tage ans Meer zu kommen», würdest du es machen?

An deiner Stelle? – Unbedingt!

Warum?

Wenn in mir eine so große Sehnsucht wäre, ans Meer zu kommen, und ich wüsste, diese Sehnsucht zu stillen, würde mich für ein paar Momente glücklicher machen als sonst irgendetwas, dann würde ich dieses Glück natürlich suchen.

Ich weiß noch, wie dieser Wunsch entstanden ist, an die Ostsee zu fahren. Als ich mein Hörbuch in diesem Zimmer eingelesen habe, sagte ich zu den beiden Mädels vom Verlag, Antje und Anne: «Wisst ihr was – es nervt mich so dermaßen, dass ich immer nur an die linke Wand, an die Wand vor mir und zur rechten Wand gucken kann, vielleicht noch an die Decke!» Ich finde dieses Zimmer beengt und klein.

Was bedeutet dir die Botschaft vom Schmerzensmann Jesus, der zu Tode verzweifelt war?

Ich glaube, Gott hat Erfahrungen gemacht am Kreuz wie kein anderer von uns, als er aufgehängt wurde. Man sieht sein schmerzverzerrtes Gesicht, die Arme gespreizt. Wie sehr muss er gelitten haben, wie extrem müssen die Schmerzen gewesen sein. Kannst du es dir vorstellen?

Das kann ich nicht. Ich kenne nur medizinische Beschreibungen der Kreuzigung, und sie ähneln dem, was du erleidest: Erstickungsanfälle und Kreislaufzusammenbrüche, schwere Krämpfe, starke Schmerzen. Ich glaube, das kannst du dir besser vorstellen.

Ja.

Hat dich jemals der finstere Gedanke befallen, du hättest hier eine Strafe zu verbüßen?

Manchmal denke ich, ich hätte eine Strafe verdient, nicht, dass mir jemand eine Strafe auferlegt hätte. Ich habe meine Familie schon oft gefragt: «Glaubt ihr, ich hätte für irgendetwas bestraft werden müssen, das ich in meinem Leben getan habe?» Und sie haben entgegnet: «Was sollte das denn gewesen sein?»

Du hast schon um Heilung gebetet, aber dein Wunsch ist unerfüllt.

Ja. Aber zuerst wünsche ich mir, dass kleine Kinder heile werden, krebskranke Kinder vor allem, nicht ich. Denn das wäre für mich egoistisch. Ich wollte vor meiner Lungenembolie 2009 mich in der Marburger Universitätsklinik ehrenamtlich engagieren für krebskranke Kinder, für sie etwas machen, ihnen zum Beispiel vorlesen. Das ging dann ja nicht mehr.

Wie gehst du mit diesem Widerspruch um, dass Gott es gut mit dir meint, dich aber so leiden lässt?

Ich verzeihe Ihm das. Ich sage nicht, dass Er daran schuld ist. Und ich habe aufgehört, nach dem Warum zu fragen.

Was wünschst du dir für heute?

Heute wünsche ich mir, dass ich nicht erbreche, denn das kann bedeuten, etwas gerät in die Luftröhre und ich bekomme einen Erstickungsanfall. Und ich wünsche mir von Gott, niemals egoistisch zu werden trotz der Erkrankung.

Betest du für andere?

Ich versuche, für andere da zu sein. Und wenn ich bete, dann für andere, nicht für mich. Ich finde das nur fair, denn das sind die Menschen, die immer für mich da sind. Meine Eltern, meine Freunde, meine Dozenten, Ärzte, Pflegekräfte, Therapeuten. Und unzählige andere.

Hast du ein Lieblingslied?

Oh ja. Ganz viele. Xavier Naidoo zum Beispiel: «Bitte hör nicht auf zu träumen.»

> Bitte hör nicht auf zu träumen,
> von einer besseren Welt.
> Fangen wir an aufzuräumen,
> bau sie auf, wie sie dir gefällt.
> Du bist der Anfang,
> du bist das Licht.
> Die Wahrheit scheint in dein Gesicht.
> Du bist ein Helfer,
> Du bist ein Freund.

Ich hab so oft von dir geträumt.
Du bist der Anlass,
Du bist der Grund.
Du machst die Kranken wieder gesund.

Aus Xavier Naidoo: «Bitte hör nicht auf zu träumen»

Das ist die ganz große Vision: Die Welt aufbauen, wie sie dir gefällt. Ist das für dich wichtig?

Die Welt ein bisschen verändern, das wollte ich mit meinem Buch. Dass ich sie alleine nicht verändern kann, ist mir schon klar, aber ein kleines bisschen. Ich meine, dass ich ein wenig anders behandelt werde, seit das Buch erschienen ist. Da ist weniger Grobheit und mehr Respekt. Viele Mails und Leserzuschriften an den Verlag deuten darauf hin, dass sich auch für andere Menschen mit Behinderung etwas geändert hat.

Statt eines Nachworts
Uwe Schulz: Muttern

Donnerstag, 5. März, 15:43

Hospiz ist ein schöner Ort, weil dort alle wissen, wie wertvoll das Leben ist.
Hospiz ist ein fremder Ort.

> «Ich gehe nun in dieses Zimmer, um auf den Todesengel zu warten», sagt sie.

> «Nein, du lebst heute in diesem Zimmer und wartest besser nicht», sage ich.

Die Gegenwart ist ein flüchtiges Ding, aber sie kann sehr intensiv sein, und du spürst, wie sie dich formt. Mutterns Körper verändert sich sichtbar. Der Tumor und seine Gesellen schnüren ihr die Beine ab, den linken Arm, den Magen.
Wenn er sie gewürgt hat, ist sie so schwach, dass sie spricht wie ein schlaftrunkenes Kind. So muss die Idee entstanden sein, der Tod umfange uns schon mitten im Leben.
Angst lungert in den Winkeln des Zimmers, und plötzlich fällt sie über dich her, und du starrst auf das Fünkchen, das dieses Dunkel noch übersteht.
Was besteht im Leben, wenn du nichts mehr essen kannst, wenn die Luft knapp wird, wenn du nur noch zwei Schritte lau-

fen kannst, wenn du keine Pläne mehr machen solltest, die über diesen Tag hinaus reichen?

Worte bestehen. Nähe. Hoffnung angesichts der sichtbaren und unsichtbaren Wahrheit. Liebe. Glaube.

Warum alle sie «tapfer» und «stark» nennen? Vielleicht, weil sie ihr Haus bestellt hat. Alles ist geordnet, mit Zettelchen dran in ihrer kleinen, runden Schrift.

Sie erkundigt sich bei der Palliativärztin im Hospiz wie ein Trainer vor dem Entscheidungsspiel über die Taktik des Gegners: «Woran werde ich sterben? Leberversagen? Darmdurchbruch? Ersticken?»

Und die Antwort der Ärztin: «Es könnte auch Herzversagen sein», nimmt sie verblüfft auf, nicht ängstlich: «Ach, daran hatte ich gar nicht gedacht.» Spricht da die Krankenschwester aus ihr, die sie vor Jahrzehnten einmal war?

Die Ärztin verspricht: «Wir erleichtern jeden Schritt.» Eine gute Perspektive.

> Heute ist ein guter Tag.
> Sie freut sich, dass sie geduscht wurde.
> Und über einen Schluck Kakao.
> Und dass es draußen regnet.
> Sie scherzt am Telefon:
> «Bei dem Wetter kann ich im Bett bleiben.»
> Als ob sie eine Wahl hätte.
> Ihr größtes Geschenk an uns in diesen Tagen:
> Vertrauen. Das macht uns stark.

«Starke Frau», sagt der Onkologe, als er seine Kapitulation verkündet hat. Er berührt sogar kurz ihr Betttuch, als er leise die Worte spricht. Keiner der Kollegen sieht noch eine Chance. «Wenn Sie meine Mutter wären», hat er kurz zuvor gesagt, «ich würde keine Chemo mehr beginnen.»

Mutter ist verblüfft, noch zwei Tage danach, als ich im Halbdunkel von Zimmer 304 neben ihrem Bett sitze im Marienhospital. «Ich weiß gar nicht, wie er darauf kommt? Ich fühle mich gar nicht stark», sagt sie. Draußen schwebt der Rettungshubschrauber zur Landung herein wie ein Raubinsekt mit dröhnendem Flügelschlag.

Ich weiß, wie der Onkologe darauf kommt. Wieder fallen mir nur die Worte eines anderen ein. Bonhoeffers «Wer bin ich?», geschrieben in der Untersuchungshaft zum Tode. Ich lese ihr vor, wie stark und zuversichtlich ihn die Mitgefangenen wahrnehmen, wie zerrissen und mutlos er selbst sich gleichzeitig erlebt.

> Bin ich das wirklich, was andere von mir sagen?
> Oder bin ich nur das, was ich selbst von mir weiß?
> Unruhig, sehnsüchtig, krank, wie ein Vogel im Käfig,
> ringend nach Lebensatem,
> als würgte mir einer die Kehle,
> hungernd nach Farben, nach Blumen,
> nach Vogelstimmen,
> dürstend nach guten Worten,
> nach menschlicher Nähe,
> zitternd vor Zorn über Willkür
> und kleinlichste Kränkung,
> umgetrieben vom Warten auf große Dinge,
> ohnmächtig bangend um Freunde in endloser Ferne,
> müde und zu leer zum Beten,
> zum Denken, zum Schaffen,
> matt und bereit, von allem Abschied zu nehmen?
> Wer bin ich? Der oder jener?
> Wer bin ich? Einsames Fragen treibt mit mir Spott.
> Wer ich auch bin, Du kennst mich,
> Dein bin ich, o Gott!
> *Aus Dietrich Bonhoeffer: «Wer bin ich?»*

Mutter ist nicht immer die beste Zuhörerin, manchmal lösen sich ihre Gedanken schon, während ich vorlese, völlig von den Worten, und ich erkenne mit dem Satzende: Das war nichts für sie. Dann presst sie die Unterlippe gegen die Schneidezähne und spricht eine halbe Oktave heller: «Ei», sie sagt wirklich «ei», wie Grete Weiser in einem 1950er-Jahre-Film, «das habe ich nicht verstanden.»

Heute bleibt die Unterlippe entspannt. Ich kann spüren, wie dieser Satz in ihr nachklingt: «Dein bin ich, o Herr.»

Sonntag, 8. März, 22:07

Ein Märzsonntag mit kühler Luft und fliegenden Wolken vor stahlblauem Himmel. Eine gelbe Primel leuchtet vom Balkon durchs Fenster in den warmen Essraum vor der Küchenzeile. Feine Tortenstücke auf langer Tafel, Sahne und Mohn und Apfel. Im Bett sie, zwei Kissen im Rücken, die Bettdecke bis zur Brust. Ihre Augen wandern sicher durch den Raum, ruhen mal auf Bettina, die mit Vera spricht, mal auf Johannes, der seine Brille vor den Fingerchen des Sohnes in Sicherheit bringt. Daniel, ein Jahr alt, in dem das Leben vorwärts drängt.

Daneben die Tochter. Der Sohn. Und die, die ein Leib mit ihnen sind. Der Mann.

> Die Bilder strömen. Sie ist eine Reisende auf Großer Fahrt. Staunt über die Landschaft, die an ihr vorüberzieht. Zum Greifen nah, jenseits des Fußendes.
> «Der Baum sieht aus wie ein Scherenschnitt», sagt sie, und wir blicken beide durchs Fenster, durch seine kahlen Zweige hindurch, Richtung Westen, wo bald die Sonne untergehen wird. Dieselbe Sonne, die jetzt ein mildes Licht auf ihr Gesicht wirft, ohne sie zu blenden. Mit offenen Augen schaut sie hinaus ins Freie.

Dienstag, 10. März, 21:50

Zeit ist ein Geschenk.
 Wir hatten Zeit. Mutter und ich. Zeit zu hören. Zeit für Berührung. Zeit zu reden. Zeit zu weinen. Zeit für einen Scherz. Selbst als sie meinen Worten nur noch mühsam folgen kann, setzt sie Pointen: Ich lese ihr als Wegzehrung vom Phänomen der Siebzehn-Jahr-Zikade vor, die solch lange Zeit als Larve in der Erde verbringt, dann schlüpft und nach der finalen Häutung ihren Gesang anstimmt. Ich sage:
 «Bald wirst du singen wie die Zikade.»
 Und sie sagt, mit geschlossenen Lidern:
 «Was denn? Im Singen war ich nie besonders gut.»
 Sie lebt und spricht ohne Bitterkeit.

Mittwoch, 11. März, 22:25

Die Sprache versagt.
 Sie hat gerne gesprochen.
 Stunden meiner Ferientage hat sie angefüllt mit Erinnerungen. An ihren Vater Paul, der ihr auch in erbärmlichen Kriegstagen noch Essen mit nach Hause brachte. «Hasenbrote», die ihm der Osterhase persönlich geschenkt hatte. So erzählte er es seiner kleinen Tochter. Erst später hatte das Kind erkannt, dass er einen Teil seiner eigenen Ration für sie aufbewahrt hatte bis zum Feierabend im Sägewerk.
 Ich erfuhr von ihrem Rauhaardackel Foxl, der offenkundig ein Schisser war, denn er konnte als Welpe nachts nicht alleine schlafen und flüchtete sich schließlich ins Stroh unter den Hals der Ziege im kleinen Stall. Später war er ein tollkühner Dachshund, der seinem Herrchen um jeden Preis aufs Feld folgte und einmal sogar aus dem Fenster zum Hof

sprang, als er den Wetzstein über die Klinge der Sense dengeln hörte.

Mutter erzählte vom Habicht, der Tauben schlug, vom Marder, der die Hühner killte, und von hungrigen Dorfbewohnern, die Kleinvieh aus dem Pferch von Vater Paul stahlen. Und von Werten, die der Mann auch in Zeiten von Lebensmittelkarten und Rationierung bewahrte: Gleiches nicht mit Gleichem zu vergelten. Auch zufälligen Gästen etwas anzubieten.

Alles an ihr ist Atmen, jeder Zug eine Tat. Hat das Morphin ihren Geist entführt in einen Raum ohne Schmerz, oder weicht ihr Geist zurück vor dem Tumor, den sie vor zehn Wochen noch «den Kraken» nannte, dorthin, wo keine entartete Zelle ihm schaden kann?

> Hat sie noch Worte? Oder träumt sie in Zungen?
> Kurze Seufzer perlen dann und wann aus ihrem Mund.
> Sie ist schön. Die Haut wie Elfenbein, gekraust die Stirn, mit zwei Falten über der Nasenwurzel. Ich spreche ihren Namen wie einer, der an gut gesichertem Burgtor Einlass begehrt, weil die Nacht heraufzieht.

Öffnen kann sie die Lider nur für einen Moment. Ihre Augen blicken hindurch. Durch meine Augen, durch die Decke dieses Zimmers, bis sie für einen Moment wieder erkennen. Bis ich erkenne: Es ist gut. Dann ist sie wieder fort, ein Hauch, der mir kurz das Gesicht gewärmt hat. «Hast du Schmerzen?» Ihr Mund formt ein Nein. Wohin mag mein Wort dringen? Die Wärme meiner Hände, die ihre Hand fassen? Diese Hand, die mich gestreichelt hat, die meine Wunden verbunden, die mir den Löffel zum Mund geführt hat. Die Hand – ich vergaß –, die mich einst am Ohr zog. In dieser sanften Hand ist noch Kraft. Ihr Ausdruck. Das hier ist das Leben. Vor drei Tagen noch war sie gegenwärtig.

Donnerstag, 12. März, 21:49

Die Zeit der Taten bricht an. Mutters Tat: Liegen und die Dinge mit sich selbst abmachen. Sie, die so gerne geplaudert hat, spricht nur noch einen einzigen Satz, nachdem ich meinen Mund ganz nah an ihr Ohr geführt habe:
«Was sagst du?»
Denn ich hatte gefragt: «Soll ich dir Gedanken von Ernesto Cardenal vorlesen?» Und dann schenkt sie mir diese Geste, die ich noch aus ihren wachen Stunden kenne: Sie bettet ihren Kopf neu, so dass ihr Ohr den Klang meiner Stimme besser empfangen kann. Ich lese – und hoffe, dass Worte wirklich heilen, wie Heinrich Böll es sagte. Vielleicht sickern sie durch Mutters einzigartigen Schlaf hindurch und hinein in ihren Geist, der längst seine Schwingen ausgebreitet hat.

Wie sie gelegentlich ihre Hände einzeln sanft nach außen bewegt, als taste sie behutsam nach jemandem, der neben ihr steht, oder als teile sie einen leichten Vorhang. Rätselhaft.

Wie sie den Druck meiner Hand erwidert. Anfangs noch leicht, in der jungen Nacht dann gar nicht mehr. Sie lässt los.

Von Zeit zu Zeit atmet sie ein sanftes «Ja» aus, als empfange sie – unhörbar für mich – Botschaften, denen sie gerne folgt. Als füge sich in ihrem Geist etwas zu einem Bild zusammen, das sie zuvor nur in Bruchstücken kannte. Viele kleine Jas in diesen Stunden, wie Schritte ins Freie. Welcher Segen, dass kein einziges «Nein» ihre Lippen verlässt.

Ich stütze ihren Kopf, tupfe mit dem Mundstück des Bechers an ihre Unterlippe. Sie öffnet und empfängt ein wenig Tee. Schluckt. Räuspert sich. Stößt sogar leise auf, so unschuldig, wie es sonst nur kleine Kinder tun. Ich tauche das Wattestäbchen in die Flasche. Coke light. Die mag sie, seit sie wahrgenommen zu haben meint, dass sie ihrem Bauch gut tue. Sie saugt. Kraftvoll. Würdevoll. Stolz auch in ihrer Welt, die mir verborgen ist.

Ich salbe ihr Gesicht. Dr. Hauschkas Feuchtigkeitspflege. Die zwei Falten über der Nasenwurzel, ihre Stirn, auf der zuerst Christine die kleine dunkle Ader hervortreten sah, Wangen und die Partie um den Mund, über die sie sich dann und wann mit der Rechten streicht wie jemand, der selbstvergessen über etwas nachsinnt. Vielleicht ist es auch leichter Juckreiz, wie ihn eine versagende Leber verursachen kann.

Ihre sanften, warmen Hände. Gestern erst habe ich ihre ebenmäßigen Nägel gefeilt, auch am Ringfinger, dessen Kuppe ihr als Kind ein Sägeblatt im Werk des Vaters gespalten hat. Es tut mir gut, ihre Hände so zu sehen.

Der Tumor hat sie nicht besiegt. Er wird verrotten. Das Plasmozytom konnte ihr nichts anhaben. Seinem Biss ins Becken hat sie standgehalten.

Sie hat allein entschieden, welchen Becher des Leids sie leert, so hat es mir die Schwester der Tagesschicht verraten: Heimlich hat sie aufgehört, die Hepsera-Tabletten einzunehmen, hat die Hepatitis-Viren von der Leine gelassen und sich ihrem sanften Zerstörungswerk ergeben. In ihrem Bauch rumort es vernehmlich. Die Todesreiter stürmen los. Aber die Zügel hält sie.

Freitag, 13. März, 22:34

«Von dieser Frau habe ich noch etwas gelernt», sagt die Ärztin am Ende des Freitags. Da ist Mutters Stirn bereits erkaltet, ihre Hände, ihre Brust. Um 18.25 Uhr ist sie gegangen. Ich war nicht da, klemmte irgendwo zwischen Remscheid und Hagen auf der Autobahn, als sie noch einmal die Augen öffnete, weiter und weiter, wie Christine es erzählt, klarer und klarer. Eine Schauende, eine Erkennende. Der Atem schwerer noch als tags zuvor. Aber ohne Qual, wie es denen scheint, die bei ihr sind.

Meine Gebete sind erhört. Sie hat gerungen, aber sie ist nicht verzweifelt. Der Tod hat ihren Körper nicht entstellt. Eine Dame bis zum Schluss. Ein Wohlgeruch.

> Ich trage sie in mir, die mich geboren hat und meine Schwester, bis ich ihr folge auf dem Weg, den sie so aufrecht schritt.

Dienstag, 17. März, 15:09

Der Ring auf dem kleinen Finger meiner Rechten – gestern noch steckte er an ihrem Ringfinger, an den wächsernen Armen fremder Gestalt. Welch ein Unterschied, das Gesicht so zu sehen. Damit will ich nichts zu tun haben, denn es hat nichts mehr mit ihr zu tun. Jetzt ist also auch ihr Bild verwischt.

Uns bleiben die Stunden im Hospiz, als wir an ihrem Totenbett saßen. Am Freitag hatte ich zum Abschied noch ihre Hände zugedeckt, weil sie es so wollte. Dabei war mir die letzte Wärme ihres Leibes in die Finger gedrungen, bewahrt zwischen ihrer Hand und ihrem Bauch.

Zwölf Stunden später hat sich bereits die Natur ans Werk gemacht. Die Haut ist kälter als Stahl, und ich mag ihr nicht länger über eine Wange streichen, die hart geworden ist.

Kein Gedanke, wo sie jetzt wohl sein mag. Aber dann – wie eine Druckwelle, die dich trifft – die große Angst, sie könnte umherirren, sie könnte noch einmal ihre Heimat verloren haben.

Am Sonntag spüre ich, dass Christine an ähnlichen Zweifeln zu tragen hat. Sind wir ihr etwas schuldig geblieben? Ein Gebet, eine Lossagung, den Geschmack der Gnade, einen Segen? Wie kann es sein, dass nach all diesen Tagen und Worten doch noch etwas ungesagt geblieben ist, ungetan?

Ich erinnere mich an ihre schwache Stimme, drei Wochen zuvor: «Ich hoffe, der Herr vergibt mir meine Sünden.» Hat mein Mund gesprochen: «Das wird Er»?

Ganz gewiss habe ich ihren Satz vollendet: «... die ihr mühselig und beladen seid. Ich will euch erquicken.» Darauf muss ich bauen und auf meine Gebete, die ich durch den Zweifel und die Stille hindurchgestoßen habe.

Können wir jetzt noch etwas für sie tun? Sollen wir dem Schöpfer und Richter aller Welt noch einmal den Fall vortragen? Mit Gnadengesuch für sie und uns? Sollen wir uns unterwerfen, Gott loben für Seine Stärke, wie es jüdischer Brauch ist?

Andere haben zu ihr von Ihm gesprochen: «Tiefer können wir nicht fallen als in Jesu Hand», und sie hat daran festgehalten. Wir tragen mit an ihrer Last. «Kyrie eleison», haben wir gebetet, als ihre Seele schon aufgebrochen war.

Der Sarg so hell, mit einem kleinen, bunten Intarsienstreifen und Holzgriffen an den Beschlägen. Ob sie das interessiert? Warum Ranunkeln und Levkojen? Für sie? Für uns? Für die, denen die Trauerfeier am Freitag noch einmal von ihr erzählen soll. Sie war ein Gedanke Gottes, und wir halten fest, was davon wir begriffen haben, suchen uns Bilder, durch die ihr Wesen hindurchscheint.

Mit ihr wird die kleine Schatztruhe begraben, die Vera ihr am letzten Sonntag voller Leben gab. Darin bunte Steine und ein Schneckengehäuse. Mutter hat vor allem das Geschick beeindruckt, mit dem Kinderhände rote, blaue und ein grünes Glassteinchen mit Facettschliff auf den Deckel geklebt hatten. Es gibt keinen guten Grund, das Kästchen zu versenken. Vieles in diesen Tagen geschieht grundlos. Wir schauen uns selbst beim Handeln zu, wissend, dass das Eigentliche nicht sichtbar ist. Unsere Vernunft führt uns Wege, als ob wir sie schon einmal gegangen wären, vertraut, und doch blicken wir nicht rechts noch links, erkennen nicht das Ziel, können uns nicht darauf freuen.

Eine Strömung trägt uns fort, und wir können nichts tun, als den Kopf über Wasser zu halten und ein kleines Glutnest vor der Nässe zu schützen, in dem wir Freude und Vertrauen bewahren. «Wir sind reich», hat sie gesagt am Ende des Sonntags voller Leben. «Und wir sind Bettler», habe ich erwidert.

Donnerstag, 19. März

Auf meinem Mobiltelefon zwei Fotos vom Februar. Mutter noch zu Hause, schwach, in ihrem Bett, nahe dem Fenster zum Garten, weit entfernt vom Leben vor dem Fenster und von dem bisschen Leben eine Treppe tiefer.

War es der 12. Februar, als ich bei ihr war, als ihre Stimme brüchig aus dem Kissen aufstieg wie der Ruf eines Kükens, das vor der Zeit aus dem Nest gefallen ist? «Das hätte ich nicht gedacht. Dass ich einmal so ... dass ich einmal so schwach werden würde.»

Sie wäre fast verhungert, und ich habe es nicht bemerkt. Sie wäre fast innerlich verblutet, und ich habe es nicht bemerkt. Christine hat sie gerettet. Hat ihr noch Tage geschenkt. Künstliche Ernährung über den Port an der Vene, die ins Herz mündet. Silikon in das Leck, das der Tumor offenbar in ihren Zwölffingerdarm gefressen hat. Krankenhaus. Mutter feiert diese kleinen Erfolge mit kräftiger Stimme und spitzen Worten über die Stationsschwester, die am Morgen unschicklich war. Mutter hofft, obwohl sie weiß, dass Teerstuhl ein böses Zeichen ist.

Drei Tage später kapituliert der Arzt. Der Tumor ist unter der Chemo gewachsen. «Wenn Sie meine Mutter wären, ich würde die Behandlung nicht fortsetzen.» Mutter hütet die Nachricht, bis ich meine Reise nach Frankfurt abgeschlossen habe, aus Sorge, mir könnte «etwas zustoßen», wenn ich es erfahre. Unsere letzten Tage sind angebrochen.

Einen Monat zuvor haben wir noch in der Küche gesessen. Sie auf dem Schreibtischstuhl, auf dem sie immer saß in diesem gelblichen Licht der ungemütlichsten Deckenleuchte der Welt. Sie erzählt von einer Filmbiographie Udo Jürgens', von seinen Zweifeln und Komplexen, von seinem Getriebensein, und ich warte, bis sie ihre eigenen Plaudereien durchquert hat, um zu mir zu kommen, zu sich. Plötzlich stockt sie, fragt:

«Wisst ihr mehr als ich?»

Nein, und wenn dem so wäre, würden wir es nicht verheimlichen.

Mich überrascht, wie sie den Sinn dieser Tage begreift:

Vielleicht, sagt sie, sollen wir, ihre Kinder, ihr Mann, die wir noch keinen Kontakt zum Tod hatten, an ihr erleben und lernen, was es damit auf sich hat. Heute weiß ich, sie lag richtig und ich falsch, als ich widersprach: «Das ist zunächst mal dein Weg. Du kannst dir hoffentlich noch die Schuhe zertanzen.» So, wie ich es ihr auf dem Laptop vorgespielt hatte, im Herbstlied von Zupfgeigenhansel.

> Feinslieb, komm stirb mit mir ein Stück –
> Sieh, müd die Blätter schunkeln.
> Wir dreh'n das Jahr doch nicht zurück
> Und seh'n uns nicht im Dunkeln.
> Lass in dem Kommen, Bleiben, Geh'n
> Zertanzen uns die Schuh!
> Ich will noch so viel Himmel seh'n,
> Und du, du lachst dazu!
>
> *nach Hans-Eckart Wenzel: «Feinslieb, du lachst dazu»;*
> *gesungen von Zupfgeigenhansel im «Herbstlied»*

Mutter hatte recht.

Donnerstag, 26. März

Fast eine Woche ist vergangen, seit wir vor diesem Abgrund standen. Ranunkeln und Levkojen zu unseren Füßen. Der Moment, den Vater gefürchtet hat, als würde der ihn vernichten, und den er jetzt doch übersteht. Kein Wanken, als ich seinen Körper an meinen drücke. Die Sonne wärmt uns den Rücken, sie findet sogar ihren Weg bis tief hinunter, dorthin, wo unter dem hell-eichenen Holzdeckel ihr Kopf sein müsste. Das, was einmal ihr Kopf war.

Kein Schmerz. Alle Sinne geschärft. Die Meisen, die ihre Balzrufe zu uns herüberzwitschern. Der kühle Wind, der die Hosenbeine umspielt. Das Sirren wenige Augenblicke zuvor, als die Seile durch die Hände der Sargträger liefen, dabei feine Fasern verwirbelnd. Vaters Schulterblatt, das hart gegen meine Brust drückt. Die Zeit reckt sich, Bild um Bild um Bild, Klang auf Klang, und ich stehe nur da und nehme wahr. Das ist das Leben. Das ist unser Tag, denn Mutter kennt keine Zeit mehr, ist weit entfernt, braucht die Rosen nicht, die wir nun der Schwerkraft überlassen, hinunter ins Verwelken.

Wir brauchen diese Rituale, damit alles an seinen Platz kommt. Staub zu Staub, Schmerz zu Schmerz. Deshalb habe ich Vater gerade noch drei oder vier Schritte zum Bahrwagen begleitet, um mit ihm gemeinsam das glatte Holz des Sargs zu berühren, die harte Kante, die gedrechselten Griffe an den Messing-Beschlägen.

Deshalb haben wir die Pfarrerin aus dem Korintherbrief lesen hören:

> Es wird gesäet verweslich und wird auferstehen unverweslich. Es wird gesäet in Schwachheit und wird auferstehen in Kraft. Es wird gesäet ein natürlicher Leib, und wird auferstehen ein geistlicher Leib.

Und wie wir getragen haben das Bild des Irdischen,
also werden wir auch tragen das Bild des Himmlischen.

nach 1. Korinther 15,42 und 49

Mutter weiß es. Wir hoffen es, glauben es, wollen es so gerne glauben. Jemand muss uns das Wort sagen, es aussprechen, damit es seinen Platz bekommt. Staub zu Staub. Zu neuer Gestalt. Seit sie fort ist, habe ich nicht einen Gedanken darauf verwendet, wie sie jetzt sei. Es geht mich nichts an. Hinter der großen Scheidung ist das Schauen. Wir starren nur in diesen Nebel, in den sie verschwunden ist.

Ach, die Sentenzen auf den Kondolenzkarten vom Fortleben in der Erinnerung. Was soll das für ein Leben sein in den lückenhaften, verdämmerten, zusammengeschusterten Anekdotensammlungen kleiner Geister? Und wie lebt es sich wohl fort in den Enttäuschungen und Rätseln, an denen unsere mächtigen Erinnerungen sich brechen, um gleich darauf konturlos ans Ufer zu plätschern? Vater ist darüber verstummt. Was für ein Fortleben soll das sein? Spart euch die hoffnungslosen Hoffnungssprüche. Warum respektieren wir nicht einfach diese Scheidung? Es ist schwer genug, allein dieses Leben hier zu erfassen.

Mutter hat gar nicht weit vom Abschied entfernt gesagt: «Für den, der geht, ist es einfacher als für den, der hierbleibt.» Vier Tage nach ihrem Tod erfahre ich, was sie meint: Ich stehe an einem deutschen Durchschnittsdienstag im «Kaufland» wie ein Kind, das gerade seine Mutti verloren hat, und spüre, wie sich auf meiner Wange ein prickelndes Rinnsal zum Mundwinkel vorarbeitet. Die Tränen waren schneller als meine Gedanken. Was ist hier los? Was ist so traurig an vier verschiedenen Sorten Gewürzgurken? «Spreewald-Gurken», das war's.

Dieses Etikett auf den Gläsern hat mich unfassbar schnell um mehr als drei Jahrzehnte zurückgeworfen in eine Zeit, als

Mutter meine Heimat war ... Eine Fahrt mit dem Stocherkahn, mit ihr und Christine und Onkel Walter durch den Spreewald. 1975, der schönste Sommer meines Lebens. Ein Foto zeigt uns vier, umgeben von anderen Touristen. Walter mit seinem abgründigen Lächeln, Mutter mit ihren Kulleraugen, im ärmellosen hellen Oberteil, das ihre kräftigen Arme freilegt, straff. Damals war sie noch nicht einmal 40, jünger als ich heute, und ahnte noch nichts von dem Virus, das sich längst an ihrer Leber zu schaffen machte.

Die DDR war für mich in jenem Sommer die Kulisse zu einem Lustspiel voller vergnügter Menschen. Eine Tafel mit weißem, gestärktem Tuch, darauf Käsekuchen und Frankfurter Kranz und Eclair. Neben meinem Stuhl der schwarze Mischlingshund Mohrchen, über allem das aufgekratzte Durcheinander freundlicher Stimmen. Am Ende prall gefüllter Tage dann das Sandmännchen im Schwarzweiß-Fernseher, während vor dem Fenster der «guten Stube» die Sonne sanfte Goldtöne aus dem Tag herausschleuderte wie ein Imker Honig aus der Wabe.

Diese Tage verdanke ich ihr. Sie sind tief in mein Wesen gewoben, dorthin, wohin der Tod nicht dringt, nicht die Schuld, nicht die Angst. Und jetzt stehe ich damit vor dem Gurkenregal und heule und bin froh.

Sie war schon um die 60, als sie mir einmal sagte:

«Manchmal wünsche ich mir, jemand würde mich an die
Hand nehmen und mich führen, so wie mein Vater das
getan hat.»

Paul, ihre große Figur in einer Geschichte, durch die seit 1957 ein tiefer Riss ging, die Grenze zwischen den zwei Deutschlands, die auch die Grenze bildete zwischen ihren beiden Familien. Schwarzweiß-Fotos aus der Zeit vielleicht nach dem Ersten Weltkrieg, zeigen ihn als Herrn im dunklen Dreiteiler, das Haar schon ausgedünnt, polierte Zugstiefel, selbstsicherer Blick. Ein Mann aus einer anderen Zeit.

Seine Uhrkette hat sie mir zugedacht, als sie in den letzten Wochen ihre überschaubaren Schätze aufteilte. Das Kochbuch von Mary Hahn, den Ring, den ihre Mutter ihr geschenkt hatte, die Bibel von 1923, deren schwarzen Einband sie mit einer transparenten Folie über Jahrzehnte hinweg geschont hatte; kleine Bleistiftkreuzchen markieren darin ihren Konfirmationsspruch, die Taufverse ihrer Kinder.

Wohin ich auch blättere in den Büchern auf ihrem Bord, Mutter hat Zeichen hinterlassen, schlanke Lesezeichen aus Pappe mit beschaulichen Motiven und aufgedruckten Sinnsprüchen, hier und da Zettelchen mit ihren handschriftlichen Notizen. «Was ist koscher?» von Paul Spiegel scheint sie regelrecht exzerpiert zu haben. Gleich hinter dem Einband steckt ein gefaltetes DIN-A5-Blatt, auf dem sie Begriffe wie in einem Glossar versammelt hat: «Bar Mitzwa = religiöse Mündigkeit, Feier mit 13.»

Sie, die nach der Volksschule gleich die Ausbildung zur Krankenschwester gemacht hat, die Schwester war und Arzthelferin und Mutter, hat in diesem Haus am Rand des Ruhrgebiets studiert, was ihr bedeutsam erschien. Judentum, Hepatologie, Naturheilkunde, alles über Gartenpflanzen. Hätte ich doch noch mehr zugehört, wenn sie von Stecklingsvermehrung sprach und von den besten Akelei-Sorten und geeigneten Pflanzen für schattige, feuchte Plätze ... Gewiss, so was steht in Büchern. Aber sie hatte es probiert.

Donnerstag, 2. April

«Hat Mutti eigentlich im Hospiz noch etwas über mich gesagt?», fragt mich Vater unvermittelt am Telefon.

«Warum fragst du?»

«Weil ich schon anfange, Sachen zu vergessen, oder ich bringe sie nicht mehr ganz zusammen.»

«Worüber habt ihr denn gesprochen?»

«Da fragst du mich was.»

Ich kann die Sprachlosigkeit mit Händen greifen. Er hat keine Worte, die jetzt ein Bild von ihr entstehen lassen könnten. Er hatte in ihren letzten Wochen keine Worte, an denen sie beide sich hätten wärmen können. Sie waren ihm schon vor Jahren abhanden gekommen, oder hatte er nie welche?

«Wir haben über alles Mögliche gesprochen.»

Ja, Mutter konnte viele Worte machen auch um wenig Eindrückliches. Aber dass sie in den letzten Wochen nichts gesagt haben sollte, an das er sich noch erinnern konnte, will ich nicht glauben. Was ist nur geschehen zwischen diesen beiden? Er atmet und hüstelt kurz auf seine Art, sagt dann:

«Ich frage mich, wie man das aushält, wenn man weiß, jetzt geht es zu Ende?» Und ich frage mich: Warum sagt er «man»?

Er spricht weiter: «Mutti hat nicht darüber gesprochen, ob sie Angst hatte. Ich weiß nicht, ob sie das mit sich abgemacht hat oder ob sie keine Angst hatte.»

Soll ich ihm sagen, dass Mutti von ihren Ängsten gesprochen hat, immer wieder einmal, mal mit Christine, mal mit mir? Dass Christine und ich, ohne voneinander zu wissen, ihr beide Jesu Angst in Gethsemane vor Augen gestellt haben? Dass Mutti und mir in diesem Gespräch, zum ersten Mal, wie mir schien, klar wurde, wie der Engel des Herrn den Todeskandidaten tröstete?

Hat er vergessen, dass Schwester Martina im Hospiz uns am Tag nach dem Tod allen erzählt hat, wie Mutti auch «ihre Ängste mitteilen» konnte, weil «manches leichter mit jemandem außerhalb der Familie zu besprechen ist»?

War er nie in einem Moment in ihrer Nähe, wie ich ihn erlebt habe? Wie das düstere Meer von Federbett und Kissen und Matratze diese kleine Schiffbrüchige zu verschlucken beginnt, in deren Vene gerade weiße Kunstnahrung tröpfelt, ihren runden und gleichzeitig ausgedörrten Leib? Hat er keinen solchen Moment erlebt, in dem aus diesem aufgewühlten Meer ihre Stimme sich emporkämpft mit dem Wort: «Ich weiß, dass mein Erlöser lebt»? Dass ihre eigene Seele nach diesen Worten zu grapschen scheint, um nicht unterzugehen in den Wogen der Angst?

Vermutlich hat er es so nicht erlebt, denn sie wollte nicht, dass er in der Angst versinkt. Ihm hat sie aus diesem Meer heraus nur zugeflüstert, dass sie nun nicht mehr will. Es waren die Tage, als der Tumor sich durch ihren Dünndarm gefressen hatte und ihr in aller Ruhe das Blut aus den Eingeweiden zu saugen begann.

Dienstag, 7. April

Die Karwoche ist angebrochen. Das dauerhafte Mysterium.

Wo der Lichtkegel der Bettleuchte seinen Rand hat, ahne ich noch die Radierung, silberfarben gerahmt: Dresden, Frauenkirche und Hofkirche, davor die Elbbrücke. Dieses Bild hat Mutter sich von ihrem ersten Geld als Schwesternschülerin gekauft. Damals war dieses Panorama zu einem Schutthaufen zusammengesunken. Sie war neun Jahre alt, als sie am Horizont den Widerschein des Feuersturms sah. Was in dieser Februar-Nacht keine 40 Kilometer vor seinem Fenster geschah, hat das Mädchen nicht begriffen; es hat nur gespürt, dass gerade eine Welt versinkt. Der Schutthaufen, der einmal die Frauenkirche gewesen war, hat sich ihr ins Gedächtnis gebrannt.

Und fünf Jahrzehnte später das Bild der auferstandenen Frauenkirche. Wir sitzen gemeinsam in der hölzernen Kirchenbank, unter einem barocken Himmel, hellblau und golden, beschienen vom Tageslicht, das durch die Fenster hereinfließt, und die Touristen rascheln und huschen und murmeln rechts und links, und

Mutter weint. Ein Foto dieses Tages zeigt sie, im Sightseeing-Bus, im Hintergrund die Front der Semperoper, wie sie das Kinn leicht hebt, als wollte sie sich ein wenig recken. Das Foto habe ich damals gemacht, den Abzug im Hospiz an die Magnettafel dem Fußende ihres Bettes gegenüber aufgehängt. Wer nicht dabei war, meint eine herausfordernde Geste zu sehen. Ich glaube, Mutter streckt ihr Kinn, einfach, weil sie Faltenwurf am Hals nicht mag.

Karfreitag, 10. April

Mutter ist verschwunden.

Ich packe ihr Passfoto neben dem von Vater in einen Bilderrahmen von Postkartenformat. Hinter die Bilder klemme ich die beiden Briefkuverts, die sie zu Weihnachten beschriftet hat. «Für Monika», steht auf dem einen. «Für Uwe» auf dem anderen. Keine zehn Tage vorher war mir ihr Passfoto entgegengepurzelt beim Aufräumen im Ablagekästchen auf meinem Schreibtisch. Plötzlich blickt sie mich an. Ich wende sofort die Rückseite nach oben.

Clive Staples Lewis lag richtig nach dem Tod seiner Frau: Trauern ist eine sehr einsame Angelegenheit. «Zwischen mir und der Welt steht eine unsichtbare Wand.» Aber anders als ihm fällt es mir nicht schwer, zu verstehen, was die Leute sagen. Anders als er finde ich nicht alles belanglos.

Nein, für mich bekommt alles mehr Bedeutung: Sonnenstrahlen im Regional-Express. Ein Meisenhahn, der wie ein Macho den Garten vollträllert, um endlich ein Weibchen rumzukriegen. Das Lächeln von Anke. Der Geschmack von Sauerteigbrot. Belanglos sind Pflegemittel für Aluminiumfelgen, über die sich der Kollege verbreitet. Belanglos sind die Zinssätze aufs Tagesgeld. Belanglos die Monologe von Helmut zum

Verhältnis von Staat und Kirche beim Eintreiben der Kirchensteuer. Wichtig ist nur, was dich berührt, nicht, was dich beschäftigt.

Warum schreibt C.S. Lewis kurz nach dem Tod seiner Frau:

> Ich komme mir vor, als ob ich an Gottes Haustür klopfe und schreie und bettle um Trost – und man schlägt mir die Tür vor der Nase zu?
> *nach C.S. Lewis: «A Grief Observed»*

Was soll Gott denn tun? Das Totenreich öffnen wie 1989 die Berliner Mauer?

Lewis hat es nach Monaten selbst eingesehen:

> Eigentlich wollte ich einfach nur meine Frau wiederhaben. Aber so ist das Leben nicht gemacht. – Jetzt kann Gott wieder hören.
> *nach C.S. Lewis: «A Grief Observed»*

Aus jedem bricht eigene Trauer hervor. Klaus, der mir erzählt, wie er seinem Vater bis zum letzten Atemzug die Hand gehalten hat, «wie beim Armdrücken». Martina, die von der Beisetzung ihres Opas erzählt. Sie wollte etwas Farbenfrohes tragen, und dann hat sie sich doch der Konvention gebeugt und Schwarz gewählt, immerhin mit einem bunten Tuch.

Die SMS von Sonja, deren Mutter sich umgebracht hat auf eine so radikale Weise. Christiane und ihr Freund, Herzinfarkt mit 43. Sie sind alle für Augenblicke bei mir und dann doch ganz bei sich und ihren eigenen Verlusten.

Bei meinem Dankgebet in der Trauerhalle schluchzte irgendwo in einer der letzten Reihen ein Nachbar, der Mutter kaum kannte; später erfahre ich, er hat seine Mutter drei Jahre vorher verloren.

Tatsächlich, wir vergießen gemeinsam Tränen, aber für völlig verschiedene Menschen. Eine irritierende Mischung. Wir sind in der Trauer gleichzeitig vereint und getrennt.

> Wenn ich einmal soll scheiden,
> So scheide nicht von mir;
> Wenn ich den Tod soll leiden,
> So tritt du dann herfür;
> Wenn mir am allerbängsten
> Wird um das Herze sein,
> So reiß mich aus den Ängsten
> Kraft deiner Angst und Pein!
>
> Erscheine mir zum Schilde,
> Zum Trost in meinem Tod,
> Und lass mich sehn dein Bilde
> In deiner Kreuzesnot!
> Da will ich nach dir blicken,
> Da will ich glaubensvoll
> Dich fest an mein Herz drücken.
> Wer so stirbt, der stirbt wohl.
>
> *Aus Paul Gerhardt: «O Haupt, voll Blut und Wunden»*

Impressionen
der letzten Tage mit Erna Schulz
geboren am 8. November 1935
gestorben am 13. März 2009.

Anhang
Anmerkungen

[1] Vgl. Peter Noll: *Diktate über Sterben & Tod,* Piper: München 1987, Seite 279ff.
[2] Vgl. Johann Christoph Hampe: *Sterben ist doch ganz anders,* Stuttgart: Kreuz-Verlag, 1975, Seite 111, 148.
[3] Manfred Josuttis: *Die permanente Passion,* München: Chr. Kaiser, 1989, Seite 100.
[4] Vgl. Reinhard Schmidt-Rost: *Tod und Sterben in der modernen Gesellschaft. Humanwissenschaftliche und theologische Überlegungen zur Deutung des Todes und zur Sterbebegleitung,* EZW-Information Nr. 99, EZW, Stuttgart XI/1986.
[5] «Wann dürfen wir sterben?», in: «FAZ», 23.11.2009.
[6] Vgl.: «Dead End», in: «Cincinnati Magazine», Ausgabe November 2011.
[7] Zu weiteren Komplikationen bei Exekutionen im US-Bundesstaat Ohio vgl. Philipp Lichterbeck: «Das langsame Sterben des Christopher Newton», in: «Tagesspiegel» vom 04.08.2007.
[8] Informationen zur Arbeit von *Families That Matter* unter http://www.ijpccincinnati.org.
[9] Zit. nach Death Penalty Information Center, Washington, DC.
[10] Vgl. «Dead End», a. a. O.
[11] Karl Barth: *Kirchliche Dogmatik,* II/2, Seite 551.
[12] Vgl.: «Selbstbefragung eines 80-Jährigen», in Andere Zeiten e.V. (Hrsg.): «Andere Zeiten», Heft 3/2013.

[13] Zitiert nach Rolf Bäumer, Andrea Maiwald: *Thiemes onkologische Pflege,* Stuttgart: Thieme, 2008, Seite 355.

[14] Repräsentative Bevölkerungsumfrage der Stiftung Zentrum für Qualität in der Pflege (ZQP), veröffentlicht im Februar 2014.
Für die Schweiz vgl. Gian Domenico Borasio: *Über das Sterben*, Schweizer Ausgabe, dtv 2014.

[15] Vgl. 5. Mose 30,16.

[16] National Hospice and Palliative Care Organization: «NHPCO Facts and Figures: Hospice Care in America», Alexandria, VA, October 2013.

[17] Informationen und Vordrucke zur Vorsorgeplanung in Deutschland finden sich z. B. im Internet auf den Seiten des Bundesjustizministeriums (www.bmjv.de).

[18] Bronnie Ware: *5 Dinge, die Sterbende am meisten bereuen,* München: Arkana, 2013.

[19] Angaben des Statistischen Bundesamts (vgl. www.destatis.de).

[20] «Der Unverwüstliche», in: «Berliner Zeitung», 8.3.2014.

[21] «Das Phänomen Wolfgang Bosbach», in: «Hannoversche Allgemeine», 8.3.2014.

[22] «Der Kämpfer», in: «Handelsblatt», 9.9.2013.

[23] Vgl.: «Zu Hause ist der Krebs tabu», in: «Bild am Sonntag», 2.3.2014.

[24] «Wir haben beide Krebs!», in: «Bild», 8.9.2012.

[25] Ebenda.

[26] «Sein erstes Nein», in: «Die Zeit», 10.9.2011.

[27] Anna von Bayern: *Wolfgang Bosbach. Jetzt erst recht!,* München: Heyne, 2014.

[28] Zitiert nach: Susanne Kränzle, Ulrike Schmid, Christa Seeger (Hrsg.): *Palliative Care, Handbuch für Pflege und Begleitung,* Berlin: Springer, 2011^4, Seite 34,

[29] Informationen beim Bundesverband Kinderhospiz e.V.,

Schloss-Urach-Str. 4, 79853 Lenzkirch.
www.bundesverband-kinderhospiz.de
In der Schweiz: Stiftung Kinderhospiz Schweiz, Thiersteinerrain 143, 4059 Basel. www.kinderhospiz-schweiz.ch
[30] Angaben des Bundesverbandes Kinderhospiz.
[31] Maria Langstroff: *Mundtot!? – Wie ich lernte, meine Stimme zu erheben. Eine sterbenskranke junge Frau erzählt*, Berlin: Schwarzkopf & Schwarzkopf, 2012 (auch als Hörbuch). Weitere Veröffentlichung: Maria Langstroff: *Jetzt bin ich nicht mehr mundtot! Gespräche mit Maria über Freundschaft, Familie, Glaube, ihre Krankheit und den Sinn des Lebens*, Berlin: Schwarzkopf & Schwarzkopf, 2013.